Modeling and Simulation of
City Emergency Traffic Flow

城市应急交通流仿真建模与模拟

王 涛 兰时勇 曾海燕 著

中国科学技术大学出版社

内 容 简 介

城市交通应急管理是城市应急指挥体系的重要组成部分。为了能在自然灾害、事故灾难、公共卫生事件、社会安全事件、重大活动等突发事件发生时做好交通应急处置,要提前进行评价分析,在所有的方法中,仿真模拟是性价比高且极具可行性的一种。本书针对城市应急场景,介绍了近几年主流的交通流仿真模型,并深入研究了城市常见的单行道交通流、坡道交通流、机非混合交通流、城市区域交通态势拟合、交通流与信号灯配时优化仿真、交通态势三维呈现等关键模型和方法,旨在协助管理者做到事前预警、事中指挥调度、事后分析研判,提高交通管理部门的应急指挥调度效率。

图书在版编目(CIP)数据

城市应急交通流仿真建模与模拟/王涛,兰时勇,曾海燕著. —合肥:中国科学技术大学出版社,2022.5
ISBN 978-7-312-05329-0

Ⅰ. 城… Ⅱ. ①王… ②兰… ③曾… Ⅲ. 城市交通系统—应急系统—交通模型—研究 Ⅳ. U491.2

中国版本图书馆 CIP 数据核字(2021)第 215491 号

城市应急交通流仿真建模与模拟
CHENGSHI YINGJI JIAOTONG LIU FANGZHEN JIANMO YU MONI

出版	中国科学技术大学出版社 安徽省合肥市金寨路96号,230026 http://press.ustc.edu.cn https://zgkxjsdxcbs.tmall.com
印刷	安徽国文彩印有限公司
发行	中国科学技术大学出版社
开本	710 mm×1000 mm 1/16
印张	15.75
字数	265 千
版次	2022 年 5 月第 1 版
印次	2022 年 5 月第 1 次印刷
定价	78.00 元

前　言

　　对于现代文明城市而言，不仅要重视物质财富的生产和积累、城市形态的优美和舒适，还必须强调城市功能的完备、系统的安全可靠，即城市必须具备与其经济社会发展相适应的防灾、抗灾和救灾综合能力。

　　城市应急道路通行能力是体现突发事件发生时综合救援能力的重要指标。根据相关定义，道路通行能力又分道路断面通行能力和道路网络通行能力。前者指在一定的交通状态、环境和天气条件下，单位时间内通过某条道路、某个断面或某个节点的最大车辆和行人数量。后者又称网络容量，是在维持道路系统合理运行状态的情况下，单位时间内城市整体或部分路网所能容纳的最大车公里或人公里。

　　在发生突发事件时，城市的道路通行能力是城市管理者较为关心的问题。以消防救援为例，根据我国消防装备、公路交通和通信设施状况，在调查分析大量火灾案例的基础上，确定我国为15分钟消防，即发现起火到消防队展开战斗不超过15分钟，具体时间为发现起火4分钟，报警2分30秒，接警出动1分钟，消防车到火场4分钟，战斗展开至出水扑救3分30秒，其中，接警出动1分钟和消防车到火场4分钟共计5分钟，所以这时又称为"5分钟消防"。

　　2018年，国家应急管理部成立，消防改制转隶，国家组建综合性消防救援队伍，它承担着有效应对各类灾害事故的重要职责，其职能使命从处置"单一灾种"向应对"全灾种、大应急"转变。全球气候环境的变化和国家社会经济的发展使各类灾害事故发生更加频发，在这种情况下，提高城市应急状态下的道路通行能力显得更加重要。但是随着城市规模越来越大、路网越来越复杂、各类车辆越来越多，"5分钟消防"在很多城市都难以实现，这也说明，我国的城市发展往往超越城市规划。因此，如何应对各类突发事件所带来的复杂交通流，也成为城市管理者和规划者重点考虑的问题。

　　交通应急指挥是城市指挥体系的重要组成部分,它围绕可能影响交通正常运行的自然灾害、事故灾难、公共卫生事件、社会安全事件、大规模聚焦等突发事件,提前进行评价分析。大范围的城市应急交通演练往往成本巨大,难以实施,相比而言,仿真模拟是性价比最高且最具可行性的手段。因此本书作者在多年从事相关研究工作的基础上,针对城市应急交通,介绍了主流交通流仿真建模的方法,并深入研究了城市常见的单行道交通流、坡道交通流、机非混合交通流、城市区域交通态势拟合、交通流与信号灯配时优化仿真、交通态势三维呈现等场景的仿真问题,旨在提高城市管理者事前预警、事中指挥调度、事后分析研判的应急指挥调度效率。

　　本书可作为高等院校计算机、交通、应急等相关专业的高年级本科生和硕士研究生的参考书,也可作为城市管理者、交通规划及指挥人员和研究人员的参考用书。

目 录

前言 ·· (ⅰ)

第 1 章　绪论 ·· (001)
  1.1　背景及意义 ·· (001)
  1.2　城市交通的国内外主要分析方法 ·· (002)
  1.3　本书的主要工作 ··· (003)

第 2 章　交通流数据采集及传统交通流模型概述 ······························· (006)
  2.1　城市交通系统的分析层次 ··· (006)
  2.2　基本交通流参数采集及分析方法 ·· (009)
  2.3　传统交通流模型概述 ··· (010)

第 3 章　基于元胞自动机的单车道交通流模型研究 ···························· (019)
  3.1　考虑前车刹车灯和机械减速限制影响的单车道交通流模型 ············· (020)
  3.2　单车道混合机械特性交通流特性研究 ··· (028)

第 4 章　考虑坡道影响的道路交通流模型研究 ·································· (043)
  4.1　研究现状 ··· (043)
  4.2　一种新的斜坡 CA 模型 ·· (044)
  4.3　仿真结果与讨论 ··· (048)

第 5 章　基于旅行时间的路段交通流模型 ··· (057)
  5.1　精确号牌识别数据的符号表示 ··· (058)
  5.2　时空滑动窗口数据分组 ·· (059)
  5.3　基于层次聚类分析的时段划分 ··· (060)

5.4 基于PCA分析的主成分提取去掉非关键交通变量 ………………… (061)
5.5 分时段多元线性回归方程 …………………………………………… (063)
5.6 模型实验 ……………………………………………………………… (063)

第6章 基于DDM的机动车流微观仿真模型 …………………………… (072)
6.1 交通流相变理论概述 ………………………………………………… (074)
6.2 基于驾驶决策的组合元胞自动机仿真模型 ………………………… (077)
6.3 DDM仿真模型数值实验分析 ………………………………………… (083)
6.4 对三相交通流理论的拟合验证分析 ………………………………… (095)
6.5 仿真度的验证分析 …………………………………………………… (098)

第7章 基于元胞自动机的机非混合道路交通流模型研究 …………… (106)
7.1 机非混合通行道路交通流的研究现状 ……………………………… (108)
7.2 机非混合通行道路交通流CA模型 ………………………………… (110)
7.3 仿真结果与讨论 ……………………………………………………… (118)

第8章 基于多值CA的非机动车流微观仿真模型 ……………………… (133)
8.1 BD-EBCA双向非机动车流模型 ……………………………………… (136)
8.2 非机动车流仿真模型的实验分析 …………………………………… (143)

第9章 考虑旅行时间的信号配时优化评价模型 ………………………… (156)
9.1 信号交叉口理论所研究的基本问题 ………………………………… (156)
9.2 常用的信号灯控制系统类型概述 …………………………………… (158)
9.3 信号配时参数与基本交通流参数的基本关系 ……………………… (162)
9.4 干道信号配时方案的确定方法 ……………………………………… (167)
9.5 考虑旅行时间的信号灯配时优化评价模型 ………………………… (169)

第10章 干道信号灯配时优化模型的微观仿真评价平台 ……………… (172)
10.1 城市路网仿真模型所需的核心参数 ………………………………… (172)
10.2 构建具有时变特征的干道仿真空间 ………………………………… (174)
10.3 基于DDM的信号交叉口机动车流仿真 …………………………… (185)
10.4 信号配时方案仿真评价实验 ………………………………………… (190)

10.5　仿真评价平台的计算机架构 …………………………………………（197）

第 11 章　一种基于二级模糊的城市道路交通状态综合判别算法 ………（201）
　　11.1　研究现状 ……………………………………………………………（201）
　　11.2　算法 ……………………………………………………………………（204）
　　11.3　模拟实验及讨论 ……………………………………………………（210）

第 12 章　城市道路交通态势感知三维展示平台系统 ……………………（213）
　　12.1　系统流程 ……………………………………………………………（213）
　　12.2　路网编辑及静态场景、车辆建模 …………………………………（214）
　　12.3　城市区域交通态势拟合 ……………………………………………（218）
　　12.4　城市区域交通动态态势三维展示 …………………………………（227）

参考文献 …………………………………………………………………………（230）

后记 ………………………………………………………………………………（244）

第 1 章 绪 论

1.1 背景及意义

当突发事件发生时,应急响应能力是影响应急救援的重要因素,会根据突发事件及疏散的需要,而采用临时性的应急交通组织措施,包括路径分配、反向交通组织、交叉口信号控制调整及交通管制等,这就需要调动道路资源、交通参与者和行驶车辆共同满足应急交通的需求,其中智能交通系统将会发挥非常重要的作用。

智能交通系统(Intelligent Transportation System,简称 ITS)是将先进的信息技术、通信技术、传感技术、控制技术以及计算机技术等有效地集成运用于整个交通运输管理体系,而建立起的一种在大范围内、全方位发挥作用的,实时、准确、高效的综合运输和管理系统。

当城市发生突发事件时,需要在城市应急交通预案的指导下迅速开展应急救援行动。但是城市应急交通预案的制订不能仅依靠经验,也不可能中断日常的交通来进行大范围的应急演练,通过城市应急交通仿真评价来完成城市应急交通预案是一种性价比较高的解决办法。

城市应急交通仿真评价的基础是交通流仿真模型,交通流仿真模型的建立应该综合考虑城市的各种道路情况、交通情况、信号灯控制系统、交通流参数采集、交通流分析、交通预测、基于交通流分析的信号配时方案确定以及信号灯控制策略下发等核心部分。

随着新的交通流检测器技术的发展,特别是随着基于精确识别的号牌识别器等视频类型检测器的大规模部署安装,旅行时间等一些更加直观的交通流参数也得到了越来越广泛的应用。而随着计算机仿真技术的快速发展,目前的仿真技术已经可以对城市交通中的各种非线性特征进行深入的描述。

在机动车保有量持续增加,道路基础设施却无法实现无限制增长的情况下,通过制订有效的城市应急交通预案,再结合仿真方法进行评价和研判,一旦发生突发事件,可以实现最大化利用有限的道路资源以满足应急救援的需求。

1.2 城市交通的国内外主要分析方法

物理学家将交通流系统定义为一种典型的自驱动多粒子系统[1],在自驱动多粒子系统中,系统运行所依赖的作用力为非外力,即系统内各粒子间的作用力和各粒子的自生作用力。

作为一种研究交通行为随时间和空间的变化规律的方法体系,在目前,人们对交通流理论的定义不尽相同。国内学者王殿海在其《交通流理论》[2]一书中,综合了美国的《交通流理论》(*Monograph on Traffic Theory*)1975年版和1996年版的研究内容以及阿道夫·梅(May Adolf D.)的《交通流理论》(*Traffic Flow Fundamentals*)1990年版的研究内容,把交通流理论研究内容划分成如下10个部分:

(1) 交通流参数特性(Traffic Stream Characteristics),主要研究内容为交通流关键参数之间的关系模型,以及交通流参数的调查方法等。

(2) 驾驶行为(Human Factors),研究驾驶员在参与交通的过程中生理-心理的变化对交通的影响。

(3) 车辆跟驰模型(Car Following Models),属于微观交通流模型范畴,研究车辆的跟驰行为,相互跟驰的车辆又可以展示出交通流的各种交通行为。

(4) 连续流模型(Continuous Flow Models),利用流体力学理论研究交通流各关键参数之间的定量关系,其理论依据是流量守恒原理。

(5) 宏观交通流模型(Macroscopic Flow Models),在宏观上(非精确到车辆个体)研究交通流关键参数之间的关系,分区域重点研究路网的交通流特性。

(6) 交通影响模型(Traffic Impact Models),研究不同交通控制条件下,交通的参与车辆对交通安全、燃料消耗和对空气的污染情况等的影响。

(7) 无信号交叉口理论(Unsignalized Intersection Theory),研究无信号交叉口车流的可插车间隙和竞争车流之间的相互作用。

(8) 信号交叉口交通流理论(the Theory of Traffic Flow at Signalized Intersections),研究信号交叉口对冲突交通流的分配理论,以及如何提高信号交叉口的通行能力和服务水平,并提出了相关的评价指标。

(9) 交通仿真(Traffic Simulation),利用计算机仿真技术,研究交通流的特征。

(10) 交通分配(Traffic Assignment),研究交通分配的基本理论、方法,以及交通规划等相关的理论。

而国内学者李力最近在其《现代交通流理论与应用(卷Ⅰ):高速公路交通流》(2011年版)[3]一书中认为除了以上所提及的10个研究内容以外,目前还有以下的几个研究热点:

(1) 基于元胞自动机的交通流仿真模型(Cellular Automaton based Traffic Simulation Models)。

(2) 行人流模型(Traffic Flows of Pedestrians),研究行人交通流的特性和建模。

(3) 自行车流模型(Traffic Flows of Bicycles),以及机非混合流交通模型。机非混合流交通是目前国内道路交通一个显著特点,非机动车流以及机非混合流的研究对开发具有国内交通特色同时具有自主知识产权的交通流仿真软件会有很大的帮助。

(4) 三相交通流模型(Three-Phase Flow Theory),研究交通流堵塞的产生以及其传播规律。

另外,对交通流物理量在时空或者空间上的预测分析方法,也是目前交通流理论的一个重要的研究领域[4]。

1.3 本书的主要工作

本书从城市应急交通流预案的仿真评价入手,主要的内容如下:

第2章,概括了目前在智能交通领域常用的交通流数据采集方法,基于

NGSIM 交通流实测数据对经典的传统交通流模型进行了拟合验证分析，并结合拟合实验的结果指出了每一种模型的适用性和优劣情况。

第 3 章，在分析既有元胞自动机道路交通流理论模型的基础上，不考虑交通信号灯以及机非混合影响的情况下，只考虑车辆在道路上行驶过程中自身机械特性以及前后车辆状态间的相互影响的实际情况，提出两种新的单车道 CA 交通流模型。

第 4 章，针对斜坡路在实际交通道路中普遍存在，提出一种全新斜坡 CA 道路交通流模型，通过数值模拟重现了含斜坡道路交通流的一些内在特性，为平坦道路和斜坡道路连接点的交通规划管理控制提供理论依据。

第 5 章，针对传统交通流模型的维度有限问题，通过引入组合预测理论，建立了一种基于旅行时间的路段交通流模型，该模型的数据来源于基于精确传感网络的 ITS 系统，重点分析旅行时间和其他交通流参数如分类交通流量（PCU 车流量/重型车流量）、时间占有率、车头时距之间的关系模型。

第 6 章，基于三相交通流理论和 KKW 模型的基本原理，提出了一种基于驾驶决策的微观交通流仿真模型（DDM 模型），对其三相交通流特征进行了拟合验证，并基于权威的 NGSIM 平台的实测交通流数据对交通流模型的仿真度进行了拟合验证。

第 7 章，针对机非混杂通行这一中国城市道路交通的显著特点，在我国城市道路交通中，自行车、电动自行车、三轮车、行人与机动车在很多路段以及道路交叉口都是处于混乱无序的状态，在本章通过深入研究这种复杂相互作用的非平衡的交通现象，从而进一步揭示这种复杂的混合交通流的内在规律，为智能道路交通管理和规划给予坚实的理论分析支撑。

第 8 章，针对国内机非混合式交通问题，提出了一种可以模拟双向自行车流的基于多值 CA 的非机动车流值模型（BD-EBCA），并对非机动车流的相变特征进行分析。

第 9 章，分析了通行能力和服务水平与信号配时方案之间的函数关系，根据现有的通行能力和服务水平指标进行了信号配时方案的设计，并提出了一种考虑旅行时间的信号灯配时优化评价模型。

第 10 章，基于 DDM 仿真模型，并结合考虑旅行时间的信号灯配时优化评价模型，建立了一种信号灯配时方案优化平台。

第 11 章，针对城市任一道路，本章依据实际城市道路是否临近前方交通信号灯的交通特征参数之间实际存在的特性差异，将城市该道路划分为两个子集对象，提出一种基于二级模糊的城市道路交通状态综合判别算法。

第 12 章，城市道路路网编辑是交通仿真的静态环境基础，包含了路网各种地理环境参数以及交通管制规则参数，主要包括路网节点、节点连接（连接线）、节段、车道、车道组、转弯禁止线、车道连接线、检测器位置等物理位置关系参数以及各个路网元素的交通规则属性，在本章结合对该城市区域静态场景建模，将所有车辆运动与静态场景融合，通过三维方式逼真地展示了该城市区域的交通态势。

第2章 交通流数据采集及传统交通流模型概述

2.1 城市交通系统的分析层次

人们通常把系统定义为由若干要素以一定结构形式联结构成的具有某种功能的有机整体。这个定义包括了系统、要素、结构、功能四个概念，表明了要素与要素、要素与系统、系统与环境三方面的关系。

道路交通系统就是一个非线性的复杂巨系统，涉及了人（驾驶员）、车辆和道路交通设施等各种综合因素。我们对于这种复杂巨系统一般无法直接入手，应该根据所要分析的对象的特征（高速路系统、城市走廊或者城市市内交通）和所要分析的目的（预测性分析、交通调查分析）将道路交通系统层层分解到具有可操作性的子系统级别、元素级别或者子元素级别，并获取评价这些子系统、元素或者子元素的各种性能指标进行定量或者定性分析。

2.1.1 分析层次

对于复杂性的事务，分层、分类地进行分析是人类认识客观世界的基本方法，道路交通系统可以分为连接城市与城市之间的高速路系统、交通走廊以及市内交通系统。以城市市内交通系统为例（见表 2.1），在元素级别城市，道路交通分为城市街道、立交桥系统、信号交叉口以及相辅助的非机动车道等交通设施，这些交通设施之间又会相互影响和联系。每一种交通设施都会有一些特殊的通行能力和服务水平性能指标，如专门用于衡量信号交叉口的饱和度 x 等指标。

表 2.1 城市交通系统层次分析表

分析层次	交通模型	性能指标分析	
		通行能力	服务水平
系统级别	城市公路交通系统	路网平均通行能力和服务水平	
子系统级别	子路网(分析区域方案)	路网平均通行能力和服务水平	
元素级别	信号交叉口	关键车道组通行能力及服务水平	
子元素抽象级别	左转车道组		
	直行车道组		
	右转车道组		
子元素级别	左转车道	交通流量 q	① 排队长度 Q_l ② 控制延误 d ③ 饱和度 x
	直行车道		
	右转车道		
子元素级别	过街行人道		
	过街非机动车道		
元素级别	城市街道	平均通行能力和服务水平	
子元素抽象级别	车道组		
子元素级别	车道	交通流量 q	① 交通密度 ρ ② 平均速度 V ③ 旅行时间 T
	非机动车道		
	机非混合道		
元素级别	立交桥系统	平均通行能力和服务水平	
子元素抽象级别	立交桥车道组		
子元素级别	立交匝道	交通流量 q	① 交通密度 ρ ② 平均速度 V ③ 旅行时间 T
	立交桥车道		

2.1.2 数据结构

道路交通工程学通常将评价道路交通设施的性能指标或交通流参数分为通行能力(Capacity)和服务水平(Level of Service, LOS)两种,通行能力是指在给定的道路条件、交通条件和交通控制条件下,单位时间内可以通过的平均小时流量,而服务水平则是指交通设施运行状态的质量标准,代表了驾驶员的感受。

用于交通流分析的性能指标一般要反映时间和空间特征,即在固定的地理范围内要分析交通流参数随时间变化的特征;在某一个指定的时间段下也要分析交通流参数在空间上的分布特征。基于以上的要求,对交通流分析所需要的性能指标数据可以按如图 2.1 所示的交通流立方体(T-Cube)进行组织。

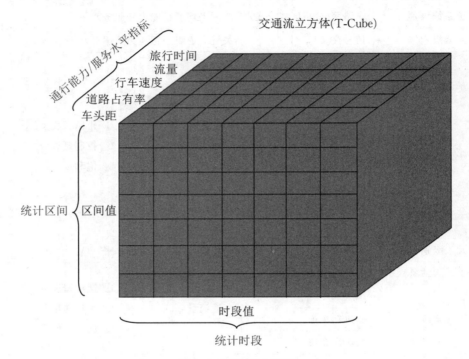

图 2.1　交通流立方体

在如图 2.1 所示的 T-Cube 中分三个维度,第一个维度是时间维,在层次分类上又可以按"年—月—天—小时—15 分钟—5 分钟"来组织,例如,某个交通断面的 5 分钟流量、15 分钟流量或者高峰小时流量。

第二个维度是统计区间维度,其层次分类可以按"系统—子系统—元素—子元素"来组织,例如,对于平均旅行时间,我们可以分别统计一个交通区域的平均旅行时间,甚至精确到一条路段的平均旅行时间。

第三个维度是性能指标维度,其概念分层一般可以归类为通行能力指标或者服务水平指标,例如,对于信号交叉口而言,通行流量和饱和度一般作为通行能力指标,而控制延误和排队长度一般作为服务水平指标使用。这种分层和分维的数据组织形式在计算机应用中可以采用数据仓库进行存储。

2.2 基本交通流参数采集及分析方法

在将物理学中的流体力学理论引到道路交通工程学中以后,通常会将交通流看作一种由车辆组成的粒子流。在道路交通工程学中,流量、速度、密度是用于描述交通状态的三大类基本参数,并常用于交通流的基本图(Macroscopic Fundamental Diagram,MFD)分析中[5]。

交通流量一般又可按年平均日交通量、月平均日交通量、周平均日交通量、月/周/小时变化系数以及高峰小时系数(Peak hour factor,PHF)分别进行统计;行车速度参数经常用来统计地点车速频率分布曲线、地点车速累计频率分布曲线、85%位车速、15%位车速以及中位车速等;至于密度类参数在实际的应用中则可以按交通流检测器的类型和应用的需要用时空占有率、车头时距以及车头间距来代替[6,7]。

交通现象是一种空间和时间范围分布很广泛的复杂现象,必须要借助现代技术手段,才能进行相对综合以及全面的调查。一般来讲,交通流数据的采集是通过交通流检测器完成的[8-21],目前用于交通流数据采集的检测器或检测方式有多种,常用的检测器类型、可直接检测的交通流参数和主要原理如表 2.2 所示。

为了满足智能交通发展的需求,以及为了采集到更加高质量的交通流数据,除了持续改进交通流检测器以外,目前还有一些研究的重点集中在以下两个方面:① 由于对实时的交通信息需要,建设高密度的交通流检测器也就成为必然,但同时这也意味着成本的增加,如何对所要安装的区域、道路、连接点进行合理的布局是一个重要且必须要解决的问题[22,23]。② 尽管目前交通流数据检测的单元技术发展迅速,但是目前尚没有一种检测器能完成所有交通流参数的检测;而在智能交通的发展过程中又实施了各种具有异构特征的交通流检测器。另外一个重要的研究领域就是如何实现基于多源传感器数据融合的交通流数据采集[24,25]。

表 2.2　常用的交通流检测技术

检测方式	可直接检测的交通流参数	检测器特性
精确号牌识别	1. 路段旅行时间 2. 重型车交通流量 3. PCU 交通流量 4. 平均车头时距 5. 时间占有率	通过车牌定位、字符分割、字符识别等核心步骤实现对号牌的精确识别，采集的交通流数据具有信息量大和精确的特点。同时可应用于治安卡口、电子警察及停车场管理等领域
视频事件检测	1. 行车速度 2. 交通流量 3. 平均车头间距 4. 平均占有率等	除了进行交通违法及异常监测功能以外，还具有交通流检测器的功能。较高级的视频事件检测器还具有号牌识别功能，可采集到精确交通流数据
地感线圈	1. 交通流量 2. 行车速度 3. 车头时距	地感线圈实际上类似于车辆检测器的"天线"，能通过电感的变化来监测是否有车辆通过。目前常用的有双线圈或三线圈方式
浮动车技术	1. 车辆轨迹 2. 瞬时车辆速度	浮动车(Floating Car)也称探测车(Probing Car)，利用定位技术和无线通信技术实现交通流数据采集
无线磁敏节点检测器	1. 交通流量 2. 行车速度	无线磁敏车辆检测器是通过利用 GMR 磁敏传感器探测车辆经过探测设备时磁场的变化，来采集路面的车辆信息的，并将磁敏传感器技术和无线网络技术结合使用
红外检测器	1. 交通流量 2. 车高	基于光学原理的车辆检测器，包括主动式红外线传感器和被动式红外线传感器两种
微波检测器	1. 交通流量 2. 行车速度 3. 时间占有率	向检测区域内的车辆发射低能量的微波信号，通过对车辆反射的微波信号的识别而检测出道路交通参数

2.3　传统交通流模型概述

在自由流条件下，式(2.1)、式(2.2)、式(2.3)引入了三参数的基本关系模型。假设在某检测点，该检测点的入口为 O，出口为 D，且 O,D 之间的道路长

度为 L，在统计时段内，统计得到该检测点的平均行车速度为 V，则通过该检测点所用的平均时间 t 可以由式(2.1)定义：

$$t = \frac{L}{V} \tag{2.1}$$

检测点路段上的车流密度如式(2.2)所示：

$$K = \frac{N}{L} \tag{2.2}$$

单位时间内通过检测点的交通量如式(2.3)所示：

$$Q = \frac{N}{t} = \frac{N}{\frac{L}{V}} = \frac{N}{L} \cdot V = KV \tag{2.3}$$

在式(2.3)中，Q 表示交通流量(veh/h)；V 表示区间速度(km/h)；K 表示道路车流密度(veh/km)。

式(2.3)表明了交通流的流量、速度和密度三者之间的关系，并在交通工程学的研究中被经常采用。

为了更好地解释传统交通流模型，在以下的章节中基于 NGSIM 实验数据对传统交通流模型一一进行了拟合验证。在 NGSIM 平台下取得 US101 的第一车道(Lane 1)的交通流监测数据，并与传统交通流模型进行了拟合比对分析。

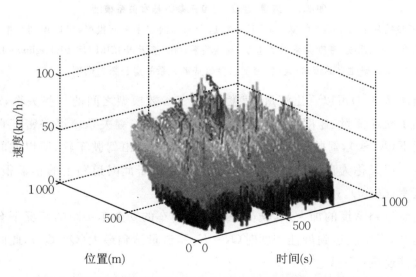

图 2.2　基于 NGSIM US101 Highway 上的实测车辆轨迹数据建立的车辆行驶轨迹速度实验数据模型

NGSIM(Next Generation Simulation)项目由美国运输部(United States Department of Transportation, US DOT)下属的美国联邦公路管理局(Federal Highway Administration, FHWA)于 2000 年早期发起[26],旨在为交通流模型研发提供高质量的交通流实测数据支持,在 NGSIM 平台下,除了提供交通流量、交通密度以及行车速度等基本的交通流参数数据以外,还提供了较高质量的车辆轨迹数据。

除了一般的交通流检测数据以外,NGSIM 还提供了浮动车数据(Floating Car Data, FCD),如图 2.3 所示[27,28]。三参数之间关系的数据模型如图 2.3(a)所示,基于 NGSIM 的实测数据的拟合分析如图 2.3(b)所示。

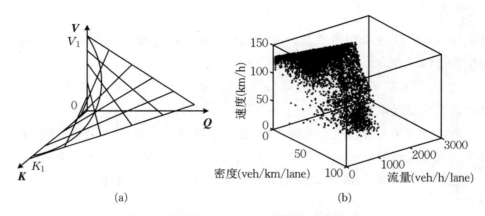

图 2.3 流量-速度-密度三参数基本关系模型

(a) 三参数基本关系模型的基本曲面图,将这个曲面向三个平面投影,可以得到基本的流量-密度关系、速度-密度关系以及速度-流量关系;(b) 基于 NGSIM US101 Highway Lane-1 上的实测数据建立的流量-速度-密度三参数基本关系的实验数据模型

由图 2.3(a)可以看出流量、速度、密度三参数模型之间的一些关系,表 2.3 中总结了交通流量、速度、密度三参数之间的一些关键关系。道路密度在极低的情况下($K \to 0$),驾驶员可以按自己的驾驶习惯自由驾驶车辆,所以此时的行车速度一般又称为自由流速度($V \to V_{f_t}$),但是由于此时道路上的车辆很少,流量接近零($Q \to 0$)。

随着道路密度的加大,驾驶员在考虑与前车的安全车头距的情况下会适当降低速度,当密度达到最佳密度时($K = K_m$),流量达到最大($Q = Q_m$),此时的速度为最佳速度($V = V_m$)。

表 2.3 交通流量、速度、密度三参数之间的一些关键关系

名称	说明
最大流量 Q_m	Q-V 关系曲线上的最大值
最佳速度 V_m	交通流量达到最大时的行车速度
最佳密度 K_m	即流量达到最大时的密度
阻塞密度 K_j	车流密集到所有车辆都无法移动($V=0$)时的密度
畅行速度 V_f	车流密度趋于零,车辆可以畅行无阻时的平均速度

当道路的密度继续增大时,道路的平均行车速度会继续降低,当道路密度接近于阻塞密度时($K \to K_f$),速度趋于零($V \to 0$),交通流量也接近于零($Q \to 0$)。

2.3.1 流量密度相关关系

交通流量-密度分析主要用于道路通行能力分析、交通控制、交通波分析等方面,也称为交通流的基本图形,如图 2.4 所示,常用的流量-密度关系模型有 Greenshields 模型、Greenberg 模型、Underwood 模型以及 Edie 模型[6]等。

图 2.4(a)为基于 Greenshields 流量-密度模型的基本图关系曲线,Greenshields 流量-密度模型公式[6]如式(2.4)所示:

$$Q = KV_f \left(1 - \frac{K}{K_f}\right) \quad (2.4)$$

如图 2.4(a)所示,式(2.4)表示一种二次函数关系,最大流量 Q_m 所对应的密度即为道路的最佳密度 K_m,当道路密度大于 K_m 时,一般就称为拥挤交通。

图 2.4(b)是基于 NGSIM US101 Highway 的第 1 车道采集的交通流检测数据绘制的交通流量-密度基本关系图的实验模型。NGSIM US101 Highway 交通流量的采样间隔是 5 分钟,要换算为小时交通流率。从图 2.4(b)可以看出实验数据的拟合模型在趋势上大体符合式(2.4)的定义,也存在自由流区和拥挤区。

但是,在拥挤交通的流量-密度的数据点无规则地弥散于一个大的二维区域,Kerner 等人指出拥挤交通又可以分为宽运动堵塞(Wide Moving Jam)和同步流(Synchronized Flow)[29]。

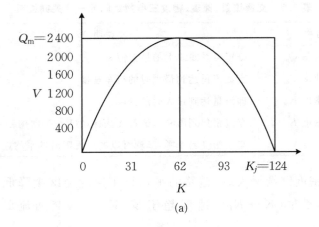

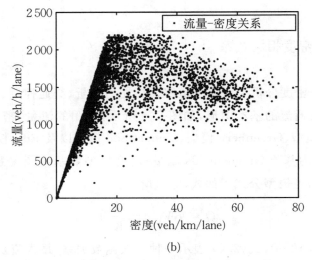

图 2.4 流量-密度三参数基本关系模型

(a) 基于 Greenshields 模型流量-密度基本关系模型；(b) 基于 NGSIM US101 Highway Lane-1 上的实测数据建立的流量-密度三参数基本关系的实验数据模型

2.3.2 速度密度相关关系

行车速度和道路密度之间的相关关系,也是交通流分析中的基本图形之一,用于反映道路上车辆的增减与行车速度之间的相关关系,如图 2.5 所示。常用的速度-密度关系模型有 Greenshields 线性模型、Greenberg 对数模型、Underwood 指数模型、Edie 组合模型、Drake 模型以及 Drew 模型等[6]。

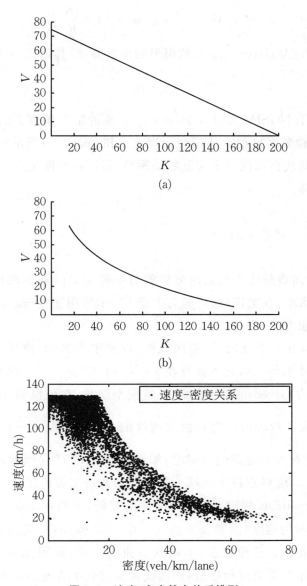

图 2.5 速度-密度基本关系模型

（a）速度-密度参数按照 Greenshields 线性模型建立的基本曲线示意图；（b）速度-密度参数按照 Greenberg 对数模型建立的基本曲线示意图；（c）基于 NGSIM US101 Highway Lane-1 上的实测数据建立的速度-密度参数基本关系的实验数据拟合模型

图 2.5(a)即 Greenshields 线性模型的函数曲线,其定义如式(2.5)所示:

$$V = V_f - \frac{V_f}{K_j} \cdot K = V_f\left(1 - \frac{K}{K_j}\right) \tag{2.5}$$

而图 2.5(b)为 Greenberg 对数模型的函数曲线,其定义如式(2.6)所示:

$$V = V_m \cdot \ln\left(\frac{K_j}{K}\right) \tag{2.6}$$

图 2.5(c)为基于 NGSIM US101 Highway 采集的第 1 车道上的交通流检测数据所生成的实验数据模型。从拟合程度上来讲,式(2.6)所示的 Greenberg 对数模型的函数曲线更加接近于实验数据模型,行车速度随道路交通密度的增加呈指数曲线下降。

2.3.3 速度-流量相关关系

速度-流量曲线是用于交通流分析的另一种重要的基本图形,能够很好地体现道路服务水平,在美国《通行能力手册》[30]中采用速度-流量关系曲线来计算道路的通行能力。

在如图 2.6 所示的速度-流量曲线中,以速度为纵轴,流量为横轴,当 $V=V_f$ 或者 $V=0$ 时,$Q=0$,因此该曲线在 $V=V_f$ 时和 $V=0$ 时与纵轴有两个交点。

图 2.6(a)为 Greenshields 速度-流量模型曲线,在该模型中达到最大道路通行能力时的最佳行驶速度为自由流速度的一半,即 $V_m = \frac{1}{2}V_f$。当交通流量 $Q=Q_m$ 时,达到最大的道路通行能力,如图 2.6(a)的 C 点所示,在 C 点以上一般称为自由流区,在 C 点以下区域一般又称为拥挤交通流区。

由于 Greenshields 模型对 V_m 的估计值较低,于是在 1992 年 Hall[31] 提出了图 2.6(b)所示的速度-流量关系曲线。在 Hall 模型中,交通流分为自由流、排队消散流和阻塞流三种状态,不同状态曲线不同,如图 2.6(b)所示。由于 Hall 模型与实际交通流比较吻合,该曲线模型得到了普遍的认可。

为了验证速度-流量模型,在 NGSIM 平台下取得 US101 Highway 的第 1 车道的交通流实测数据建立实验数据模型,如图 2.6(c)所示,从分析图上可以看出其拟合的效果与 Hall 模型最为接近。在实验数据的拟合模型中呈水平的区域是自由流区域,垂直的区域为排队消散区域,在底部为阻塞流的区域,从实验效果上看这三大区域的划分与 Hall 模型非常接近。

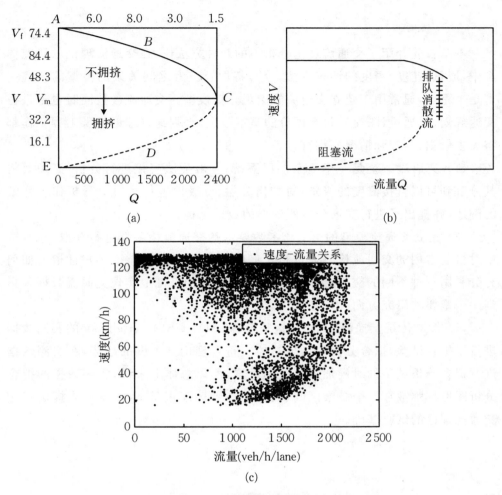

图 2.6 速度-流量基本关系模型

(a) 速度-流量参数按照 Greenshields 模型建立的基本曲线示意图；(b) Hall 等人提出的速度-流量关系图；(c) 基于 NGSIMUS101 Highway Lane-1 上的实测数据建立的速度-流量参数基本关系的实验数据拟合模型

本章小结

本章首先介绍了交通流理论分析中的几种方法论,在交通流理论的研究体系中,流量、速度、密度的调查方法、分布特性及三者之间关系的模型的研究一直是个重点,通常用于建立交通流的宏观分析模型。交通流参数同时也是进行交通规划、交通设计、交通状态评价的基本数据,否则这些理论或者工程工作都将失去依据,与实际情况不相符合。

(1) 交通流系统是一个复杂的巨系统,一般无法直接进行分析,必须要将其分解到可以直接测度的级别,对如何分层、分级地进行交通流分析作了详细的阐述,并提出了进行交通分析所依据的数据结构。

(2) 建立交通流模型的交通流参数要依赖交通流检测器进行获取,在本章中对目前常用的交通流检测器进行了归纳总结和简单的介绍。并且指出如何充分利用各种不同的交通流检测器,在数据融合的基础上实现交通流数据采集是一个重要的研究方向。

(3) 针对传统交通流的基本图,基于 NGSIM US101 Highway 的实测数据进行了拟合试验,拟合分析的结果总体上符合理论基本图的趋势,在实测数据进行拟合分析试验的时候加入了时间因素,所以总体上来讲,实测数据的拟合分析图形都弥散在一个二维区间,而这个二维区间正是 Kerner 等人提出三相交通流理论的试验基础。

第 3 章　基于元胞自动机的单车道交通流模型研究

在实际公路交通中,单车道是道路交通的组成基础,通过建立单车道交通流模型模拟描述单车道交通流形成及其演变规律,在单车道交通流模型的基础上扩展考虑不同交通环境下的换道机制以及交通环境因素(交通信号灯、机非混合影响等)就可研究整个断面以及区域道路交通流特性,因此单车道交通流模型研究是道路交通流理论研究的基础。元胞自动机(Cellular Automaton,CA)是一种基于空间及时间皆离散化处理的数学模型,可基于微观方式考虑相邻车辆间的相互作用来确定每一辆车的运动,再并行将所有离散车辆向前移动更新,从而推演出道路交通流的演变规律,非常适用于描述交通流这样复杂的非线性系统,而且由于其简单灵活且便于计算机并行计算,已发展为目前用于对道路交通流模拟分析的重要工具。

本章在分析既有元胞自动机道路交通流理论模型的基础上,不考虑交通信号灯以及机非混合影响,只考虑车辆在道路上行驶过程中自身机械特性以及前后车辆状态间的相互影响的实际情况,提出两种新的单车道 CA 交通流模型:① 通过同时引入车辆的"刹车灯"和"机械限制"对车辆加速－减速规则的影响,提出一种更贴近实际交通的舒适和安全驾驶交通流模型,而且还可获得更符合交通实测的交通流量;② 考虑实际交通中车辆机械特性差异对车辆加减速以及车辆间安全距离的影响,提出一种考虑混合机械限制特性机动车交通流模型,新模型可成功模拟三相交通流中的同步流,且再现的交通流相变特性与交通实测数据相符,对现实交通现象的本质做出了很好的解释。

3.1 考虑前车刹车灯和机械减速限制影响的单车道交通流模型

近几十年来,因学者们在交通流中所观察到的非均衡阶段过渡和各种非线性动力学等有趣现象[1,32],交通问题已经引起人们越来越多的重视。各种交通模型已经得到了迅速地发展,包括元胞自动机(CA)模型、匀速模型、流动模型和气体动力学模型[33]。在 CA 模型中,空间(道路)、时间、车辆的速度都假设成为离散值[34],CA 模型应用于交通流研究时,用元胞状态来描述每一时刻、每一台车辆的位置和速度,结合实际交通的经验得出的规则来更新每一个元胞的状态,并获得道路交通流实时演化和整个道路交通流系统的稳态结果。

最初能将真实交通系统的交通流基本现象重现的经典元胞自动机(NS)模型[35],可再现从一个自由流相到拥堵流相的相变过程,该模型是在 1992 年被 Nagel 和 Schreckenberg 所提出的,假设车道每一个划分元胞都可以是空的或者被一辆速度为 $v=0,1,2\sim V_{max}$ 的车辆所占用。NS 模型是一个原始的一维空间模拟高速公路道路交通的 CA 模型。在每一个离散时间步(即 $t \to t+1$),NS 模型采用以下规则并行对所有的车辆进行速度及位置更新。

(1) 加速:
$$v_n(t+1/3) = \min(v_n(t)+1, v_{max}) \qquad (3.1)$$

(2) 确定性减速,以免发生与前车碰车:
$$v_n(t+2/3) = \min(v_n(t+1/3), gap_n) \qquad (3.2)$$

(3) 以概率 p 随机减速:
$$v_n(t+1) = \max(v_n(t+2/3)-1, 0) \qquad (3.3)$$

(4) 位置更新:
$$x_n(t+1) = x_n(t) + v_n(t+1) \qquad (3.4)$$

这里,$v_n(t)$ 和 $x_n(t)$ 分别代表第 n 辆车在 t 时步的速度和位置,v_{max} 是车辆的最大速度,gap_n 代表第 n 辆车在 t 时刻与前车间距离,$n+1$ 表示车辆 n 的前车的序号,$gap_n = x_{n+1}(t) - x_n(t)$,车辆长度通常取 1[35,36]。

由于 NS 模型的缺陷(如它不能模拟同步流、流量远低于观测数据,每辆车有无限的制动能力等),研究者考虑了驾驶者行为的特点和车辆在真实交通环境中的限制,而改进出了很多不同的 CA 模型[37-40]。在这些改进的 CA 模型中,主要有来自 NS 模型的两个方面修改。一方面,研究加速、减速和延迟概率的规则的更新[37-41];另一方面,研究人员通过改变 NS 模型的演变步骤顺序研究对交通流的影响[42]。

王蕾等[37]结合 NS 模型和 Fukui-Ishibashi (FI)模型[41]提出 WWH 模型,讨论了延迟对交通流可能造成的影响;李小白和吴清松等[38]考虑了对车辆的速度导向的影响而提出 VE 模型(速度效应);Knospe 等[43]根据驾驶者对舒适安全驾驶的渴望而提出了 CD 模型(舒适驾驶);姜锐等[40]考虑车辆慢启动,同时再现堵塞、自由流动、光同步流三相交通流共存而提出了 MCD 模型(改良舒适驾驶);在 2007 年,Lee 等[39]考虑了机械限制车辆加速和减速的能力提出了 LSK 模型。LSK 模型的出发点是一个保证每辆车安全驾驶的不等式,其中,每辆车都为在任意时间 t 考虑前车紧急刹车这样最坏的情况做好准备。允许的安全移动速度 $c_n(t+1)$ 应满足下列安全条件:

$$\sum_{i=0}^{T_f[c_n(t+1)]} (c_n(t+1) - Di) \leqslant gap_n + \sum_{i=1}^{T_l[v_{n+1}(t)]} (v_{n+1}(t) - Di) \quad (3.5)$$

$$gap_n = x_{n+1}(t) - x_n(t) - l_{veh} - \Delta \quad (3.6)$$

在方程(3.5)中,每个求和表示在时间 $i=0,1,\cdots,T_f(i=1,\cdots,T_l)$ 时以最大刹车能力 D 内的刹车距离的总和,在方程(3.6)中,gap_n 表示当前车辆 n 与其前车间的间距,l_{veh} 表示车辆的长度,Δ 代表控制连续车辆之间最小安全间距的参数。以上介绍的所有 CA 交通流模型,都是在与 NS 模型更新规则同样顺序下,对考虑各类主客观条件对车辆加减速规则而进行改进的交通流模型。

另外一类是通过改变 NS 模型更新顺序来实现对 NS 模型的改进,调查研究了不同 NS 模型更新顺序对于交通流演化规律的影响。薛郁等[42]提出了在加速和确定性减速之间随机慢化的 SDNS 模型和在加速前随机慢化的 Noise-First NS 模型,还证明了 Noise-First NS 模型可重现单车道的三相交通流中的同步流。

基于对以上既有 CA 交通流模型的讨论,我们发现其与道路交通实际尚有不符。在实际交通中,驾驶者普遍期望尽可能快并且舒适和安全地行驶,车辆加减速不仅受制于连续的两辆车的速度和间距,也会受前车的刹车状态和车辆自身的机械减速限制的影响。而现有 CA 交通流模型都对车辆行进过程实际因素考虑不足,要么只考虑了前车刹车灯状态来影响当前车加减速过程(比如 CD 模型和 MCD 模型),要么只考虑了通过当前车的机械限制减速能力计算出其最大安全速度来规定该车的加减速规则(比如 LSK 模型)。另外,借鉴文献[42]的加减速前随机慢化思想,考虑路况和驾驶者习惯的随机情况应该是作为实际交通中在一切加速和减速过程之前的随机影响。所以本章节提出一种更符合交通实际的 CA 交通流模型,随机化作为本章节提出 CA 交通流模型中的第一步,再同时引入前车刹车状态和车辆自身加减速机械特性来定制车辆加减速规则。交通流作为一种自驱流体系统,整个流体依据其中连续粒子间的相互作用而形成流动。针对本章提出的单车道交通流模型,其交通流的形成及其推演主要过程如下:首先,考虑每一微观车辆(看成车辆流中的一颗粒)可以依据其前车运动速度变化情况,自动辨识其前车的刹车灯状态(通常减速时刹车灯亮);其次,依据其前车所处刹车灯状态、车间间距和自身加减速机械特性等来调节自身的加减速行为,从而确定每一辆车的运动迁移;最后,对车流中作为颗粒的所有车辆并行更新速度和位移,形成车辆流整体运动的交通流演变。借助计算机仿真,定性模拟了交通流时走时停的非线性特性,且获得更接近实际交通定量的交通流流量—密度基本关系,与已知的 CA 道路交通流模型相比,我们的模型显示出其优越的特性。

3.1.1 MCD 模型回顾

在 CD 模型[43]的基础上,姜锐等提出的改良舒适驾驶的 MCD 模型[40]考虑了实际交通中连续停止时间大于某一阈值 t_c 才对驾驶员的反应灵敏性产生影响,该反应具体体现在其慢启动规则中,同时还认为随机慢化的减速刹车灯不亮,而不是像文献[43]那样,车辆速度更新后比原来的小了,刹车灯就认为该亮,从而实现了对同步流的模拟。该模型的算法步骤如下:

(1) 确定慢化概率 p:

$$p = p(v_n(t), b_{n+1}(t), t_h, t_s) = \begin{cases} p_b, & \text{当 } b_{n+1}(t) = 1 \text{ 且 } t_h < t_s \\ p_0, & \text{当 } v_n(t) = 0 \text{ 且 } t_{st} \geqslant t_c \\ p_d, & \text{其他} \end{cases}$$

其中,$b_{n+1}(t)$ 表示当前车 n 的前车 $n+1$ 在 t 时步的刹车灯状态(为 1 时,表示该车辆 $n+1$ 刹车灯处于亮状态),t_h 表示车辆 n 与其前车 $n+1$ 间的时间车头距,t_s 表示相邻车辆间的安全时间间距,t_{st} 表示车辆 n 的连续停止时步数,t_c 则表示车辆停止的时步数的一个控制参数,p_0、p_b 和 p_d 分别为概率控制参数。

(2) 加速：

$$a = \begin{cases} 2, & \text{不但满足 } v_n(t) > 0\text{；而且满足：其前车没刹车，} \\ & \text{或者时间车头距大于安全时距} \\ 1, & \text{满足 } v_n(t) = 0 \\ 0, & \text{其他} \end{cases}$$

$$v_n(t+1) = \min(v_n(t) + a, v_{\max})$$

(3) 减速：

$$v_n(t+1) = \min(v_n(t+1), d_n^{\text{eff}})$$

其中，d_n^{eff} 表示当前车在考虑前车可能运行距离时与前车的有效间距。

(4) 慢化：

$$v_n(t+1) = \max(v_n(t+1) - 1, 0) \quad \text{当 rand}() < p$$

(5) 刹车灯状态更新：

$$b_n(t+1) = \begin{cases} 1, & v_n(t+1) < v_n(t) \\ 0, & v_n(t+1) > v_n(t) \\ b_n(t), & v_n(t+1) = v_n(t) \end{cases}$$

(6) 计算连续停车时间：

$$t_{\text{st}} = \begin{cases} 0, & v_n(t+1) > 0 \\ t_{\text{st}} + 1, & v_n(t+1) = 0 \end{cases}$$

(7) 位置更新：

$$x_n(t+1) = x_n(t) + v_n(t+1)$$

3.1.2 考虑前车刹车灯和机械减速限制影响的交通流模型

在实际交通中，随机慢化描述的是车辆驾驶者反应迟钝对车辆加速和减速过程的影响。根据所谓的"慢启动"机制，停止车辆的随机慢化概率将大于移动着的车辆[40]。此外，在速度更新规则时，为了保证驾驶舒适度和安全，司机通常不仅会根据前方的车辆速度和距离调整速度，还会依据前车刹车灯状态和自身车辆的加减速能力的机械特性限制调整车辆前进速度。具体的车辆速度和位置的并行演化规则如下：

(1) 慢化：

$$p = p(v_n(t), b_{n+1}(t), t_h, t_s) = \begin{cases} p_b, & b_{n+1}(t) = 1 \text{ 且 } t_h < t_s \\ p_0, & v_n(t) = 0 \text{ 且 } t_{\text{st}} \geq t_c \\ p_d, & \text{其他} \end{cases} \quad (3.7)$$

其中的参数确定方法与 MCD 模型[40]中的相同,只考虑道路环境情况与驾驶员自身习性导致的车辆随机慢化,应该在实际驾驶中确定安全间距后采取的加减速行为之前[42],所以本模型采用先随机慢化,再依据安全条件加减速,这点与MCD 模型不同。依据慢化概率 p 随机慢化：

$$v'_n(t) = \max(v_n(t)-1,0) \quad 当 \text{rand}(\ ) < p \quad (3.8)$$

其中,$v'_n(t)$ 指的是慢化后车辆 n 在 t 时步的速度,rand( ) 指的是 0 到 1 间的一个随机数。

(2) 确定最大安全速度 V_{safe}：

$$v_{\text{safe}} = \max(c_n(t+1) \mid \text{satisfied} \quad \text{Eqs.}(3.5)) \quad (3.9)$$

这里依据刹车能力来获得车辆在行进过程中的最大安全速度。

(3) 加速度 a 的确定：

$$a = \begin{cases} 2, & 不但满足 v'_n(t) > 0;而且满足:其前车速比 v'_n(t)+1 大且其前车没\\ & 刹车,或者时间车头距大于安全时距 \\ 1, & 要么满足 v'_n(t) = 0;要么满足:其前车速比 v'_n(t) 大且其前车没刹车 \\ 0, & 其他 \end{cases}$$

(3.10)

这里,我们考虑了对当前车采取较大加速的更严格的条件,即要求前车在考虑随机慢化后的速度比当前车的速度大,这样可以减少因受车辆最大刹车能力限制可能会出现的撞车现象,这点也与 MCD 模型不相同。

(4) 速度更新：

$$v_n(t+1) = \min\{V\max, v'_n(t)+a, \max(V_{\text{safe}}, v_n(t)-D, 0)\} \quad (3.11)$$

其中,D 表示当前车辆的最大刹车能力的机械特性限制,该速度更新步骤表示每一个时步速度在减速时,车辆最多减少车辆本身机械减速限制值,这将更符合交通实际,这是 MCD 模型没有考虑的。

(5) 刹车灯的状态 $b_n(t+1)$ 的确定：

$$b_n(t+1) = \begin{cases} 1, & 当 v_n(t+1) < v_n(t) 或者 v_n(t+1) = 0 \\ 0, & 其他 \end{cases} \quad (3.12)$$

其中,$b_n(t+1)$ 表示的是车辆 n 在下一时刻($t+1$)的刹车灯状态,这里我们增加了在道路上行驶车辆停车(速度为零)时刹车灯亮,这与实际交通中处于临时停车的车辆刹车灯一般为亮一致,这也是 MCD 模型没有考虑的。

(6) 计算连续停车时间 t_{st}：

$$t_{\text{st}} = \begin{cases} t_{\text{st}}+1, & 当 v_n(t+1) = 0 \\ 0, & 其他 \end{cases} \quad (3.13)$$

(7) 位置更新：
$$x_n(t+1) = x_n(t) + v_n(t+1) \tag{3.14}$$

总之，实际上该模型等价于一个结合了两种既有的 CA 模型的道路交通流模型，即 MCD 模型和 LSK 模型，但 MCD 模型没有考虑机械特性减速限制，而 LSK 模型没有考虑刹车灯状态这一实际交通中经常影响驾驶员行驶特性的因素。故我们综合二者的优点，本章提出的模型不但考虑了注重舒适和安全驾驶，而且可以更符合实际交通行驾特性。在本模型中，随机概率 p 和加速度 a 与 MCD 模型中的相同，参数 t_s 与 t_h 都和 MCD 模型中的相同；第 2 个步骤中的参数取法和 LSK 模型中的一致；在第 5 步中，$b_n(t+1)$ 表示第 n 辆车灯的状态，$b_n(t+1)=1(0)$ 意味着第 n 辆车灯各自开启（关闭），$b_n(t+1)$ 有两个方面不同于 MCD 模型：

(1) 我们注意到车辆处于临时停止时，刹车灯一般是开启状态（$b_n(t+1)=1$）。

(2) 对移动车辆，我们注意到车辆速度不减时，刹车灯是处于关闭状态的，而在 MCD 模型中，如果车辆速度不改变，下一时刻车辆刹车灯状态则保持上一时刻的刹车灯状态，这与实际交通不符。

3.1.3 仿真结果与讨论

在仿真模拟中，采用周期边界的初始化条件，元胞的长度相当于 7.5 m 的真实道路，一个自动机的时间步长为 1 s。假定空间最大速度 V_{max} 是 5 个元胞每秒，这意味着最大速度 135 km/h。总的元胞数量 $L=1000$，密度定义为 $density=N/L$，N 是车辆的数量。最开始，N 个车辆随机的分布于整个车道的所有元胞中，每辆车辆的速度在 0 到 V_{max} 间整数随机设定一个。在每个时步中，每辆车的速度根据速度规则的更新而更新，采用运行 20 000 步后进行数据采集来消除瞬态效应。

首先，我们通过获得不同 CA 交通流模型的时-空图来观察车辆间的有效避免与前车相撞特性是否符合实际交通。

在图 3.1 中，车辆从左到右移动，垂直方向自上而下时间增加。我们可以看到，不同的 CA 交通流模型的时走时停波动的空间-时间图，在数字 0~5 表示有一辆车以此数值的速度在元胞内，而其中的点表示对应元胞无车。在 NS 模型的空间-时间图中，我们可以看到一辆汽车有无限的制动能力，也就是说，一辆车可以在高速时立即停止,(例如,从图 3.1 的 NS 模型时空图的底部的两根红线标记处,因前车速度为零且与前车间距为 0,在接下来的一个 1 秒时间步长内,为了避免与前车碰撞,以 135 km/h 行驶的车辆骤然刹车减速至速度为零,这种情况在 MCD 模型中也有出现,这是不符合实际的)。然而,在新提出的 CA 交通流模型的时-空图中,可看到更接近实际交通的自然舒适行驶交通流,不但避免了因考虑车辆无限制动能力而导致碰撞的潜在危险,还可避免像 LSK 模型那样不考虑前车刹车灯而导致的过多停车等待的时间。总之,从

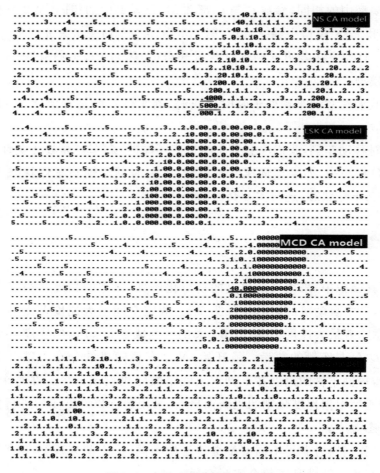

图 3.1　各种 CA 模型的时-空图

在 NS 模型中,密度=0.25,$p=0.1$,$V_{max}=5$;在 LSK 模型中,密度=0.25,$A=1$,$D=2$,$l_{veh}=1$,$V_{max}=5$,$V_{fast}=4$,$T_{safe}=2$,$gad_d=0$,$p_0=0.32$,$p_d=0.11$,$V_{slow}=1$;(在新提出的模型中,密度=0.25,$D=2$,$l_{veh}=1$,$V_{max}=5$,$T_{safe}=2$,$gad_d=0$,$p_0=0.32$,$p_d=0.11$,$V_{slow}=1$,$h=3$,$t_c=5$,$p_b=0.94$)

图 3.1 的时-空图中可以看出,新提出交通流模型是更符合交通实际行驾特性的模型。

基本图是衡量单车道交通流模型模拟道路运营容量的一个最重要的评价标准。在图 3.2 中,得到了不同的 CA 交通流模型的流量-密度关系的基本图,四个曲线有相似的特点。然而,在临界点区域,结果是我们所提出的模型和 LSK 模型要比 NS 模型更接近实际测量[35]。新提出模型的流量峰值为 0.58,相比 NS 模型的 0.47 更接近测量值 0.65,但当其密度在 0.2~0.9 之间时,新提出交通流模型流量大于 LSK 模型的流量,这是由于驾驶者考虑前车刹车灯、前车的速度位置情况影响和自身加减速机械能力来调整自身的加速和减速,可以获取更舒适的行驶,从而可以更有效避免长时间的停车等待,因此,我们新提出的交通流模型更符合交通实际。

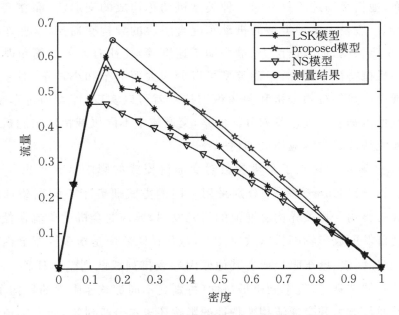

图 3.2　不同 CA 交通流模型的流量-密度基本图

LSK 模型的参数设置为 $D=2, l_{veh}=1, V_{max}=5, V_{fast}=4, T_{safe}=2, gad_d=0, p_0=0.32, p_d=0.11, V_{slow}=1$;NS 模型参数设置为 $V_{max}=5, p=0.3$;新模型参数设置为 $D=2, l_{veh}=1, V_{max}=5, T_{safe}=2, gad_d=0, p_0=0.32, p_d=0.11、p_b=0.94, h=5, t_c=3, V_{slow}=1$

3.2 单车道混合机械特性交通流特性研究

3.2.1 引言

在既有 CA 道路交通流的模型研究中,Lee 等提出的 LSK 模型[39]、Kerner 等提出的 KKW 模型[44]、姜锐等提出的 MCD 模型[40]和高坤等提出的 VDE 模型[45]是基于三相交通理论的交通流模型,它们都能呈现交通流的实测时-空特征。然而,他们都描述了只有同一种类型机动车构成的交通流,而在实际交通中,交通流一般是由多种类型的机动车混合组成的异构交通流,这些车辆的机械特性(车辆长度、加减速能力、最大期望速度等)往往有差异。简单基本地依据不同的机械特性来划分,车辆类型可以分为大型卡车和小轿车,对于这种分类采用现有成熟的视频分析和图像识别技术就可以实现,即可通过车型、车标和号牌颜色识别来实现检测划分。但是,交通流中不同机械特性限制机动车组成对交通流特性的影响应该会如何呢?

Kerner 等人[46]讨论了车辆参数对交通流模式的影响,Chowdhury 等[47]、Helbing 等[48]和 Knospe 等[49]分别采用不同的方式研究了不同期望速度对交通流模式的影响。相关异构交通流的研究发现,异构混合机动车流在低密度的单车道会自发形成车辆的排队效应[50-57],这种排队效应是指多辆车会由于信号灯控制、地理因素、慢车阻挡或者其他原因导致排列成队列整体迁移[58],然而,从目前已有的文献看,就不同机械特性(特别是不同加减速限制的异构车辆流)对单车道通行能力和交通流相变特性的影响还未被分析讨论,而实际道路交通中,车辆在行进过程中总会考虑与其前车的加减速机械特性差异来确定其应该保持的安全间距和调整加减速行为。另外,单车道道路在澳大利亚、爱尔兰、新泽西和亚洲的一些经济相对落后的地区是普遍存在的[57],而且也是对于多车道以及考虑交通信号灯等现实交通环境交通流研究的基础,因此,对不同机械特性机动车组成的单车道交通流的运营通行能力和交通流相变特性进行深入研究是非常必要的。本小节就实际交通中不同机械限制特性车辆组成的单车道交通流现象,提出一种新的交通流模型对其复杂的内在物理特性进行研究。

3.2.2 模型

LSK 模型是最早结合交通实际考虑车辆机械限制和驾驶者针对其所处的交通环境提前预测反应的交通流模型,应该是迄今最接近交通实际的微观交通流模型,LSK 模型的成果在于可成功模拟再现多种基于交通实测的结果,比如同步流现象、所谓"成核效应(Pinch Effect)"、排队效应(Platton Effect)、时间头距分布特性等,但是在其模型模拟过程中,还有一些不合理的地方,比如:由于驾驶者对所处交通环境会作出不合理的乐观判断而导致超过车辆刹车能力而与其前车发生碰撞;在其模型中引入的加减速机械能力是对所有车辆取的同一值,从而没有体现和实际交通流中车辆机械特性异构的特点。

借鉴 LSK 模型目前最接近实际交通的特点,同时针对上述 LSK 的不足,在三个方面对其改进,具体的改进如下:

第一,考虑更严格的安全条件,为了弥补与前车相碰的不足,调整驾驶者过度反应规则为如下条件:

$$r_n^t = \begin{cases} 0, & v_n(t) < v_{n+1}(t) < v_{n+2}(t) \text{ 或者 } v_{n+2}(t) \geqslant v_{\text{fast}} \\ 1, & \text{其他} \end{cases} \quad (3.15)$$

其中,车辆序号往前依次递增,即车辆 $n+1$ 表示车辆 n 的前车,车辆 $n+2$ 表示车辆 $n+1$ 的前车。在这一改进中,实际上改变了 LSK 模型中通行条件判为乐观的条件更严格了,可减少车辆相碰的出现,具体可比较文献[39]的乐观判断条件。

第二,更严格避免碰车条件的动态方程,由于不同机械特性车辆具有不同的刹车减速能力,在实际交通中,后车必须依据 $T_f(v)$ 调整其相应的最大安全条件速度,这里 $T_f(v)$ 是指当前车在其最大安全条件速度下,以其最大刹车减速能力减速至停车所需要的刹车时间,类似的,$T_l(v)$ 是指前车在其当前速度下,以其最大刹车减速能力减速至停车所需要的刹车时间,为了每一时步内都不发生碰车,安全速度的最大值 $c_n(t+1)$ 应符合的安全条件方程如下:

如果

$$(T_l[v_{n+1}(t)] \geqslant T_f[c_n(t+1)])$$

那么

$$\sum_{i=0}^{T_f[c_n(t+1)]} (c_n(t+1) - Di) \leqslant gap_n + \sum_{i=1}^{T_l[c_n(t+1)]} (v_{n+1}(t) - Di)$$

否则

$$\sum_{i=0}^{T_f[c_n(t+1)]} (c_n(t+1) - Di) \leqslant gap_n + \sum_{i=1}^{T_l[v_{n+1}(t)]} (v_{n+1}(t) - Di) \quad (3.16)$$

其中,各参数定义与式(3.5)相同。

第三,在新的模型中,加速规则更符合交通实际,在 LSK 模型中,所有车辆的加速过程按一个常数加速度加速,而在实际交通中,车辆低速行驶时,处于低速挡位(车速小于 $2V_{max}/3$),车辆的发动机产生的前进驱动能力更大,其加速能力比之高速挡位时应该略大[59],同时我们还考虑了车辆因受停车等待时长对车辆启动的影响而出现慢启动现象。综上三点对 LSK 的调整,本节新提出 CA 交通流模型的演化规则如下:

(1) 随机慢化概率 p:

$$p = \max\{p_d, p_0 - v_n(t) * (p_0 - p_d)/v_{\text{slow}}\}$$

$$v_{\text{slow}} = \begin{cases} v_{\text{slow},t}, & \text{当前车是卡车} \\ v_{\text{slow},c}, & \text{当前车是轿车} \end{cases} \quad (3.17)$$

其中,$v_{\text{slow},t}$ 和 $v_{\text{slow},c}$ 分别表示求取慢化概率时大卡车和小轿车的控制参数,p 是一个 0~1 间的实数,p_0 和 p_d 依然为概率控制参数。

(2) 车辆最大安全速度 V_{safe}:

$$V_{\text{safe}} = \max(c_n(t+1) \mid \text{satisfied} \quad \text{Eqs}(2.16)) \quad (3.18)$$

(3) 车辆加速度:

$$a' = \begin{cases} acc_0 & \text{当前车是卡车} \\ acc_1 & \text{当前车是轿车,同时 } r_n^t = 0 \text{ 且 } v_{n,c}(t) \in [v_{\text{slow},c}, 2*v_{\text{max},c}/3] \\ acc_0 & \text{其他} \end{cases}$$

$$(3.19)$$

其中,acc_0 表示大卡车的加速能力和小轿车在起步或者高速挡位时的加速能力,acc_1 表示小轿车在较低挡位时的加速能力。

(4) 速度更新:

$$v_n(t+1) = \min\{V_{\max}, v_n(t) + a', \max[V_{\text{safe}}, v_n(t) - D_n, 0]\} \quad (3.20)$$

(5) 随机慢化:

$$v_n(t+1) = \max[v_n(t+1) - 1, v_n(t) - D_n, 0] \quad (3.21)$$

其中,D_n 表示对应车辆 n 的类型可取其相应的最大刹车减速度值,大卡车为 D_{truck},而小轿车为 D_{car},在参照 LSK 模型求取刹车时间 $T_l[v_{n+1}(t)]$(或者 $T_f[c_n(t+1)]$)是都是依据其相邻车辆自身可变的最大刹车减速能力 D_n 来确定,这是对 LSK 模型在交通实际中混合机动车机械特性的修改,使得我们所提出模型更符合交通实际。

(6) 位置更新:
$$x_n(t+1) = x_n(t) + v_n(t+1) \tag{3.22}$$

3.2.3 仿真结果与讨论

在模拟实验中,初始化条件为周期边界条件,取道路元胞数量 $L=1\,000$,每个元胞代表 1.5 m。为了简化且可以描述不同机械限制特性对交通的影响,考虑两种不同机械限制特性的车辆类型,两类车辆的机械特性参数与实际高速路交通中的一致,一类是具有较大加减速能力的小轿车,其车长 $l_{\text{vhe,c}}$ 定义为 5 个元胞,其最大速度 $V_{\text{max,c}}$ 为 20 cells/s(即 108 km/h);另外一类是加减速能力相对低一些的大卡车,其车长 $l_{\text{veh,t}}$ 为 10 个元胞,最大速度 $V_{\text{max,t}}$ 为 16 cells/s(即 86.4 km/h),别的参数定义为:D_{truck} 取 2 cell/s^2,D_{car} 取 3 cell/s^2,acc_0 取 1 cell/s^2,acc_1 取 2 cell/s^2,另外,不同机械特性车辆在行驶过程中,考虑其与前车的安全附加距离也会有所不同,小轿车因其刹车制动能力强一些,$g_{\text{add,c}}$ 取为 3 cells,而大卡车的 $g_{\text{add,t}}$ 取为 4 cells,分别用 R_c 和 R_t 表示小轿车的比率和大卡车的比率,且 $R_c+R_t=1$。

在本节中,采用车道占用率来描述道路车流密度,通常车流密度用来表示道路每公里有多少辆车,但因考虑了不同类型车辆的长度不一样,再用通常的密度来描述异构交通流的交通环境条件就不是非常恰当。车道占用率为 $k = N \times (R_c \times l_{\text{veh,c}} + R_t \times l_{\text{veh,t}})/L$,这里 N 表示两类车辆的总数。

1. 不同机械特性组成比率对混合机动车流的影响

在这一部分,数值模拟给出了不同比率的混合机动车流的基本图,初始化时,N 辆车都以速度零随机分布在整个道路上,自左向右的车辆序号依次为从 1 到 N,且在每一时步所有车辆遵循模型规则并行更新其速度和位置,模拟实验每次运行 300 000 时步,为了消除瞬时效应,先从 200 000 时步后开始收集数据用于统计计算,然后以其 30 次模拟的统计结果平均用于分析。

在图 3.3 中,给出了随着小轿车组成比率 R 变化的混合机动车流的流量-占用率基本图,可以看出其中所有曲线具有相似性。在车道占用率 $k<0.3$ 时,对应同样的占用率,道路交通流量随着 R 的增大而增大;而车道占用率 k 的范围在 $0.3<k<0.55$ 内时,5 条曲线都存在从高交通流量向低交通流量的一跳

变,且 R 越大越先从高跳变到低的交通流量;而车道占用率 k 的范围在 $k>0.55$ 内时,5 条曲线基本重合;而且从 5 条曲线都可以看到有"滞回现象"出现(比如 $R=0.9$ 时,车道占用率区间为 $0.2<k<0.5$)。

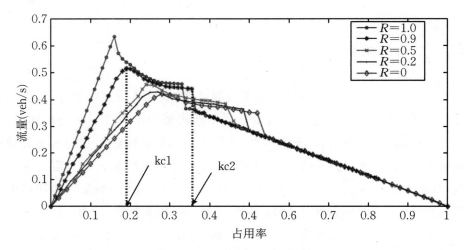

图 3.3 不同组成比率 R 混合机动车流的流量-占用率关系图

当 $R=1$ 的情况,道路上只有小轿车,最大平均速度可以达到 20 cells/s,道路流量峰值可在车道占用率 $k=0.16$ 时达到 0.634 辆/秒(约 2 282 辆/小时);而当 $R=0$ 的情况,道路上只有大型卡车,道路最大流量出现在占用率 $k=0.28$ 的时候,且最大流量只能达到 0.421 辆/秒(约 1 512 辆/小时),这些结果和文献[60,61]的结论完全一致。

当 $0<R<1$ 区间的情况,道路车辆流由不同机械特性车辆混合组成,在自由流时,由于其组成中有车长小且最大速度的小轿车,异构交通流的流量比只有大型卡车的交通流量大,而且在同样占有率条件下,道路交通流量随着小轿车组成比率 R 的增大而增大;然而在交通流状态处于同步流时,道路交通流量随着车道占用率的增大会跳变到低流量值,这流量出现跳变对应的车道占用率却随着 R 的增大而越小,这说明从同步流自发演变为堵塞流时对应的车道占用率是随着 R 的增大而减小的。

在图 3.4 中,在不同混合车辆组成比率 R 的情况下,给出了车道所有车辆平均速度与车道占用率之间的关系,在自由流状态($k<0.2$),当 $0<R<1$ 时,道路平均速度几乎和 $R=0$ 情况下的车辆流道路平均速度相同,这是由于其中有最大速度低的大型卡车形成"塞子效应"(Plug Effect),导致其后的快车被阻挡而自然形成车辆排队队列前进,模拟得到的这种排队效应结果与文献[55]的实

际观测结果完全一致。

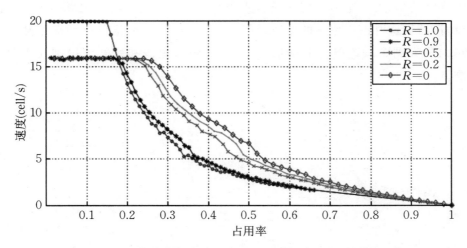

图 3.4 不同组成比率 R 混合机动车流的车辆平均速度-占用率关系图

但在同步流状态区间和堵塞流区间（$k>0.2$）异构车辆流的道路车辆平均速度随着 R 的增大而减小。这是由于在同一车道占用率的条件下，车辆间的平均车间距会随着 R 的增大而变小，也就是说，当所有车都是大型卡车时（$R=0$），相同车道占用率，大型卡车的数量相对少于 $R>0$ 的情况，车辆可期望行驶的平均距离更大，平均速度自然会比 $R>0$ 的情况更大。因此，在同一车道占用率的条件下，会有三种情况存在：① 当 $R=0$ 时，更大的平均车间距可以使卡车以更大的平均速度前进；② 当 $R=1$，平均车间距小于 $0<R<1$ 的情况时，由于所有车辆都是加速能力强、也最大期望速度高的小轿车，车辆之间的相互作用加剧，再加上本身车间距较之别的情形（$R<1$）小，导致车辆的平均速度最低；③ 当 $0<R<1$ 时，车辆间距处于前两种情形之间，所以当 $0<R<1$ 的平均速度曲线分布于前两者对应曲线之间，同时由于卡车的刹车减速能力更低，为了安全，其在与小轿车同样速度的情况下要求更大的安全车间距，这样就致使其余的小轿车之间，小轿车到卡车之间的车间距更小，自然就致使小轿车的速度相应减下来，再加上随着 R 增大，道路车辆数量增加，车平均间距相应减小，所以导致了随着 R 增大，车辆平均速度逐渐递减。

2. 不同减速能力机械特性差异对混合机动车流的影响

在这一部分，主要分析讨论混合机动车流间加速能力偏差对混合机动车交通流的影响。在模拟实验中，取小轿车占所有车辆数目总数的比率 $R=0.8$，小轿车的最大刹车减速能力固定为 $5\ \text{cell/s}^2$，通过调整大卡车的最大刹车减速能力分别为 2 cell/s²、3 cell/s² 和 4 cell/s² 的情况进行对比分析,在图 3.5 的基本图中,可以看到大卡车最大刹车减速能力变化对道路交通流量的影响主要在同步流段,而且这时占用率 k 的取值区间为 $0.2<k<0.35$,道路交通流量随着大卡车的最大刹车减速能力的增加而增大,而在自由流和堵塞流段则几乎没有影响。

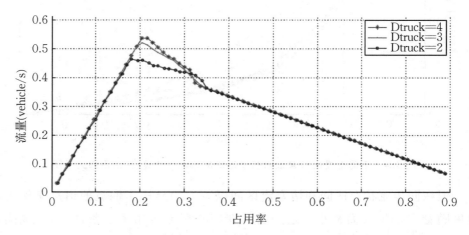

图 3.5　混合机动车流中不同卡车减速能力的流量随占用率变化图

$R=0.8, D_{car}=5$ cell/s², $g_{add,c}=5$ cells, $g_{add,t}=6$ cells

在图 3.6 中,在自由流段($k<0.2$),道路车辆平均速度几乎为大卡车的最大速度,这是由于混合机动车流中大卡车造成的自由流车辆排队效应所致;在同步流段($0.2<k<0.35$)则是随着大卡车的最大刹车减速能力的增大而增大,这是由于大卡车的最大刹车减速能力增加,大卡车与其前方车辆间的安全车间距可以更小,因而在每一时步所有车辆都相应地有更大的行驶空间;在堵塞流段($k>0.35$),由于所有车辆的平均速度变得非常低,连续车辆之间的相互作用减小,因此最大减速能力的偏差对车辆平均速度的影响基本消失了。

3. 不同机械特性组成混合机动车流的相变特性分析

在这一部分,我们讨论单车道混合机械特性交通流从自由流到同步流再到堵塞流的相变,取 $R=0.9$,道路长度 L 取为 4 000 个元胞,$D_{car}=3$ cell/s²,$D_{truck}=2$ cell/s²,$g_{add,c}=5$ cells,$g_{add,t}=6$ cells。在图 3.3 的基本图中,蓝色的那条曲线是流量与车道占用率之间的变化关系,可以分为三部分,第一部分是当车道占用率 k 在范围 $0<k<k_{c1}$(即从 0 到 0.18),道路交通流处于自由流状态;第二部分是车道占用率 k 范围是 $k_{c1}<k<k_{c2}$(即从 0.18 至 0.36),道路交通流处于

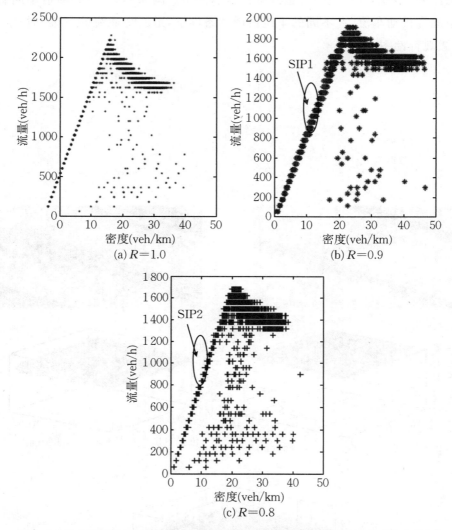

图 3.6 混合机动车流中不同卡车减速能力的道路车辆平均速度随占用率变化图

$R=0.8, D_{car}=5 \text{ cell/s}^2, g_{add,c}=5 \text{ cells}, g_{add,t}=6 \text{ cells}$

同步流状态；第三部分是车道占用率大于 0.36，则道路交通流进入堵塞流状态。下面我们从时空斑图来进一步观察不同状态车道占用率下的微观特性，收集数据时，空间上取道路前 1 000 个元胞，时间上取 300 000 时步的最后 1 000 个时步的所有车辆的位置、速度数据用于绘制时空斑图（图 3.7 所示），图 3.7 (a)~(d)是二维时空斑图，其中横坐标从左至右是车辆空间位置前进方向，而纵坐标自上而下是时间递增的方向，图中的黑点表示该元胞被车辆占用，而空白的区域则表示其相应的元胞没有被车辆占用。图3.7(e)~(g)对应不同组成比率混合机动车流,在不同的车道占用率条件下,道路交通流的三维(时-空-速度)微观特性图。

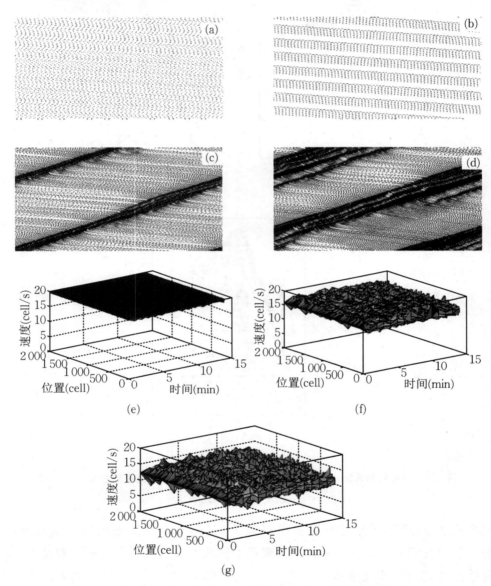

图3.7 不同车道占用率 k 和组成比率 R 对应的混合机动车流时空斑图

$D_{car}=3$ cell/s^2, $D_{truck}=2$ cell/s^2, $g_{add,c}=5$ cells, $g_{add,t}=6$ cells

(a) $k=0.05, R=1$; (b) $k=0.05, R=0.9$; (c) $k=0.25, R=0.9$; (d) $k=0.45, R=0.9$; (e) $k=0.1, R=1$; (f) $k=0.1, R=0.9$; (g) $k=0.25, R=0.9$

图 3.7(a)给出的是只有小轿车的车道低占用率($k=0.05, R=1$)时自由流的时空斑图,而图 3.7(b)给出的是混合机动车流车道低占用率($k=0.05, R=0.9$)时的自由流时空斑图,从图 3.7(b)中可看出,混合机动车流为自由流时,由于最大速度相对低一些的大卡车的塞子效应,在道路混合机动车流中出现排队现象。图 3.7(c)则再现了从道路混合机动车流从自由流自组织形成同步流的现象(从时空斑图的斑点稀疏到相对密集的交通流),图 3.7(d)再现了从自由流到同步流再从同步流到堵塞流的过程,即可以从时空斑点疏散到相对密集,再从相对密集到堵塞(见该图中出现的一段连续黑点集簇区域,表示了该区域多辆车停车排队等待)。故此,从图 3.7(a)~(d)的时空斑图中,进一步验证了本章节提出的混合机动车交通流模型满足三相交通流理论,在整个数值模拟实验中,道路车道占用调整是通过逐渐增加车辆到道路上来实现。

图 3.7(e)和(f)分别可以看到非混合机动车和混合机动车流在自由流状态下,所有车辆速度随时空推移的分布情况。在非混合机动车流的自由流中车辆速度在小轿车最大速度(20 cells/s)附近小幅波动,这是由于有随机慢化的作用所致,而在混合机动车流的自由流则由于排队效应和随机慢化同时作用,导致车辆速度在大型卡车的最大速度(16 cells/s)左右小幅波动。图 3.7(g)再现了混合机动车流在同步流状态下,车辆间的同步作用导致车辆在 12 cells/s 左右同步前进,从另一侧面证实了新提出的混合机动车交通流模型可以模拟出同步流。

图 3.8 是一分钟平均流量和道路车辆密度图,分别显示了包含三种交通状态的基本图。图 3.8(a)是只有小轿车一种车辆类型时的流-密分布基本图,而图 3.8(b)和(c)则是在不同混合比率下的流-密分布基本图,三个图都包含三个部分的区域[62]。第一部分,即流量随道路车辆密度递增直线增加,该部分就是交通流的自由流相;第二部分,即相对密集的二维分布区域,也就是在同一道路密度下,可以对应有多种流量值,该部分就是交通流的同步流相;第三部分就是位于非同步流二维区域下方非常分散的随机散布的点,该部分就是运动堵塞相。该图进一步说明本模型在周期初始化边界条件下可再现真实道路交通的各种现象,比如自由流时的排队效应(比如图中 SIP1 和 SIP2 标记对应同一流量值可对应一段车道密度变化区间),同步流区域呈现二维散布等。本模型模拟得到的一分钟平均流量-道路车辆密度关系图与文献[62]中的实测观察(见文献[62]中的图 1)一致。

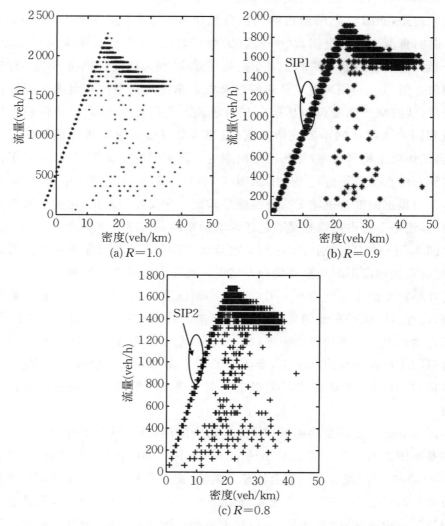

图 3.8 不同小轿车占所有车辆数量比率时,一分钟平均流量-密度基本图

$D_{car}=3$ cell/s^2, $D_{truck}=2$ cell/s^2, $g_{add,c}=5$ cells, $g_{add,t}=6$ cells

4. 相关性分析

上述基本图分析只能大概描述交通流状态变化的一种趋势,还不足以准确区分文献[63]提到的交通流状态(即自由流、同步流和宽运动堵塞),为了更准确地区分交通流相类型,可通过子相关函数(Auto-correlation Function,ACF)和协相关函数(Cross-correlation Function,CCF)来清晰描述分析交通流状态类型[40,64,65],展现不同交通状态时,其交通参数间的内在特性。

在数据收集时,我们依然取道路上一虚拟探测器获取的 1 分钟的平均流量和车道占用率来进行分析,同样为了消除瞬时效应,取模拟运行 30 次获取的参数平均值来分析车道占用率(其他两个参数流量和平均速度具有类似特性)自相关特性、车道占用率与流量之间的协相关特性,因采集的 1 分钟的平均数据,相关函数中的时间尺度为 1 分钟。

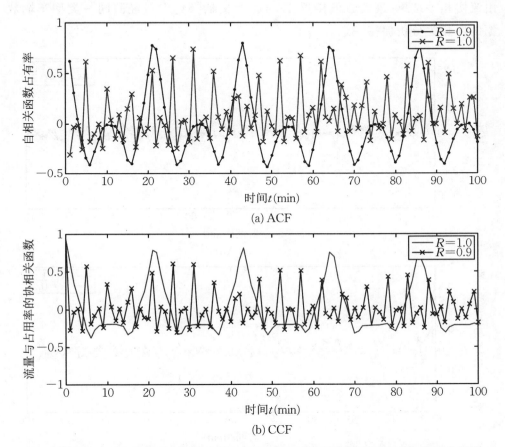

图 3.9 不同组成比率 R 情况、自由流时,流量和车道占用率之间的自相关和协相关特性

$D_{car}=3 \text{ cell/s}^2, D_{truck}=2 \text{ cell/s}^2, g_{add,c}=5 \text{ cells}, g_{add,t}=6 \text{ cells}, k=0.1$

图 3.9 中,显示了在自由混合交通流状态($k=0.1$)下,1 分钟内车道占用率的自相关及平均流量与车道占用率间的协相关函数。图 3.9(a)为其自相关函数,我们可以看出,无论处于混合流($R=0.9$)还是同一车辆类型交通流($R=1$)条件下,其自相关函数均在 $-0.35\sim0.8$ 之间变化。而且,同一车辆类型交通流的自相关因子相比于混合流更加稳定。图 3.9(b)显示了自由流($k=0.1$)

下流量与占有率的协相关函数,同样地,无论在 $R=0.9$ 和 $R=1$ 条件下,协相关函数值都在 $-0.4\sim0.8$ 之间波动。也就是说,在自由流下,时间尺度大于 1 分钟,交通流参数存在明显的相关性,且同一车辆类型交通流的自相关因子更加稳定。这一现象能在①"排队发生与混合流低占有率条件下"(图 3.7(b))以及②"大型车的低加速减速度导致交通流速度变化平缓"中得到解释。这一自由流协相关结果(最大数值接近 1)与参考文献[64]中对经验同一类型车辆数据的协相关分析保持一致。

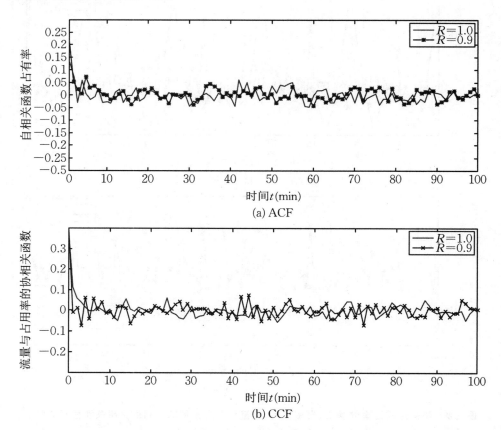

图 3.10　不同组成比率 R 情况、自由流时,流量和车道占用率之间的自相关和协相关特性
$D_{car}=3\ cell/s^2, D_{truck}=2\ cell/s^2, g_{add,c}=5\ cells, g_{add,t}=6\ cells, k=0.25$

图 3.10(a)显示了占有率在同步流中 $R=1$ 和 $R=0.9$ 两种情况下的自相关函数,图 3.10(b)为相同条件下占有率与流量间的协相关函数。我们从这两个图中可以看出,当时间尺度大于 1 分钟时,交通参数间几乎不存在相关性。与自由流中占有率协相关函数对比后我们发现,同步流中占有率和流量之间的

协相关性几乎消失了。从图3.10的自相关和协相关特性进一步证实了所提出交通流模型能再现同步流。而且,当车道占用率$k=0.25$时,不管是同类车辆组成的交通流还是混合机动车辆组成的交通流,其平均交通流量与车道占用率间的协相关函数值都在非常接近0的位置附近小幅震荡,这与文献[64]中对单车道交通实测数据的协相关分析结果非常一致,这说明本书的单车道混合机动车流模型的模拟结果与交通实际相符。另外,图3.10(b)的混合车流协相关函数值较之非混合车辆交通流的协相关函数值震荡幅度更小,也就说明混合车流交通流的同步流特性表现得更强一些,这是由于不同车辆类型间机械加减速限制的差异,车辆间的相互作用更剧烈所致。

通过对比图3.9与图3.10,我们可以看到,交通流处于自由流和处于同步流状态的相关函数的差异是非常明显的。正是由于这种明显差异,相关性函数可以用来清晰区分自由交通流状态和同步流交通状态。

本 章 小 结

本章提出的考虑单车道刹车灯状态和机械特性的基础交通流模型,可以模拟刻画出更接近实际交通流的基本内部演变规律特性,但是,针对现实中具体交通环境(比如多车道、交通信号灯、机非混合或者出入匝道等),需对此基础交通流模型做进一步扩展,方可构建出现实交通流模型。

对于不含交通信号灯的高速公路或者城市快速道路的交通,需要考虑多车道交通中的换道、出入匝道的影响和道路速度限制等因素,来对该基础交通流模型进行扩展研究,从而得到适应该类交通条件的实用交通流模型。比如,针对成都三环路主干道的交通,① 确定现实模型输入参数。通过在各入口架设视频检测识别设备,检测出每一进入车辆的车长、车型、车标等特征参数,这样可以结合对应各型号车辆加速制动能力参数以及实际交通的一些统计经验,大致确定输入车辆的机械特性参数作为模型中参数,另外还可以检测出车辆进入的速度作为进入车辆的初始速度。② 构建现实模型。通过考虑换道机制和出入匝道的影响来扩展本章所提出的基础交通流模型,构建出适应这种交通环境的现实交通流模型。③ 实际应用。现实交通流模型所再现的交通流特性可以为交通管理部门管控决策提供理论依据,主要可依据该现实交通流模型获取三环路各路段当前交通流的所处相态和流-密关系,在入口处增设交通信号灯自适应控制车辆进入,来调节道路车辆密度使整个道路通行能力达到最佳状态;可依据不同机械特性混合比率以及对当前交通流的影响程度的实际情况,为道路中划几种类型车辆通行专用车道,以及为各类机械特性车辆分别划分几条通行专用车道提供理论基础。这部分研究工作将有待以后进一步深入研究。

对于城市道路交通,则需要扩展交通信号灯以及机非混合对交通流特性的影响,构建适应该类交通道路环境的现实交通流模型。比如,针对某一城市区域道路,在该区域入口检测进入车辆的初始条件(包括车辆混合比率、车辆速度和机械特性等参数)以及该区域内各信号灯配时,通过该类道路环境现实的交通流模型实时模拟再现更真实的交通流,为建设该区域道路交通动态感知及展现的虚拟现实系统,为建设该区域交通流分析系统用于交通管控决策。这部分需要扩展的研究内容(多车道、机非混合、交通信号灯环境下交通流特性)在本书后面第 4 章和第 5 章有进一步的讨论。

总之,本章所提出的交通流模型考虑了较现有单车道交通流模型更切合交通实际的一些因素,模拟再现了实际交通流内在的一些重要微观和宏观特性,因此,它是适合实际道路交通应用的现实交通流模型研究的重要基础。

第 4 章　考虑坡道影响的道路交通流模型研究

针对斜坡路在实际交通道路中普遍存在,而现有基于元胞自动机微观坡道交通流的研究中的不足(只把坡道简单当成了最大车速限制区域),由于机械限制和斜坡角度等因素的影响,在斜坡的不同位置上,车辆最大速度、安全间距和加减速能力都是坡度的一个连续变化函数,提出一种全新斜坡 CA 道路交通流模型,通过数值模拟重现了含斜坡道路交通流的一些内在特性,为平坦道路和斜坡道路连接点的交通规划管理控制提供了极具价值的参考,也为道路斜坡的规划、设计及建设提供理论依据[66]。

4.1　研究现状

最近几年,交通流理论成为了一个热点话题[1,60]。为了理解交通流的特性,研究者们提出了许多交通流理论模型,包括宏观模型、中观模型及微观模型。其中,微观模型中的 CA 道路交通流模型,概念简单且易于计算机模拟。特别是该模型能相对容易地对真实交通中的复杂特性构建模型,通过非常直观的物理图表再现真实交通中许多非线性现象。

研究者们根据驾驶员在真实交通中的行为特性构建了许多 CA 交通流模型。1992 年,Nagel 和 Schreckenberg(NS 模型)[60]首次提出了经典 CA 交通流模型。Fukui 和 Ishibashi 考虑车辆都期望最快通行而采用激进加速规则改进了模型速度更新的 FI 道路交通流模型[41]。Li 和 Wu 等人提出了考虑前车速度产生的影响(Velocity Effect)的 VE 道路交通流模型[38]。Knospe 等根据驾驶员对舒适、安全驾驶的需要提出了 CD(Comfortable Driving)模型[67]。Lee 等学者提出考虑有限加减速能力的车辆机械限制特性 CA 模型,简称 LSK 模型[39]。Kerner 等人基于三相理论建立了 Kerner-Klenov-Wolf(KKW)模型[68,44]。最近有研究者考虑动态预测间距影响加减速和实际交通突发瓶颈的元胞自动机模型[69-71]。

斜坡路在实际道路交通中十分常见。斜坡是路面结构条件变化中的一种特殊情况，道路条件的改变对交通流的影响得到了许多研究者的关注[72-75]。Lighthill 等[72]应用流体力学模型，根据一个相对较窄区域引起的路面波动研究了交通流的波动性。Zhang 等[74]延伸了宏观交通流模型，通过研究高速公路中存在车道数改变以及不同自由流车速限制区域对交通流的影响，分析了道路交通流在高速路这类瓶颈处的性质。实际上，这些研究都仅是在讨论高速公路限速区域对交通流的影响。Li 等[75]提出了一个基于经典最优速度的车辆跟驰模型，分析研究了道路斜坡处交通流相变特性，得出最大速度决定于各斜坡梯度的最优速度函数这一结论。但是，这些迄今已有的研究都认为车辆在同一坡度坡道的任意位置的最大速度都是相同的，这实际上就成了简单的速度限制区域对交通流的影响了。

事实上，斜坡不同于普通的限速区域。由于机械限制和斜坡梯度等因素的影响，在斜坡的不同位置上，车辆最大速度和加减速能力都是坡度的一个连续变化函数。此外，最大速度和安全距离主要决定于斜坡梯度、空间位置、驾驶员心理以及车辆的机械能力等因素。Liang 等[76]考虑了道路弯道路段对车辆运动过程的影响，提出了一个 CA 交通流模型来研究弯道路段的交通流情况，这一交通流理论模型的提出激发了我们在本节中研究车辆在斜坡处的运动模型。

因此，为了描述斜坡的真实物理性能，我们提出了一种全新斜坡 CA 交通流模型，该模型较限速 CA 交通流模型有很大区别。在这一模型中，我们引入了斜坡对于车辆加减速能力及安全距离的连续影响，改变了更新规则。本章首先对新的斜坡 CA 交通模型进行详细描述，进而得出模拟仿真结果和结论。

4.2 一种新的斜坡 CA 模型

在详细描述该斜坡 CA 模型之前，让我们先回顾一下 LSK 模型的定义。

4.2.1 LSK 模型

Lee 等[39]提出的 LSK 模型认为,车辆的机械限制是由受限的加减速能力实现的。LSK 模型主要出发点是考虑一个保证所有车辆安全驾驶的不等式,在这个不等式中,车辆都准备好应对前车在任何 t 时刻可能突然刹车的最坏情况。以 C_n^{t+1} 表示的安全运动速度所需符合的条件:

$$\sum_{i=0}^{T_f(C_n(t+1))}(C_n(t+1)-Di) \leqslant gap_n + \sum_{i=1}^{T_1(v_{n+1}(t))}(v_{n+1}(t)-Di) \quad (4.1)$$

$$gap_n = X_{n+1}(t) - X_n(t) - l_{veh} - \Delta \quad (4.2)$$

在式(4.1)中,每一时刻 $i=0,1,\cdots,T_f(1,\cdots,T_1)$ 都减去该时刻最大刹车能力 D,在式(4.2)中,gap_n 指的是与前车的距离,l_{veh} 指的是车辆的长度,Δ 作为与前车之间最小距离的控制参数,可以反映出驾驶员对该地区交通状况的过度反应。式(4.1)、式(4.2)中其他参数定义[39]如下:

$$\begin{cases} \Delta = r_n^t \max(0, \min(g_{add}, v_n(t) - g_{add})) \\ T_f(v) = r_n^t/D + (1-r_n^t)\max(0, \min(v/D, t_{safe})-1) \\ T_1(v) = r_n^t/D + (1-r_n^t)\min(v/D, t_{safe}) \end{cases} \quad (4.3)$$

LSK 模型计算了实际交通中的机械限制和驾驶员过度反应,但没有考虑斜坡的情况。需要注意的是,在斜坡上,加减速能力和驾驶员过度反应是主要影响因素。因此,下一步我们将分析这两个因素是如何影响斜坡上车辆运动过程的。

4.2.2 斜坡车辆运动的分析

斜坡路段普遍存在于高速公路上,图 4.1 中列出了几种典型的斜坡结构。斜坡的结构应该遵循相关标准,如梯度和长度的限制[77]。在图 4.1(b),当陡坡长度过长而超过限制时,必须在合适的区域插入一个平坡段(X_2 到 X_3,$\theta_2 < \theta_1$)以使车辆获得加速,这样保证了车辆能以一个所允许的最低速度通过这一长陡坡。

在本节中,我们考虑两种最简单的情况,即只有梯度相同的一种上坡[图 4.1(a)]或者下坡[图 4.1(c)]。依据牛顿运动定理可得到斜坡车辆的运动方程如下:

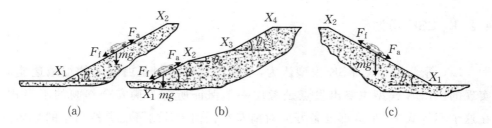

图 4.1 不同坡道路况示意图

(a) 上坡；(b) 长陡峭坡分段中间添加平缓段；(c) 下坡

$$F_{\text{slope}} = F_a - F_{\text{wind}} - mg\sin\theta - mgf\cos\theta = ma_{\text{slope}} \tag{4.4}$$

其中，F_{slope} 为车辆在斜坡上受到的合力，F_a 为车辆引擎提供的最大牵引力，θ 指斜坡坡度（当为下坡时 θ 为负），a_{slope} 指的是车辆在斜坡上的加速度，f 指道路的摩擦系数，m 为车辆的质量，g 指的是重力加速度，F_{wind} 指的是风的阻力。

出于简单和对称的考虑，我们假设：① 在道路平坦区域 F_{wind} 和 f 对于每辆车都是相同的；② 车辆最大牵引力和道路上风的阻力 F_{wind} 都是常量；③ 在道路任何区域重力加速度 g 都取 9.8 m/s^2。

当式(4.4)中 $\theta = 0$ 时，车辆的运动方程满足：

$$F_{\text{flat}} = F_a - F_{\text{wind}} - mgf = ma_0 \tag{4.5}$$

其中，F_{flat} 表示车辆在平坦区域所受到的合力，a_0 为车辆在该区域的最大加速度。由式(4.4)，式(4.5)联立求解得出 a_{slope} 和 a_0 的关系为

$$a_{\text{slope}} = a_0 + gf(1 - \cos\theta) - g\sin\theta \tag{4.6}$$

同样地，当车辆刹车时，我们能得到车辆在斜坡上的最大减速度 D_{slope} 为

$$D_{\text{slope}} = D_0 + gf(1 - \cos\theta) - g\sin\theta \tag{4.7}$$

其中，D_0 为平路的车辆最大减速度。

从等式(4.4)中我们可以看出，当 a_{slope} 为负时，斜坡的最大长度决定于车辆在斜坡上的最大加速度 a_{slope} 及道路所允许的最低速度。这也解释了真实道路中缓坡(图 4.1(b)中 X_2 到 X_3 段)这一道路结构存在的原因。研究者通常出于经验将斜坡梯度 σ($\sigma = \tan\theta$)来描述斜坡的等级。需要注意的是，在真实情况中斜坡梯度的值并不大，高速公路上梯度 σ 通常都小于 8%（对应 θ 约为 5°，后文中我们统一用 θ 表示斜坡梯度），f 约为 0.015[77]。从式(4.6)和式(4.7)中我们看出，斜坡梯度直接影响到车辆的加减速能力。

4.2.3 斜坡 CA 模型

为了在离散的交通流 CA 模型中体现出斜坡的连续影响[式(4.6)和式(4.7)],我们采用了一个斜坡影响可能性来描述这一斜坡上对车辆加减速的影响[71]。例如,当车辆在上坡时,其加速能力减小,我们将这一加速能力以 p_{slope} 概率减小一个整数单位($a_{\min}$)。同样地,我们也能得到减速时以概率 p_{slope} 的最大减速能力 D_{slope}。概率 p_{slope} 由如下等式决定:

$$p_{\text{slope}} = |a_{\text{slope}} - a_0|/a_{\min} = |g\sin\theta + gf(\cos\theta - 1)|/a_{\min} \quad (4.8)$$

式中,$a_{\min}$ 为加减速能力的最小整数单位($a_{\min} = 1 \text{ cell/s}^2$),$p_{\text{slope}}$ 为实数。

无论上坡还是下坡,车辆间安全距离皆伴随道路斜坡梯度的绝对值的增大而变大,这可以从两方面来解释,一方面,当上坡时,前车有可能换挡导致车辆有下滑的趋势;另一方面,车辆在下坡时最大刹车能力减小,这也会使与前车的安全距离增大。

实际上,我们提出的这一模型从三个方面改善了 LSK 模型:第一,改变了加减速能力(a_{slope} 和 D_{slope})为斜坡坡度的连续函数,并且加入了安全间距(g_{add})与斜坡梯度 θ 保持一致;第二,基于斜坡梯度 θ 和 g_{add},重新定义了连续两车间的最小间距 Δ;第三,根据斜坡坡度不同,相邻车辆也可能有不同的最大减速能力 D_{slope},因此,在式(4.3)中,$T_f(v)$ 和 $T_l(v)$ 对每辆车都应以其自身的 D_{slope} 来单独计算。

基于以上的讨论,因此给出我们的交通流模型及其演化规则如下:

(1) 随机慢化概率 p 决定于:

$$p = \max[p_d, p_0 - v_n(t)(p_0 - p_d)/v_{\text{slow}}] \quad (4.9)$$

其中,p 是一个 0~1 间的实数,p_0 和 p_d 依然为概率控制参数,v_{slow} 分别表示求取慢化概率时的控制参数。

(2) 斜坡影响概率 p_{slope} 参照式(4.8)。

(3) 最大刹车能力 D_{slope} 决定于:

$$D_{\text{slop}} = \begin{cases} D_0 + 1, & x_n(t) \in \text{上坡且 rand}() < p_{\text{slop}} \\ D_0 - 1, & x_n(t) \in \text{下坡且 rand}() < p_{\text{slop}} \\ D_0, & \text{其他情况} \end{cases} \quad (4.10)$$

(4) 附加的安全间距 g_{add} 决定于:

$$g_{add} = \begin{cases} \lceil g_{add0}(1+k_u\theta) \rceil, & x_n(t) \in 上坡 \\ \lceil g_{add0}(1+k_d\theta) \rceil, & x_n(t) \in 下坡 \\ g_{add0}, & 其他情况 \end{cases} \quad (4.11)$$

(5) $\Delta, T_f(v), T_l(v)$ 决定于：

$$\Delta = \begin{cases} \max(0, \min(g_{add}, v_n(t)-g_{add}))+1, & x_n(t) \in 上坡 \\ \max(0, \min(g_{add}, v_n(t)-g_{add}))+\theta \times g_{add}/1.5, & x_n(t) \in 下坡 \\ \max(0, \min(g_{add}, v_n(t)-g_{add})), & 其他情况 \end{cases}$$

$$T_f(v_n(t)) = v_n(t)/D_{slop}$$
$$T_f(v_{n+1}(t)) = v_{n+1}(t)/D_{n+1} \quad (4.12)$$

(6) 最大安全速度 V_{safe} 决定于：

$$V_{safe} = \max[C_n(t+1) \mid \text{statisfied} \quad \text{Eqs.} (4.1), (4.2), (4.12)] \quad (4.13)$$

(7) 加速度 a_{slope} 决定于：

$$a_{slope} = \begin{cases} a_0+1, & x_n(t) \in 下坡 且 \text{rand}() < p_{slop} \\ a_0-1, & x_n(t) \in 下坡 且 \text{rand}() < p_{slop} \\ a_0, & 其他情况 \end{cases} \quad (4.14)$$

(8) 速度更新应满足：

$$v_n(t+1) = \min\{V_{max}, v_n(t)+a_{slop}, \max[V_{safe}, v_n(t)-D_{slop}, 0]\} \quad (4.15)$$

(9) 以概率 p 随机慢化：

$$v_n(t+1) = \max[v_n(t+1)-1, v_n(t)-D_{slope}, 0] \quad (4.16)$$

(10) 位置更新：

$$X_n(t+1) = X_n(t) + v_n(t+1) \quad (4.17)$$

在 LSK 模型中，一些不恰当的乐观情况会导致车辆碰撞，因此在我们的模型中，将 r_n^t 恒设为 1 以避免这一缺陷。C_n^{t+1} 的定义与 LSK 模型中的相同。在步骤(2)中，斜坡影响概率 p_{slope} 基于斜坡梯度 θ 连续变化。在步骤(3)中，针对不同的斜坡梯度 θ，每辆车都可能有不同的最大减速能力 D。在步骤(4)中，附加的安全间距 g_{add} 的作用是根据针对不同的斜坡梯度 θ 对安全距离进行调整，式(4.11)中 $\lceil x \rceil$ 为取上界，表示比 x 大的最小整数，k_u, k_d 和 g_{add0} 为控制参数，将 g_{add0} 设为 4（与参考文献[39]中相同），k_u 设为 $0.1/1°$，k_d 设为 $0.3/1°$。在步骤(5)中，θ 和控制参数常量"1.5"有相同的单位（即单位角度为 $1°$），D_{n+1} 为第 $n+1$ 辆车的最大减速能力，$\Delta, T_f(v), T_l(v)$ 都基于斜坡梯度 θ 连续变化。在步骤(7)中，车辆在斜坡上的最大加速能力随着斜坡影响概率 p_{slope} 而变化。以上其他参数的设定均与参考文献[39]中相同。

4.3 仿真结果与讨论

在这一部分中,模拟仿真的周期性边界条件下假设道路周长 $L=1\,000$ 个元胞,对应真实道路的长度 1.5 km,每辆车占 $l_{veh}=5$ 个元胞,密度 ρ 为 $N \times l_{veh}/L$,N 为道路上车辆数。每个自动时间步长为 1 s,车辆速度步长约为 5.4 km/h,也就是说当 V_{max} 等于 20 的时候,车辆最快速度为 108 km/h,这一设定与真实交通中标准自由流速度相同。a_0 设为 $1(\text{cell}/s^2)$,D_0 为 $2(\text{cell}/s^2)$。初始化时,N 辆车随机出现在道路不同的位置并且每辆车的速度为 0 到 V_{max} 之间的一个随机整数,从左至右将 N 辆车从 1 至 N 顺序标号。在接下来的每个时刻,将所有 N 辆车的速度和位置根据模型规则更新。每一轮模拟仿真进行 3×10^5 个时间步长,抛弃最初的 2×10^5 个时间步长以排除瞬时效应。得到最终结果平均进行 30 轮模拟仿真。

在后面的空间-时间图表中显示的是最初的 1 000 个元胞在最近一轮 3×10^5 个时间步长的仿真中最后 620 个时刻的情况,水平坐标表示空间位置(自左到右增加),垂直坐标表示时间(自下而上增加)。两条红线(垂直实线)之间的区域对应真实道路中的上坡或者下坡。

图 4.2 展示了在三种车流密度条件下的时-空图。从这些图中我们可以看出交通流相位的变化(从自由流到堵塞流)。当斜坡梯度和长度设置为一个固定值时,随着车辆密度的增加,拥堵流侵蚀自由流[图 4.2(a)],并且当密度超过 0.15 时,交通流在临近斜坡前方区域演变出现时走时停波[图 4.2(b)],最终当密度足够大时,交通流在整条道路上逐渐自发形成堵塞[图 4.2(c)]。

为了研究道路斜坡对交通流特性的具体作用,从以下三个方面展开讨论:第一,不同上坡梯度对于交通流自身特性的作用;第二,不同上坡的长度对于交通流自身特性的作用;第三,比较分析坡道在上坡路段与下坡路段对交通流自身特性影响的不同点。

首先,我们分析不同上坡梯度对于交通流自身特性的作用。图 4.3 显示了同一密度不同角度下的时空图,斜坡位置和长度已设定为一个固定值。伴随道路斜坡梯度的增大,上坡处的交通阻塞变得越来越严重。而且,我们注意到拥挤在斜坡的开始处出现并向后蔓延,在通过了上坡路段后,自由流重新呈现(图 4.3(b)和图 4.3(c))。

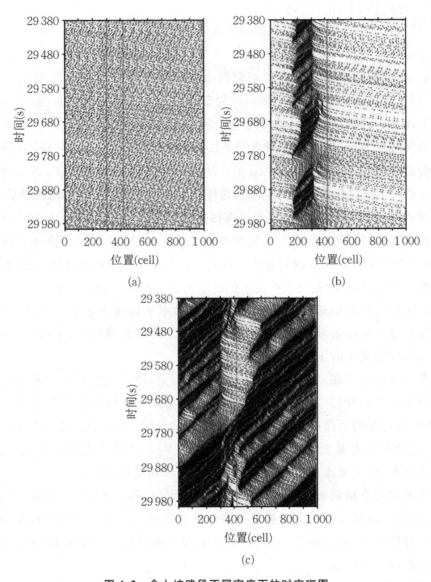

图 4.2 含上坡路段不同密度下的时空斑图

坡度 $\theta=3°$,坡长 120 cells,坡起点在第 300 cell 处

(a) 道路车辆密度 $\rho=0.1$;(b) $\rho=0.15$;(c) $\rho=0.6$

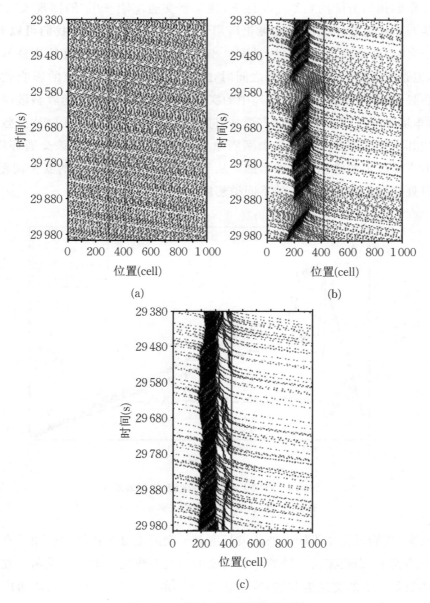

图 4.3 不同上坡角度的时空斑图

车辆密度 $\rho = 0.15$

(a) $\theta = 1.5°$；(b) $\theta = 3°$；(c) $\theta = 4.5°$

图 4.4 显示了这一模型的基本图,其中斜坡角度 θ 的值分别为 $0°,1.5°,3°,4.5°$,斜坡长度 λ 为 120 个元胞。从图中我们可以看出,四条曲线的形状相同,并且在车辆均匀分配的初始化条件下,该模型交通流能产生"滞回现象"[38],这是因为与车速更新相关的随机慢化启用了慢启动规则。另外,我们可以看出,当 θ 增大时,流量减小。若斜坡梯度 θ 小于 $1.5°$,对道路交通流量几乎不存在影响,但是当 θ 处于 $1.5°$ 和 $4.5°$ 之间时,斜坡角度对道路交通流的影响表现得十分明显,该模拟结果与文献[77]中的实测观察报告相一致。随着斜坡梯度的增加,车辆加速度减小,减速能力增加,即前车的可减速变化范围变宽,会导致连续相邻车辆间的安全间距更加猛烈地变化并且难以预测,在该交通环境下,驾驶者在斜坡上的敏感度自然增加。从某种程度上来说,附加的安全间距 g_{add} 也反映处在斜坡路段驾驶员的不同敏感度。

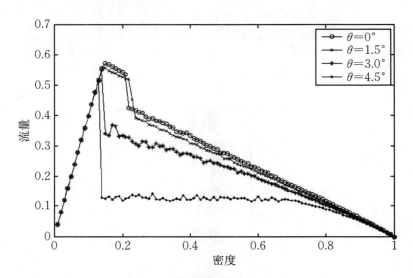

图 4.4 不同上坡角度的时流-密基本图

坡道长 120 cells,坡道起始点第 300 cell

其次,我们讨论了不同上坡的坡长度对于交通流自身特性的作用。在相同的斜坡梯度下,交通流特性随着斜坡长度的改变而改变。图 4.5 显示了在不同上坡坡长条件下的交通流状态,在这里将斜坡角度 θ 设定为 $3.5°$,该角度的坡道在实际道路设计中被归类为陡坡[77]。从图 4.5(时-空图)和图 4.6(基本图)中我们看出,流量跟随斜坡路段的增长而降低,这是因为在斜坡上车辆加速能力减弱,并且驾驶员对安全距离更加敏感,所以通过斜坡的车辆变得很少。并且从图 4.5 中我们可以看出,由于斜坡路段增长,在斜坡入口处交通流的拥挤

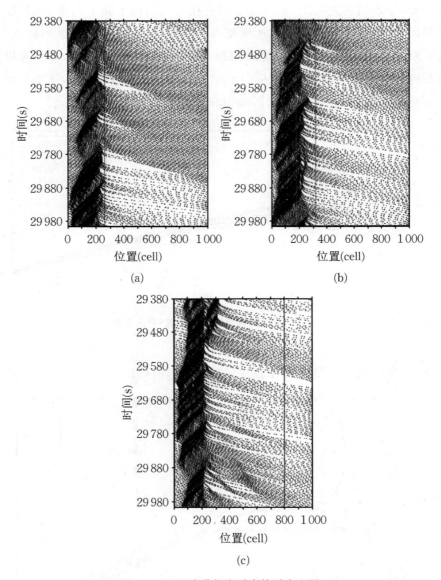

图 4.5 不同坡道长度对应的时空斑图

$\rho=0.2, \theta=3.5°$

(a) $\lambda=60$ cells;(b) $\lambda=120$ cells;(c) $\lambda=600$ cells

情况更加严重。出现这种情况的原因是,由于受坡道影响,当斜坡长度增加,使坡道上车辆加速能力减小和车辆间安全距离增大,则越长范围坡道路段上车辆稀疏分布,导致周期边界下,越来越多的将接近坡道的平路上的车辆(与坡道上车辆相比,车辆加速能力及最大速度更大)不得不刹车减速而缓慢地驶入斜坡,也就导致了入口处更加严重的交通拥挤。这一在斜坡入口处非线性的相位变化正是由于交通流流体"挤压效应"(Squeeze Effect)作用引起的,这也与流体力学中的粘连现象(Agglutination Phenomenon)相符[78]。

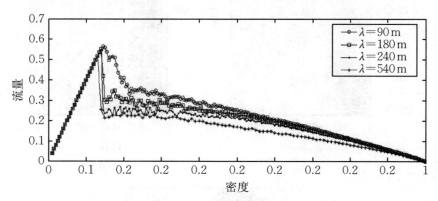

图 4.6　不同坡道长度对应的流-密基本图
坡道角度 $\theta = 3.5°$

最后,我们分析道路下坡对道路交通流的作用特点。图 4.7 为下坡路段的

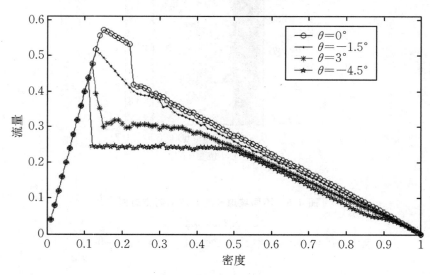

图 4.7　不同下坡角度对应的流-密基本图
坡道长度 $\lambda = 120 \text{ cells}$

基本图,当斜坡为下坡时,我们将斜坡角度 θ 定义为负值,其他条件与图 4.4 中相同。因此,在比较图 4.4 与图 4.7 后我们发现二者的曲线结构基本相同。但是当斜坡梯度的绝对值超过一个特定的值($|\theta|>1.5°$)时,下坡时的流量在相同条件下显著大于上坡时流量,这也与实测观察保持一致[77]。为了探究下坡路段对交通流影响的细节,我们给出了下坡路段的时-空图(图 4.8),从图中我们可以看出,交通拥挤仅在斜坡前的一段区域发生[图 4.8(a)]。即使在下坡路段上车辆速度小于下坡前的一块区域[图 4.8(b)],坡上也没有拥堵情况发生[图 4.8(a)]。这是因为下坡时驾驶员都保持一个较长的安全距离,图 4.8 中所显示的结论与实际情况保持一致。

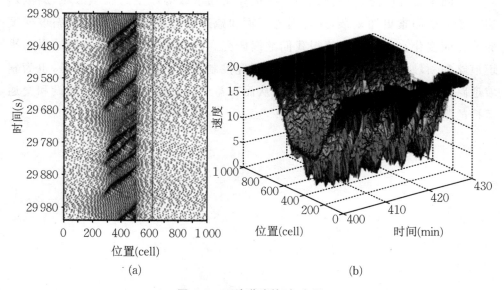

图 4.8　下坡道路的时-空图

下坡段长 $\lambda=120$ cells,车辆密度 $\rho=0.2$,坡道角度 $\theta=-3.5°$,坡道起始点第 500 cell
(a) 时空斑图;(b) 时-空-速关系图,这里的速度是每个元胞位置 1 分钟所通过车辆的平均速度,测量时间是从第 400 分钟到第 430 分钟

本 章 小 结

在本节中,我们提出了一种新的斜坡 CA 模型来研究斜坡对道路交通流特性的影响。这一模型详细描述了斜坡上车辆有限的加速、刹车能力机械特性对

交通流的影响以及相应安全距离的波动。而且,这一斜坡 CA 模型能够获得并重现交通流在斜坡上的一些复杂特性。我们比较不同参数条件下的基本图和时-空图可以得到结论如下:

(1) 随着交通流密度的增大,在斜坡开始前的区域交通相位首先发生改变。

(2) 随着斜坡梯度绝对值的增大,斜坡对交通流的影响越来越大。尤其当斜坡梯度的绝对值超过一个特定的值($|\sigma|>3\%$)[75,79]时,这一影响特别明显。而且,当其他参数条件一样时,流量在下坡时大于上坡。但是若$|\sigma|<3\%$,斜坡对交通流几乎没有影响,这一结论与实际交通统计数据相符[77]。

不同于普通限速、收费站、出入闸道和交通事故等产生的瓶颈区域,斜坡影响交通流的因素更加复杂,这是因为车辆加减速能力及安全距离随着斜坡梯度的变化而变化。这一模型值得我们继续研究。除此之外,我们的实验结果为平坦道路和斜坡道路连接点的交通规划管理控制提供了极具价值的参考,也为斜坡道路的设计建设提供了理论基础,从而有益于综合提高道路设计建设和交通运行的整体经济效益。

第 5 章　基于旅行时间的路段交通流模型

交通流模型研究的对象是特定时间和空间条件下交通流的变化规律,从前面的分析可以看出传统交通流理论模型[6],如 Greenshields 线性模型、Greenberg 阻塞流对数模型、Underwood 自由流指数模型、Drake 模型及 Drew 模型等,在二维平面基础上建立流量、速度、密度三参数关系模型,其扩展能力有限。

基于突变理论[80]的交通流模型将分析扩展到了三维或者更高维度的空间[81],燕尾突变理论交通流模型[82]通过引入时间变量更加完善了突变理论交通流模型的框架,但是随着维度的增加,对这类模型的解释相对复杂。近年来,基于统计理论、灰色系统、人工神经元网络以及混沌方法[4]的交通流模型的研究得到了广泛的重视[83-86],但是当样本变量,以及分析问题的角度发生了变化时,这类基于单一理论的交通流模型会出现不适应的情况。

交通流数据是一种基于交通检测传感器网络采集的流数据[87,88],并且具有时空特征,特别是随着现代交通流检测传感网络的发展,针对一个城市或地区进行交通流数据采集时,其数据量往往会达到 TB 级别。近年来,随着人们对交通流中的非线性现象和混沌运动研究的深入,越来越多的特征量用来刻画交通流以及其复杂性,如 Lyapunov 指数、分形维数以及基于信息熵和 C0 复杂度的测度[89]等。这些理论结果都说明交通流系统是非线性的、复杂的巨系统,很难直接建立确定的数学解析模型。所以如果能够找到一种易于计算机实现的线性算法来研究交通流数据,从中挖掘兴趣模式将会非常具有实用意义。

所以在本章中,在解释交通流数据的流特征以及时空特征的基础上,笔者利用组合预测理论提出了一种面向复杂交通流数据的挖掘算法,并建立了交通流模型,同时在交通实测数据的基础上进行了分析验证,得到了较为准确的结果,证明了算法在分析具有时空特征的复杂交通流数据方面的有效性。

在本章中提出的基于线性理论的兴趣模式挖掘的算法流程如图 5.1 所示。首先通过时空滑动窗口数据模型在内存中得到不断更新的概要数据集结构,并计算相关的样本统计量,构造样本空间;接下来在样本空间中利用聚类算法按时段分簇;对每一个簇利用主成分分析方法进行消元得到关键变量,最后使用关键变量构建多元线性回归方程。

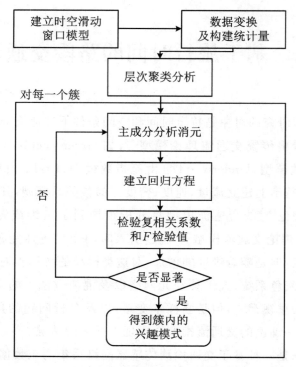

图 5.1 兴趣模式挖掘流程图

5.1 精确号牌识别数据的符号表示

随着交通流检测技术的进步,通过基于视频检测的号牌识别设备[90],人们已经可以检测到更加精确和丰富的交通流数据[91]。通过在一个道路路段的上游处和下游处设置号牌识别设备可以采集到:① 路段上游的分类交通流量(包括重型车流量 f_{ob},小型车流量 f_{os})、车头时距 ΔH_o;② 路段下游的分类交通流量(包括重型车流量 f_{db},小型车流量 f_{ds})、车头时距 ΔH_d;③ 重型车辆比例 HV;④ 旅行时间则是对统计时间片内通过路段的车辆的行驶时间取样本均值,记为 T_s,则精确号牌识别数据的样本结构可以表示为

$$\boldsymbol{X}_u = (T_s, f_{os}, f_{ob}, \Delta H_o, f_{ds}, f_{db}, \Delta H_d, HV) \tag{5.1}$$

其中，T_s 称为因变量，其取值代表了路段的服务水平。

$$\boldsymbol{X}_v = (f_{os}, f_{ob}, \Delta H_o, f_{ds}, f_{db}, \Delta H_d, HV) \quad (5.2)$$

称为自变量集合。取 m 天历史数据，样本统计间隔为 n_s 分钟，全天可分的时间片总数为 n：

$$n = \frac{60}{n_s} \times 24 \quad (5.3)$$

样本向量 X_u 取值表示为

$$\boldsymbol{X}_{u[i][j]} \quad (i=1,2,\cdots,m; j=1,2,\cdots,n) \quad (5.4)$$

自变量的集合 X_v 取值表示为

$$\boldsymbol{X}_{v[i][j]} \quad (i=1,2,\cdots,m; j=1,2,\cdots,n) \quad (5.5)$$

对每个时间片按历史天数取样本均值，表示为

$$\overline{X}_{u[.][j]} = \frac{1}{m} \sum_{i=1}^{m} X_{u[i][j]} \quad (j=1,2,\cdots,n) \quad (5.6)$$

5.2 时空滑动窗口数据分组

交通检测传感器网络采集到的流数据模型可以表示为一个按较高速度连续到达的数据对象的序列。该数据对象是由多元变量组成的聚合数据类型，其数据结构由交通流检测传感网络的特征决定。该序列具有如下特性：① 事件驱动，② 非间断性，③ 无限体积。设 a_0 为流数据开始产生的最原始时间；a_n 为当前时间；O_i 为交通流多元样本参数，视交通流检测设备的性能而定，一般包含流量类参数、密度类参数和速度类参数等；i 表示采样时间；则交通流数据的全集为 S_f，$S_f = \{O_i, a_0 \leqslant i \leqslant a_n\}$。由于硬件存储容量的限制，往往要规定一个界标范围，界标范围内的流数据集合用 S_e 表示，$S_e = \{O_i, a_s \leqslant i \leqslant a_n\}$，$a_s$ 为界标范围内的初始时间，a_n 为当前时间，显然 $S_e \subseteq S_f$，超出硬件存储容量界标范围的数据集合为 $S_p = S_f - S_e$，S_e 代表了数据存储的容量所能容纳的交通数据的集合，存储数据集合 S_e 的数据库也称为时空数据库[92]。

除了流特征以外，交通检测传感器网络采集到的数据流还具有时空特征。实际上交通流数据挖掘问题也是一个典型的时空数据挖掘问题。这是因为：① 交通流的获取首先要基于指定的路段或路网，由于路段或路网的拓扑结构

是相对稳定的,发生在该空间范围的交通规律相近。② 交通流数据又是时变的,在指定的空间上,每天相同的时段具有相似的交通规律,在不同的时段上交通量会呈现出高峰、平峰、低峰等现象,其对应的时段也称为拥挤时段或畅行时段等。因此,在挖掘兴趣模式时,要综合考虑交通流数据的时空特征才能得到准确的兴趣模式。

虽然数据挖掘算法在数据集 S_e 上进行,但是 S_e 实际上也是海量数据,无法直接操作,通过滑动窗口技术[93]对数据集 S_e 实现单遍数据扫描,就可以在内存中得到一个规模远小于 S_e,并且可以实时更新的概要数据结构。由于交通数据是按时空存储,建立一个时空滑动窗口才能满足这类数据的提取要求。时空滑动窗口数据模型 D_W 定义为 $D_W=\{D_W[i,k]|i=1,2,\cdots,n;k=$ 地理位置$\}$,滑动窗口 $W[i,k]$ 用于提取窗口范围内指定空间位置的数据集 D_W。

$W[i,k]$ 表示时空滑动窗口,i 表示采样时间,k 表示采样的地理位置,设窗口尺寸为 $|W[i,k]|$,则窗口范围内的数据集合可以表示为 $\{O\max(0,a_n-W+1),\cdots,Oa_n\}$,$O$ 为交通流多元样本参数,其中 a_n 为当前时间。进行数据挖掘时,时间点 $\max(0,a_n-W+1)$ 以前的数据不加载到内存,并且随着时间的推移,过期数据自动删除。

5.3 基于层次聚类分析的时段划分

为了提高多元线性回归方程的精度,按时变规律把交通数据划分为具有相近交通流特征的簇,在簇内建立多元线性回归模型,每一个簇对应了一个特定的时段。进行聚类分析时从 $\overline{X}_{u[\cdot][j]}$ 中选择变量 $\overline{f}_{os},\overline{f}_{ob},\Delta \overline{H}_o,\overline{T}_s$,这四个分量都是区间标度变量,采用基于欧氏距离的离差平方和法进行层次聚类时,设 G_p 与 G_q 可并类为 G_r,即 $G_r=\{G_p,G_q\}$,则 G_r 与任一类 G_k 的距离为

$$D_{kr}^2 = \alpha_p D_{kp}^2 + \alpha_q D_{kq}^2 + \beta D_{pq}^2 + \gamma |D_{kp}^2 - D_{kq}^2| \qquad (5.7)$$

其中,$\alpha_p=\dfrac{n_i+n_p}{n_i+n_r}$,$\alpha_q=\dfrac{n_i+n_q}{n_i+n_r}$,$\beta=-\dfrac{n_i}{n_i+n_r}$,$\gamma=0$。$n_i$ 表示其所在的类中的样本数。该聚类算法具有单调性,并具有空间扩张性质[94]。在每个时段内都具有相似的交通规律,对每个时段 T_i,其对应的簇表示为

$$X_{u[i][j]} \quad (i=1,2,\cdots,m;j\in T_i) \qquad (5.8)$$

其中自变量集合表示为
$$X_{v[i][j]} \quad (i=1,2,\cdots,m; j \in T_i) \tag{5.9}$$

5.4 基于PCA分析的主成分提取去掉非关键交通变量

在数据挖掘理论中主成分分析法（PCA,Principal Component Analysis）是一种常用的数据维规约方法[95,96]，并极为高效，如果有 N 个样本，每个样本有 P 个指标，那么主成分分析的原理就是要将这 P 个指标进行正交变换，重新构造综合变量，通过考查各个综合变量的方差，以及构成综合变量的原始变量的权重来决定是否保留该原始变量。

对每一个时段 T_i 对应的簇 $X_{v[i][j]}(i=1,2,\cdots m; j \in T_i)$ 进行主成分分析[97]，设 T_i 中的时间片的数量为 $Num(T_i)$，则样本数为 $N=m \times Num(T_i)$，那么主成分分析的原理就是要将样本向量进行正交变换，重新构造综合变量，通过考查各个综合变量的方差，以及构成综合变量的原始变量的权重来决定是否保留该原始变量。综合变量的构建方法如式(5.10)所示

$$\begin{cases} y_1 = C_{11}x_1 + C_{12}x_2 + \cdots + C_{1p}x_p \\ y_2 = C_{21}x_1 + C_{22}x_2 + \cdots + C_{2p}x_p \\ \cdots \\ y_p = C_{p1}x_1 + C_{p2}x_2 + \cdots + C_{pp}x_p \end{cases} \tag{5.10}$$

并且满足 $C_{k1}^2 + C_{k2}^2 + \cdots + C_{kp}^2 = 1, k=1,2,\cdots,p$。

y_i 与 $y_j (i \neq j; i,j=1,2,\cdots,p)$ 相互独立且正交，称为原始交通变量的主分量，并且它们的方差依次递减。则构造主向量 Y 时，X 是数据结构符合 X_v，并经过了标准化处理的数据矩阵，Y 的协方差可以表示为

$$YY' = (CX') \times (CX')' = CX'XC' = \Lambda \tag{5.11}$$

解式(5.11)中正交阵 C 的具体步骤如下：

(1) 对原始数据矩阵进行标准化处理，标准化的计算方法为

$$x'_{ik} = \frac{x_{ik} - \bar{x}_k}{S_k} \quad (i=1,2,\cdots,N; k=1,2,\cdots,p) \tag{5.12}$$

$$\bar{x}_k = \frac{1}{n}\sum_{i=1}^n x_{ik}, \quad Sk^2 = \frac{1}{n-1}\sum_{i=1}^n (x_{ik}-\bar{x}_k)^2 \quad (k=1,2,\cdots,p) \tag{5.13}$$

(2) 计算相关系数矩阵 $\mathbf{R}=\mathbf{X}'\mathbf{X}$，相关系数矩阵中的元素可用下式计算：

$$r_{ij} = \left(\sum_{k=1}^{n} x'_{ki} \times x'_{kj}\right)/(n-1) \quad (i,j=1,2,\cdots,p) \tag{5.14}$$

(3) 将 $\mathbf{R}$ 的 p 个特征值按顺序从大到小排列为：$\lambda_1 > \lambda_2 \cdots > \lambda_p \geqslant 0$，则特征值对应的特征向量组成的矩阵为要求的正交阵，可以表示为 $\mathbf{C}=[C_1,C_2\cdots C_p]$，并且 $C_i,(i=1,2,\cdots,p)$ 为列向量。变量 $x_1,x_2,\cdots,x_p$ 经过正交变换后，得到新的随机向量为要求的主向量 $\mathbf{Y}$，主向量中的变量 $y_1,y_2,\cdots,y_p$ 互不相关，并且主分量 y_i 的方差等于 $\lambda_i(i=1,2,\cdots,p)$。

同时引用一个新的估计值，即原变量属性对主分量的负荷量，这样做的目的是估计各变量对主分量的作用，令变量 i 对 j 个主分量的负荷量为

$$l_{ij} = \sqrt{\lambda_j} u_{ji} \quad (i,j=1,2,\cdots,p) \tag{5.15}$$

$$L = U'\Lambda^{\frac{1}{2}} = \begin{bmatrix} \sqrt{\lambda_1}u_{11} & \sqrt{\lambda_2}u_{21} & \cdots & \sqrt{\lambda_p}u_{p1} \\ \sqrt{\lambda_1}u_{12} & \sqrt{\lambda_2}u_{22} & \cdots & \sqrt{\lambda_p}u_{p2} \\ \cdots & & & \\ \sqrt{\lambda_1}u_{1p} & \sqrt{\lambda_2}u_{2p} & \cdots & \sqrt{\lambda_p}u_{pp} \end{bmatrix} \tag{5.16}$$

其中，U 特征向量矩阵，Λ 为特征值矩阵。

但是本章中采用了一种更简便的降维方法，在 PCA 分析中，作为自变量的原始交通变量组成的集合为 $\mathbf{X}_v$，但是这些自变量之间往往会存在着相关关系，即共线或近似共线的问题，这样建立起来的回归模型稳定性差，会给各个变量的回归系数估计值带来不稳定性，通过考察每一个主分量的方差占全部总方差的比例（称为贡献度），找出贡献度最小的主分量中权重最大的原始变量。如果某个主分量的贡献度非常小，而构成该主分量的原始变量中，某个交通量的权重又很大，则要考虑将这个交通变量剔除掉。主分量 y_i 的贡献度按下式计算，即

$$\alpha = \lambda_i / \left(\sum_{i=1}^{p} \lambda_i\right) \quad (i=1,2,\cdots,p) \tag{5.17}$$

剩余的变量与旅行时间构建回归方程，首先采种方差分析，即 F 检验法对所建立的回归方程进行显著性检验，然后考察所建的回归方程的复相关系数 R_m。如果复相关系数较高，并且 F 检验非常显著时，就认为所选择的变量集合是最佳变量集合。

5.5 分时段多元线性回归方程

道路交通工程学中,常用的服务水平指标有速度、旅行时间、驾驶自由度、交通密度等。而旅行时间对驾驶员而言是最直观的一种性能指标,本章中使用旅行时间作为衡量道路服务水平的变量,旅行时间是车辆通过指定路段所需要的行驶时间,旅行时间与道路的拥挤程度是正比例关系,旅行时间越长则说明道路的拥挤程度越严重。

旅行时间数据可以反映出车辆在整个路段上行驶时的特征,代表了所选路段的服务水平,以旅行时间作为因变量与影响路段服务水平的关键交通变量构建多元线性回归方程,最终的回归方程可以理解为一个分段函数,在不同的时段(簇)分别调用该时段对应的回归方程进行交通控制和预测。在式(5.2)中,$\boldsymbol{X}_v$ 是所采集的原始交通向量(多元交通变量),在经过主成分分析去掉了非关键交通变量以后,剩余的关键交通向量为 $\boldsymbol{X}_c$,则利用关键交通向量 $\boldsymbol{X}_c$ 与旅行时间构建的交通流模型如式(5.18)所示的分时回归模型。

$$f(\boldsymbol{X}_c) = \begin{cases} f_1(\boldsymbol{X}_c), & \text{时段 1} \\ f_2(\boldsymbol{X}_c), & \text{时段 2} \\ \cdots \\ f_m(\boldsymbol{X}_c), & \text{时段 } m \end{cases} \quad (5.18)$$

则某一个具体时段的回归方程 $f_i(\boldsymbol{X}_c), i=1,2,\cdots,m$ 的一般形式可以用式 $T_s = \boldsymbol{X}_c \boldsymbol{\beta} + \varepsilon$ 表示,其中 $\boldsymbol{X}_c$ 表示在该时段影响旅行时间的关键向量,T_s 为旅行时间,$\boldsymbol{\beta}$ 表示待估参数的集合,ε 为随机项。

5.6 模型实验

5.6.1 真实交通流数据获取

在北京旅行时间系统中获取远通桥西到四惠桥东的快速路上进城方向的

交通检测数据,时间窗口 W 尺寸设置为 30 天,取路段上游和下游的数据,则时空滑动数据窗口数据模型为 $D_W=<D_{W[i,o]},D_{W[i,d]}>$,$D_{W[i,o]}$ 为时间 i 时,路段上游数据,$D_{W[i,d]}$ 为时间 i 时,路段下游数据,该路段的道路特征如图 5.2 所示,D1、D2、D3、D4 为分别位于路段上游和路段下游的精确号牌识别设备。

将每一天的数据按 15 分钟的时间片等间隔采集交通变量,得到格式如式(5.1)所示的统计量。经过数据预处理后,得到按 15 分钟等间隔采样的多元样本数据。

则由式(5.1)、式(5.3)可得到原始样本数据集合,并表示为

$$X_{u[i][j]} \quad (i=1,2,\cdots,30; j=1,2,\cdots,96) \qquad (5.19)$$

将 30 天样本数据按相同的采样时间片对每一个变量都计算其均值,数据集如表 5.1 所示,由式(5.6)可得

$$\bar{X}_{u[.][j]}=\frac{1}{30}\sum_{i=1}^{30}X_{u[i][j]} \quad (j=1,2,\cdots,96) \qquad (5.20)$$

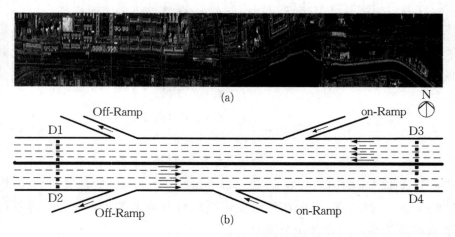

图 5.2 北京旅行时间系统网络位于远通桥西到四惠桥东路段的基于精确号牌识别的检测系统

(a) 该路段的卫星照片;(b) 该路段的拓扑形状

建模数据来自于交通流检测器,由于检测器运行中的故障等原因,数据会产生误差,一般来讲对采集到的原始数据要进行预处理,如消除奇异点和错误数据,并统一度量单位[98]。

表 5.1　模型实验的部分原始数据集

时段	上游小车流量 (f_{os})	上游大车流量 (f_{ob})	上游平均车头距 (ΔH_o)	下游小车流量 (f_{ds})	下游大车流量 (f_{db})	下游平均车头距 (ΔH_d)	重型车比例 (HV)	路段旅行时间 (T_s)
…	…	…	…	…	…	…	…	…
4	66	6	117	36	0	144	0.055 6	163
5	38	3	70	26	0	91	0.044 8	163
6	41	0	135	26	0	583	0	176
7	27	0	440	32	0	74	0	176
8	25	0	275	17	0	157	0	176
9	24	0	93	10	0	352	0	140
10	13	0	148	18	0	215	0	140
11	8	0	322	9	0	128	0	140
…	…	…	…	…	…	…	…	…
21	118	10	35	148	14	20	0.082 8	132
22	192	37	18	201	43	14	0.169 1	141
23	246	58	15	321	88	9	0.204 8	150
24	326	60	11	338	102	8	0.196 1	132
25	565	95	7	518	131	5	0.172 7	141
26	932	128	4	809	168	3	0.145 3	156
27	1 250	156	3	1 152	200	2	0.129 1	174
28	1 312	153	3	1 282	196	2	0.118 6	284
…	…	…	…	…	…	…	…	…
80	256	18	16	212	0	15	0.037	161
81	409	13	11	351	5	10	0.023 1	281
82	325	16	13	306	4	12	0.030 7	166
…	…	…	…	…	…	…	…	…

5.6.2 精确号牌识别数据的直方图分析

作为聚类分析的一种补充方法,时变统计曲线图的目的是对交通数据的时变特征进行直观的定性描述。对 $\bar{X}_{u[.][j]}(j=1,2,\cdots,96)$,将 30 天样本数据按相同的采样时间片对每一个变量都计算其均值,也就是说,对每一个变量在每一个采样时间片所对应的 30 个样本值取均值,通过该方法[99-101]可以反映出大数据集的基本轮廓。

图 5.3 为小型车辆与重型车辆图的流量按时间序列的分布图;图 5.4 为在路段的上游和下游的平均车头时距按时间序列的分布;图 5.5 为旅行时间按时间序列的分布图。在图 5.3、图 5.4 和图 5.5 中横轴表示 15 分钟等间隔取样时所在的第 $0,1,2,\cdots n$ 个时间片。旅行时间骤增的时间片则表示道路处于交通拥挤状态(同步流或宽运动堵塞[29,102,103])。由于交通现象的随机性和复杂性,从全天的时段分布上来看,旅行时间、流量和交通密度在时间序列上的分布特征并不完全对应。

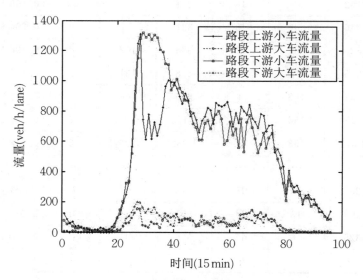

图 5.3　路段分类交通流量

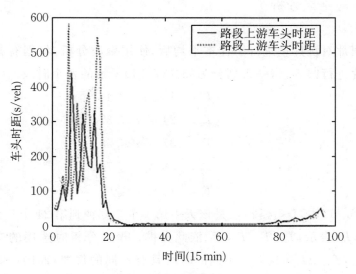

图 5.4　平均车头时距

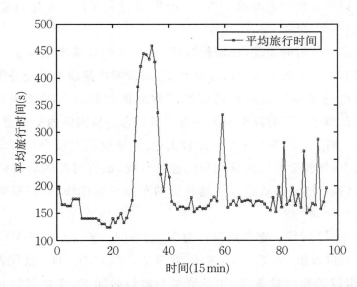

图 5.5　北京旅行时间系统,远通桥西到四惠桥东入城方向的路段平均旅行时间

5.6.3 实验结果分析

按时间片对统计量进行了样本平均后,使用聚类分析,将据有相似交通特征的时间片进行归类,将一天划分为如式(5.21)所示的各个时段。

$$T = \begin{cases} T_1, & 1 \leqslant t \leqslant 24 \\ T_2, & 24 \leqslant t \leqslant 37 \\ T_3, & 37 \leqslant t \leqslant 58 \\ T_4, & 58 \leqslant t \leqslant 78 \\ T_5, & 78 \leqslant t \leqslant 96 \end{cases} \quad (5.21)$$

在式(5.21)中,$1 \leqslant t \leqslant 24$,$t$ 是该天中第 1 个 5 分钟到第 24 个 5 分钟之间的时段,即用 T_1 表示,T_2,T_3,T_4,T_5 依此类推。聚类分析时选用的交通变量分别为 T_s,f_{os},f_{ob},ΔH_o。这 5 个不同的时段具有不同的规律,而同一时段内的交通规律类似。基于同一时段使用多元线性回归方程建立兴趣模式的表达式。

在基于式(5.1)所示样本统计量进行兴趣模型的挖掘时,T_1 时段得到了和其他时段不同的关键变量集合。在 T_1 时段最后只保留了原始自变量 f_{os}、f_{ob} 以及 ΔH_o。

根据主成分分析的原理,在畅行时段,这三个变量基本保留了 9 个变量的信息。从表 5.2 的分析结果可以看出在 T_1 时段考虑路段上游处分类交通流量和路段上游处的平均车头时距的情况下建立的回归方程非常显著,$\boldsymbol{X}_{v,free} = (f_{os}, f_{ob}, \Delta H_o)$ 即为 T_1 时段得到的关键变量集合。从实际的交通意义来看,在 T_1 时段,当车辆之间的平均车头时距较大(交通密度相对较小)时,车辆之间的相互作用很小,驾驶员可以按其期望的速度行驶,旅行时间的取得依赖于驾驶人员驾驶习惯,一般来讲激进型的驾驶员的车速相对较快,保守型驾驶员的车速相对较慢。

而在 $T_2 \sim T_5$ 时段关键变量集合为 $\boldsymbol{X}_{r,cong} = (f_{os}, f_{ob}, \Delta H_o, HV)$。从表 5.2 的分析结果可以看出,从 $T_2 \sim T_5$ 时段,变量 $f_{os}, f_{ob}, \Delta H_o, HV$ 就代表了大部分的信息量,所以选择向量 $\boldsymbol{X}_{r,cong}$ 中的变量与旅行时间 T_s 建立回归方程非常显著。从实际的交通意义来看,说明在拥挤交通状态下,可以通过控制路段上游的车流量和重型车的数量来得到期望的旅行时间,从而得到期望的道路服务水平。

表 5.2　基于路段旅行时间的交通流模型-分时段多元线性回归方程

时段	自变量	复相关系数	F 检验值
T_1	$f_{os}, f_{ob}, \Delta H_o, HV$	0.891 3	31.874 5
T_2	$f_{os}, f_{ob}, \Delta H_o, HV$	0.913 6	33.959 9
T_3	$f_{os}, f_{ob}, \Delta H_o, HV$	0.920 3	27.899 9
T_4	$f_{os}, f_{ob}, \Delta H_o, HV$	0.901 8	29.911 1
T_5	$f_{os}, f_{ob}, \Delta H_o, HV$	0.955 6	30.130 2

各时段最佳自变量的集合与旅行时间建立回归方程(见表5.2),可以看出,分时段使用关键变量集合建立的多元线性回归方程的复相关系数的平均值大于90%,F检验值的平均值大于30,均得到了非常显著的效果,说明所选的就是兴趣模式所需要的关键变量集合,并且所建立的回归方程具有结构简单、稳定和易于控制的优点,对兴趣模式的挖掘得到了比较满意的结果。

为了验证兴趣模式,在相同的路段重新取得第31天的旅行时间的真值T_s与旅行时间的估计值$\hat{T}_s$进行对比分析,估计值的获取是分时段分别进行,再组合成全天的旅行时间预测值的曲线,如图5.6所示。其回归拟合评估如表5.3所示,可以看出在各个时段平均绝对误差值为9 s以内,平均相对误差值控制在5%以内,综合各个时段来看,预测的准确度都在90%以上。利用分时段最佳变量建立的回归模式对旅行时间真值的拟合程度相当高。

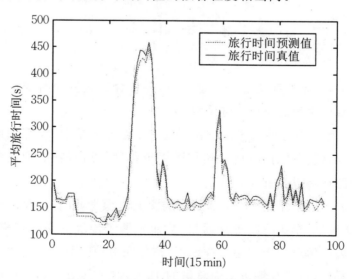

图 5.6　旅行时间预测值与真值拟合分析

表 5.3　交通流模型拟合评估结果分析

时段	平均绝对误差	平均相对误差	准确度
T_1	6.53 s	4.23%	90%以上
T_2	8.6 s	4.56%	90%以上
T_3	7.33 s	4.43%	90%以上
T_4	5.7 s	3.98%	90%以上
T_5	6.21 s	4.19%	90%以上

交通流系统是非线性的复杂巨系统,直接建立数学解析模型非常困难,在科学计算中,利用线性算法解决复杂的非线性问题是一种常见的做法,在本章中,通过组合使用时空滑动窗口、聚类分析、PCA算法以及多元线性回归方程,提出了一种具有较高的工程可行性的交通流数据挖掘算法。文中算法的兴趣模式在交通上的物理意义是路段交通流模型,通过引入由号牌识别传感器采集的分类交通流量等变量,使用了更多的交通变量建立交通流模型,从而将传统的交通流模型扩展到更高的维度,提高了交通模型的表达能力。模型综合考虑了交通流的时空特征,可以得到适合特定时段和路段的交通模型,具有适应性,并且拟合精度较高。

本 章 小 结

在本章中,基于精确交通流传感网络,并结合交通流的时变特征提出了一种新的基于旅行时间的路段交通流模型。

(1) 在模型中组合使用了时空滑动窗口、聚类分析、PCA算法以及多元线性回归方程,新模型具有开放性,比较适用于各种使用号牌识别设备进行旅行时间采集的监控路段。

(2) 建立了一种符合我国交通特征的交通流模型,并在模型中引入了旅行时间、分类交通量、车头时距等交通量,从而扩展了传统的交通流模型,并可以提供更加精确的信息用于交通指挥调度,例如在对拥挤时段第 1 主分量的分析过程中可以看到,重型车辆占交通总量的 12%,但是其对交通的影响与占绝大多数的小型车的影响权重是相近的,从而为重型车辆对交通流的影响找到了其理论依据。

（3）本章中提出的算法为动态算法，交通实测数据实验证明模型的拟合精度较高，拟合值与真值的平均绝对误差值控制在 9 s 以内，平均相对误差值控制在 5% 以内，综合各个时段来看，预测的准确度都在 90% 以上。

第 6 章 基于 DDM 的机动车流微观仿真模型

严格来说,在目前的交通流体系中,仅靠单一的交通流模型难以完整地模拟出实际交通中的各种复杂现象,各种不同的理论模型也各有自己的优势。特别是随着计算机仿真技术的发展,将交通流模型结合计算机仿真的视景技术进行交通流分析在现代交通流的研究中起到了越来越重要的作用。目前应用在交通流仿真软件中的微观交通流模型中比较广泛使用的是车辆跟驰模型和元胞自动机交通流模型。

在车辆跟驰理论中,将道路交通中的车辆看作一个接着一个的粒子,后车的加减速行为取决于驾驶员对前车的驾驶行为的判断,每辆车的运动规律通过微分方程表示,通过求解微分方程来描述车流的演化过程。

在 20 世纪 90 年代,人们除了将车辆跟驰理论用于车辆巡航控制研究(Auto Cruise Control),也将该模型用于智能交通系统(Intelligent Transportation System,ITS)的策略评估[104-113]。

除了车辆跟驰模型以外,另外一类重要的微观交通流仿真模型是基于元胞自动机的交通流仿真模型。自动机(Automaton)通常指不需要人们逐步进行指导的机器,另一方面,自动机也可以被看作一种离散数字动态系统的数学模型,如 A. M. Turing 于 1936 年提出的图灵机就是一种描述计算过程的数学模型[114]。

元胞自动机的创始人是著名计算机科学家 Von Neumann,元胞自动机是研究复杂系统行为的最初理论框架,也是人工智能的雏形。对元胞自动机理论有重要贡献的另一位科学家是 Stephen Wolfram,他认为元胞自动机不是传统的数学,其根本原因是需要建立模型和从本质上理解复杂性,他的结论是,宇宙在其本质上都是数字,并可以使用简单的程序机理运行,该机理即是元胞自动机描述的基本规律,并因此高度评价元胞自动机,并将其称为"A New Kind of Science"[115]。而英国的著名数学家 Conway 使用元胞自动机构建了一个用于考察"基因定律"如何演化的模型[116,117],并因此设立了一个奖项用于奖励那些发现新的"生命游戏"构形的人。

作者基于 Conway"生命游戏"的元胞自动机规则,设置了不同的初始条件,也对其"基因定律"的演化规则进行了仿真模拟,其构形如图 6.1 和图 6.2 所示。

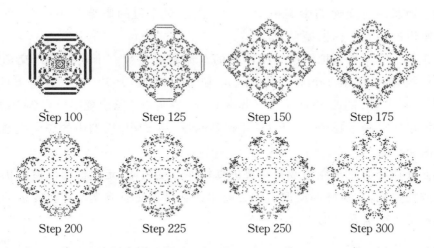

图 6.1　Conway 生命游戏的元胞自动机模型(初始条件为"X"形状生存时,采用 Moore 型邻居)

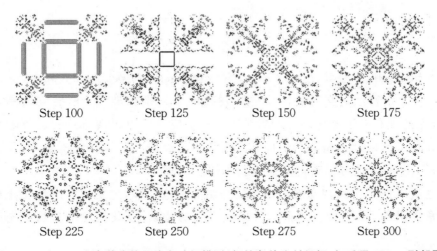

图 6.2　Conway 生命游戏的元胞自动机模型(初始条件为封闭框时,采用 Moore 型邻居)

将元胞自动机用于交通流模型最早由 Cremer 和 Ludwing[118]于 1986 年提出,自 Nagel 和 Schreckenberg 于 1992 年提出的 NS 模型[35]以来元胞自动机交通流模型得到了迅猛发展,在发展的过程中一些重要的元胞自动机模型有:描述单车道道路的 Wolfram 命名的 184 号模型[119]、NS 模型[35]、慢启动模型[120-122]、巡航控制极限(Cruise Control Limit)模型[123]、密度相关的慢启动概率模型[124]、Fukui Ishibashi(FI)模型[125]；以及考虑前车速度效应的模型[126]，三相交通状态模型[127]，舒适驾驶模型[128]等。

如通过引入换道规则用来模拟多车道可以超车的元胞自动机模型[129-134]，各种交通瓶颈对交通的影响模型[135-137]，匝道对主道的影响模型[138-140]以及主道和匝道的相互作用模型[141]等。

还有一类用来模拟城市二维网络的车流情况。第一个模拟城市交通的元胞自动机模型是由 Biham，Middleton 和 Levine 在 1992 年提出的 BML 模型[142]。对 BML 的改进模型，如 Chowdhury 等将 NS 模型规则应用到 BML 模型中的车辆更新过程中[143]，Freund 和 Pöschel 将 BML 模型中的单向交通改进为双向交通[144]等。

如今在交通流研究领域和交通仿真软件开发领域，元胞自动机模型仍然是一个研究热点，在更好的模型出现之前用元胞自动交通流模型解释复杂的交通流现象是一个非常好的工具。

6.1 交通流相变理论概述

Dirk Helbing 在其 *Traffic and Related Self-driven Many-particle Systems*[1] 一文中曾经对交通流模型的构建提出了判别标准：① 模型应该具有鲁棒性，并且具有易于操作的控制参数；② 模型应该可以再现道路交通流的基本特征如自由流以及拥挤流的形成；③ 模型应该遵循一定的理论框架，并具有严谨性；④ 模型应该可以支持数值实验和快速仿真。

之所以把交通流相变理论模型的介绍放到这一节，主要的考虑是在详细介绍本章提出的 DDM 模型之前将该模型产生的背景，以及其理论基础首先进行说明。

交通流相变理论的研究对象是交通流堵塞的产生以及其传播规律，目前研究交通流传播规律以及交通堵塞机理的理论学派中主要是以 Helbing 为代表的基本图理论方法学派和以 Kerner 为代表的三相交通流理论方法学派。

6.1.1 基本图理论方法

在基本图方法中(见图 6.3),车流通常被假定处于稳态,流量和密度之间存在一个确定的函数关系,称为基本图(Fundamental Diagram)。1993 年之前,基本图一般都是没有拐点的凸函数,Kerner 和 Konghauser 首次使用了存在拐点的基本图[145,146]。随后,Bando 等[147]、Helbing 等[148-150]、Lee 等[151]、Treiber 等[152]提出了其他存在拐点的基本图进行微观和宏观模拟研究。

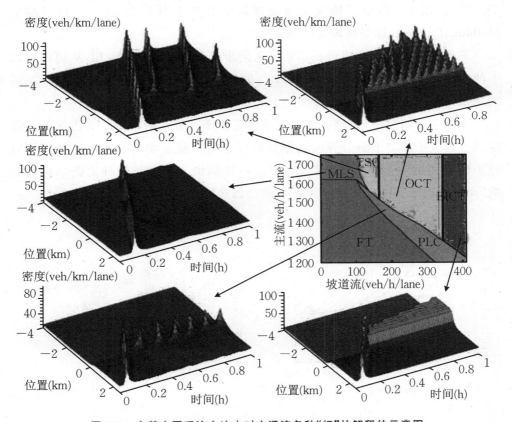

图 6.3 在基本图理论方法中对交通流各种"相"的解释的示意图

基于基本图的交通流理论将交通流划分为自由流和拥挤流两相,在自由流(Free Flow)中,车辆可以保持高速行驶,流量随密度单调增加,二者之间几乎呈线性关系;而在拥挤流(Congested Flow)中,车辆速度明显小于自由流速度。

6.1.2 三相交通流理论方法

而 Kerner 等人认为基本图方法结果与实测不符合,因此基本图理论也是错误的,因而提出了三相交通流理论[153-167],这里"相"定义为某种时空状态,并且考虑了时变因素,如图 6.4 和图 6.5 所示。三相交通流理论迅速成为交通流研究中的一个热点,并应用于宽运动阻塞的自动跟踪(Automatische StauDynamikAnalyse,ASDA)和交通对象预测(Forecasting of Traffic Objects,FOTO)[171]。该理论否定了传统交通流理论中的基本图方法,这当然也引起了 Helbing、Daganzo 等对该理论的争论[168-170]。

三相交通流将拥挤流进一步划分为同步流和宽运动堵塞两相,从而得到以下的三相:① 自由流(Free flow,F);② 同步流(Synchronized flow,S);③ 宽运动堵塞(Wide moving jam,J)。

在宽运动堵塞中,车辆速度等于或接近于零。宽运动堵塞本身占据的路段空间远远大于其上下游分界面占据的路段空间。宽运动堵塞的上游分界面以一个恒定速度向上游传播,其传播速度不受如出入匝道等各种道路结构的影响,而下游的车辆由于离开堵塞区可能会加速到自由流速度。

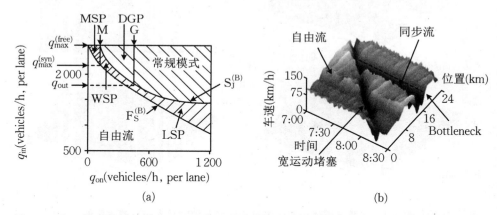

图 6.4 在三相交通流理论方法中对交通流的自由流相,同步流相和堵塞流相的解释示意图
(a) 三相交通流理论的相图;(b) 基于实测数据车辆行驶轨迹速度分析图

将属于宽运动堵塞的数据从流量密度空间中去除后,拥挤流呈现出十分复杂的特性,Kerner 和 Rehborn 将其命名为同步流。同步流中最显著的特点是流量密度空间中,交通状态的二维散布。与宽运动堵塞不同,同步流的下游分

界面往往是位于道路瓶颈处不动的。对于某些传播的同步流,其下游分界面的传播速度并不是一个常数。观测还发现,同步流状态所能达到的最大流量小于自由流状态对应的最大流量。

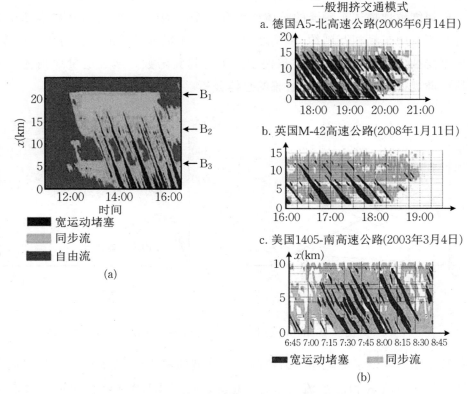

图 6.5 三相交通流理论方法中的时空图分析法
及"宽运动堵塞识别系统"分别在德国、英国和美国的应用

6.2 基于驾驶决策的组合元胞自动机仿真模型

三相交通流理论应用的一个重点就是交通流仿真模型,通过对德国高速公路上的大量交通数据的分析,Kerner 提出了三相交通流的理论[154-156]以后,Kerner,Klenov 和 Wolf 提出了一种完全离散的模型[164](简称 KKW 模型),该模型除了保留了 NS 模型的基本特征以外,另外还要考虑两个因素:① 当前车

辆与前车的相对车速;② 同步距离对交通流的影响。

通过深入分析,作者认为在KKW模型中当前车辆的行驶速度的改变并未考虑到车辆之间的相互制约条件,仅仅是孤立的车辆运动假设,这种假设仅能比较粗糙的反映车辆流的运动规律。

更加细致地描述车辆流的整体面貌和单个车辆的运动规律,其根本途径是分析车辆流中车辆相互制约、影响之后,带来的车辆驾驶员的驾驶行为的改变。这种改变抽象到数学上就是多条件制约下的驾驶函数。函数定量地描述了车辆的运动规律,便于我们对交通流的总体分析。

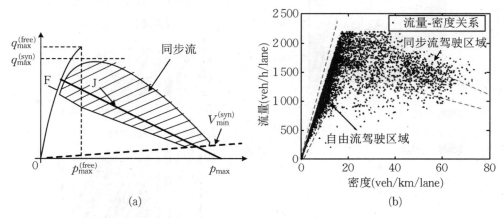

图 6.6　Kerner 三相交通流理论的假说示意图

基于图 6.6 所示的三相交通流的假说模型的示意图,交通流实际可以明显地区分为自由流区和同步流驾驶区,重新改写了 KKW 模型,并重新命名为 Driving Decision-Making Model,在本章中简称为 DDM 模型,并且该模型的提出基于以下基本观点:

(1) 由三相交通流理论可知,流量-密度的关系并不是一条具有固定函数关系的曲线,而是弥散在一个二维区间,所以在道路的不同局部路段可能会呈现自由流、同步流或者宽运动堵塞,那么车辆进入自由流路段、同步流路段或者宽运动堵塞的路段时,驾驶员会相应地改变驾驶模式。

(2) 在新模型中同样会考虑当前车辆与前车的相对速度以及相对位移,但是引入了驾驶决策函数以替代在 KKW 模型中使用的同步函数,同时也引入了若干处理随机扰动的作用函数,使仿真模型有较高的真实性。

(3) 在 KKW 模型或者基于 NS 模型的仿真模型中,也包括在车辆跟驰模型中,主要考虑的是当前车辆与前车的作用效应(包括车头距、相对速度等),但是涉及当前车辆与跟驰车辆的作用效应的模型较少,在文献[124]中,作者曾经将后车鸣笛时对前车换道的影响作用进行了分析,在新提出的DDM模型中模拟了当后车偶然鸣笛时,对前车可能造成的影响,并引入了鸣笛可能概率P_h和前车听到鸣笛后的加速概率P_l。

(4) 在DDM模型中,每一演化时步被分为两个子步进行,在第一子步中,首先判断当前车辆是在自由流区、同步流区或者堵塞区,根据函数$F_c\{\eta_n(t), P_{change}\}$完成驾驶模式的变换;第二子步,车辆在仿真道路的元胞空间内按单车道的更新规则完成车辆演化。

6.2.1 驾驶决策函数

仿真模型的驾驶决策函数表示为如式(6.1)所示的形式:

$$\eta_n(t+1) = F_c\{\eta_n(t), P_{change}\} \tag{6.1}$$

其中第t时刻可能的驾驶模式$\eta_n(t)$如式(6.2)所示。

$$\eta_n(t) = \begin{cases} M_0, & \text{自由驾驶模式(free mode)} \\ M_1, & \text{同步驾驶模式(syn mode)} \\ M_2, & \text{堵塞驾驶模式(jam mode)} \end{cases} \tag{6.2}$$

则驾驶决策函数$F_c\{\eta_n(t), P_{change}\}$的表达式如式(6.3)所示:

$$F_c\{\eta_n(t), P_{change}\} = \begin{cases} M_1, & \text{if } \eta_n(t) = M_0 \text{ and } V_n(t+1) > d_n(t+1) - 1 \\ & \text{and } V_n(t+1) > V_{n+1}(t+1). \\ M_2, & \text{if } \eta_n(t) = M_1 \text{ and } V_n(t+1) > d_n(t+1) - 1 \\ & \text{and } V_n(t+1) > V_{n+1}(t+1). \\ M_1, & \text{if } \eta_n(t) = M_2 \text{ and } V_n(t+1) \leqslant d_n(t+1) - 1 \\ & \text{and } H_{n-1}(t) = 1. \\ M_0, & \text{if } \eta_n(t) = M_1 \text{ and } V_n(t+1) \leqslant d_n(t+1) - 1 \\ & \text{and } H_{n-1}(t) = 1. \end{cases}$$

$$\tag{6.3}$$

由式(6.3)可知,在$t+1$时步驾驶模式可以发生以下四种改变:

(1) $M_0 \to M_1$,当前车辆的速度大于前导车辆的速度,并且与前车的车头距相对较短时自由流模式的车辆会改为同步流驾驶模式。

(2) $M_1 \to M_2$,当前车辆的速度大于前导车辆的速度,并且与前车的车头距相对较短时同步流驾驶模式的车辆会改为堵塞流驾驶模式。

(3) $M_2 \to M_1$,当前车辆与前车的车头距相对较长时,或者同时由于后车的鸣笛催促,堵塞流模式的车辆会改为同步流驾驶模式。

(4) $M_1 \to M_0$,当前车辆与前车的车头距相对较长时,或者同时由于后车的鸣笛催促,同步驾驶模式的车辆会改为自由流驾驶模式。

驾驶模式 M_0, M_1, M_2 之间的一阶改变,不能存在二阶改变,例如直接从 M_0 到 M_2 的驾驶模式的改变。驾驶模式的改变概率为 P_{change}。在定义了驾驶员的驾驶决策过程以后,以下是对每一种驾驶模式的更新规则的说明。

1. 自由流驾驶模式 M_0

自由流驾驶模式 M_0 时车辆演化规则如下所示:

(1) 考虑与前车的车头距的加速过程,如果与前车的车头距足够大,即 $d_n(t) > V_{max}$,则车辆在下一秒以 P_{max} 的概率直接加速到最高速度 V_{max},或者以 $1 - P_{max}$ 的概率直接加速到 $V_{max} - 1$。如果与前车的车头距 $d_n(t) \leqslant V_{max}$,则车辆在下一秒以 $d_n(t)$ 行驶。

$$V_n(t+1) = \begin{cases} V_{max}, \text{ with } P_{max}: & \text{if } d_n > V_{max} \\ V_{max} - 1, \text{ with } 1 - P_{max}: & \text{if } d_n > V_{max} \\ d_n(t): & \text{if } d_n \leqslant V_{max} \end{cases}$$

(2) 考虑后车鸣笛的加速过程,如果车辆听到了上一时步的后车鸣笛,则以概率按当前速度再加1。

if $H_n - 1(t) = 1$ then
$$V_n(t+1) = \min[V_n(t+1) + 1, V_{max}], \text{ with } P_l$$

(3) 自由流驾驶模式时判断下一时步是否鸣笛:

if $(d_n(t) < V_{max})$

then

$H_n(t+1) = 1$, with P_h

else

$H_n(t+1) = 0.$

(4) 在自由流驾驶模式下,只有当车辆的速度达到最大行车速度 V_{max} 时才执行车辆随机慢化。

if $V_n(t+1) = V_{max}$ then

$$V_n(t+1) = \max[V_n(t+1) - 1, 0], \text{ with } P_{safe}$$

(5) 安全减速：

$$V_n(t+1) = \min[V_{max}, V_n(t+1), d_n(t)]$$

(6) 位移：

$$X_n(t+1) = X_n(t) + V_n(t+1)$$

2. 同步流驾驶模式

同步流驾驶模式 M_1 时车辆演化规则如下所示：

(1) 如果车头距足够大即 $d_n > V_{max}$ 时，则车辆以 $1-P_{max}$ 的概率加速到 V_{max} -1；如果 $d_n \leqslant V_{max}$，则车辆根据前车的速度调节本车的速度，如果本车速度大于前车速度，则速度调整为与前车相同；如果本车速度小于前车速度，则速度加1行驶。

$$V_n(t+1) = \begin{cases} V_{max} - 1, \text{with } 1 - P_{max}: & \text{if } d_n > V_{max} \\ V_{n+1}(t): & \text{if } d_n \leqslant V_{max} \text{ and } V_n(t) \geqslant V_{n+1}(t) \\ V_n(t) + 1: & \text{if } d_n \leqslant V_{max} \text{ and } V_n(t) < V_{n+1}(t) \end{cases}$$

(2) 考虑后车鸣笛的加速过程，如果车辆听到了上一时步的后车鸣笛，则以概率按当前速度再加1。

if $H_{n-1}(t) = 1$ then

$$V_n(t+1) = \min[V_n(t+1) + 1, V_{max}], \text{with } P_l$$

(3) 随机延迟，P_{saf} 的概率进行一次随机减速操作，$V_n(t+1) = V_n(t) - 1$。

$$V_n(t+1) = \max[V_n(t+1) - 1, 0], \text{ with } P_{safe}$$

(4) 安全减速：

$$V_n(t+1) = \min[V_{max}, V_n(t+1), d_n(t)]$$

(5) 位移：

$$X_n(t+1) = X_n(t) + V_n(t+1)$$

3. 堵塞流驾驶模式

堵塞流驾驶模式 M_2 时车辆演化规则如下所示：

(1) 驾驶员逐步加速，速度加1，即

$$V_n(t+1) = \min[V_n(t) + 1, V_{max}]$$

(2) 考虑后车鸣笛的加速过程，如果车辆听到了上一时步的后车鸣笛，但是车辆将不再以概率 P_1 加速。

(3) 随机延迟,P_{saf} 的概率进行一次随机减速操作,$V_n(t+1)=V_n(t)-1$。

$$V_n(t+1) = \max[V_n(t+1)-1, 0], \text{ with } P_{safe}$$

(4) 安全减速

$$V_n(t+1) = \min[V_{\max}, V_n(t+1), d_n(t)]$$

(5) 位移

$$X_n(t+1) = X_n(t) + V_n(t+1)$$

6.2.2 仿真模型中的关键参数

在实际的工程应用中,可以在本章提出的 DDM 模型的基础上进行如下扩展,例如:

(1) 加入换道规则用于仿真多车道交通。

(2) 加入重型车辆可以用于仿真混合交通。

(3) 加入道路缩减处理时,可以用于进行仿真道路交通瓶颈。但是其核心都是遵循本章提出的基于驾驶决策的仿真模型。

为了方便阐述本章新提出的三相交通流驾驶决策模型,将仿真空间定义在了一条由格子链组成的一维元胞空间上。该格子链的长度为 1 000,每一个元胞的长度被规定为 7.5 m,则道路的长度为

$$L = 1\,000 \text{ sites} \approx 7.5 \text{ km} \tag{6.4}$$

在仿真模型中每一个时步对应现实世界的 1 s,元胞空间中的车辆每次可移动的范围是 0 cell/s 到 5 cells/s,所以仿真系统中的最大速度可以表示为

$$V_{\max} = 5 \text{ cell/s} \approx 135 \text{ km/h} \tag{6.5}$$

在初始条件下车辆被均匀地分配在道路元空间上,道路空间中的车辆总数为 N,道路长度为 L,则在完成共 t 个时步的演化以后,仿真系统的道路交通流量、道路平均密度以及道路平均密度的定义如下式所示:

$$\rho = \frac{N}{L} \text{ (veh/cell)}, V_{avg} = \frac{1}{T}\sum_{t=t_0}^{t_0+t-1} V(t) \text{ (cell/s)}, J = \rho \times V_{avg} \text{ (veh/s)} \tag{6.6}$$

在仿真模型中采用周期式边界条件,每一时步的仿真完成以后都要进行边界检查。在仿真模型中使用的其他参数的定义在表 6.1 中进行了总结归纳。

表 6.1　DDM 仿真模型中使用的关键参数列表

符号	含义	符号	含义
$\eta_n(t)$	在第 t 时步时,第 n 辆车的驾驶模式表达式,在本模型中可能会出现的驾驶模式分别为 M_0、M_1 和 M_2	$V_n(t)$	在第 t 时步时,第 n 辆车的即时速度
F_c	驾驶决策表达式,依赖参数 P_{change} 和 $\eta_n(t)$	d_n	在第 t 时步时,第 n 辆车与前车的即时相对位移
M_0	在本模型中表示自由流驾驶模式	$X_n(t)$	在第 t 时步时,第 n 辆车在仿真空间中的位移
M_1	在本模型中表示同步流驾驶模式	P_{max}	车辆直接加速到最大速度时的概率
M_2	在本模型中表示堵塞流驾驶模式	P_h	后车可能鸣笛的概率
J	道路交通流量	P_1	前车听到鸣笛后加速的概率
ρ	道路平均密度	P_{safe}	安全减速概率
V_{avg}	道路平均速度	P_{change}	车辆的驾驶模式的变化概率
V_{max}	系统允许的最大车速	H	标记是否为鸣笛状态。用于控制仿真模型中的车辆状态

6.3　DDM 仿真模型数值实验分析

与基本图理论[172-175]不同的是,在三相交通流理论中认为道路的交通流量和行驶速度具有时变的特征。即车辆与车辆之间的相对位移是随时间发生变化的,并且车辆的速度也是具有时变特征的。在考虑交通时变特征情况下流量-密度以及速度-密度关系图在拥挤区时弥散在一个二维的区间。Kerner 等人侧重于时空图分析,用于表现交通流产生过程中的复杂特征[176]。

而 DDM 模型在重新改写了三相交通流的基本模型(即 KKW 模型)以后,又加入了驾驶员的决策过程,所以对不同的交通条件下驾驶员的驾驶行为的分析也是有必要的。

6.3.1 驾驶决策模型的随机性分析

1. 驾驶决策变化概率对交通流的影响

首先分析当驾驶决策变化概率 P_{change} 在取不同的值时,对道路交通的影响,在分析中随机控制参数分别为最大加速概率 $P_{max}=0.5$;后车鸣笛概率 $P_h=0.1$,在此 P_h 取值较小,表示约有 10% 的驾驶员在拥挤交通下会鸣笛催促前车,同时也表示,在道路交通中发生鸣笛的车辆只是一种随机现在;$P_1=0.2$ 表示前车听到后车鸣笛时可能会引起加速的概率,在此分析中,当前车辆听到后车鸣笛时,与前车的车头距较长,则会有 20% 的可能性尽量再加速 1 个元胞,否则就不再加速;车辆随机慢化的概率 $P_{safe}=0.2$。

当驾驶行为变化概率 P_{change} 分别取值为 0,0.25,0.5,0.75,1 时,而道路密度的取值为 0~1.0 时,在图 4.7(a) 和图 4.7(b) 中分别给出了道路的基本流量-密度分析基本图和速度-密度分析基本图,用于分析在不同的道路密度条件下,对交通流的平均数值统计特征。在图 4.7 的分析中,红色线表示当 $P_{change}=0$ 的道路基本分析图,蓝色和黑色线表示 $P_{change}>0$ 时的道路基本分析图。

可以看出在 $P_{change}=0$ 时,从自由流到拥挤交通流的临界密度和临界流量

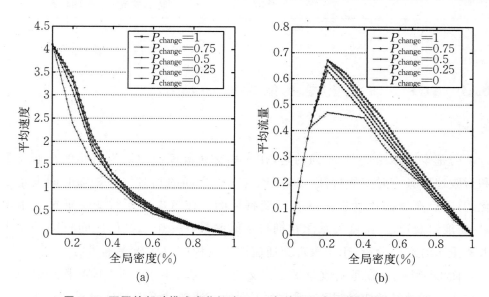

图 6.7 不同的驾驶模式变化概率 P_{change} 条件下仿真系统的基本图分析
(a) 平均速度-密度关系图;(b) 基本流量-密度关系图

均要小于当 $P_{change}>0$ 时的情况。并且在 $P_{change}=0$ 时,在中等密度条件下(道路密度 ρ 在 0.2~0.6 之间时),仿真系统获得的平均流量和平均行驶速度要远低于 $P_{change}>0$ 的情况。

而当 $P_{change}>0$ 时,在道路密度小于临界密度时的区间内(道路密度 ρ 在 0~0.2 之间时)和高密度区间内(道路密度 ρ 在 0.6~1.0 之间时)随着驾驶模式变化概率 P_{change} 的增加,道路交通流量会有所增加并且平均行驶速度也会有所提高。而在中等密度条件下(道路密度 ρ 在 0.2~0.6 之间时)随着驾驶模式变化概率 P_{change} 的增加,道路交通流量和平均行驶速度的增加会比较明显。从对仿真数值的分析结果来看,我们可以得出以下的实验结论:

① 驾驶员的驾驶模式的变化概率 P_{change} 代表了驾驶员在遇到不同的交通形势时的驾驶行为变化的可能性,从分析中可以看出,$P_{change}=0$ 时,表示在驾驶过程中基本上除了考虑与前车的相对安全驾驶以外,不会改变驾驶行为;$P_{change}>0$ 时,则表示在驾驶的过程中会根据所在局部的实际交通流状况及时改变驾驶行为。所以在 $P_{change}>0$ 时会得到比 $P_{change}=0$ 时更高的交通流量和平均行驶速度。

② 从图 6.7 的分析结果来看,$P_{change}>0$ 且道路密度处于低密度区间时,或当密度处于高密度区间时,驾驶模式的变化概率 P_{change} 的变化对道路交通的影响并不是那么的明显。首先在低密度区间(即自由流区)由于相对较长的车头距驾驶员可以自由驾驶,所以改变驾驶行为对交通的影响并不会特别明显;而在高密度区间时(堵塞流区或接近堵塞流区)时由于此时交通流极易从同步流状态发展成宽运动堵塞状态,或者交通流本身就处于宽运动堵塞状态,此时留给驾驶员进行驾驶行为改变的空间并不是很大[177-181]。

在图 6.8 和图 6.9 中分别给出了当 P_{change} 取值不同时,在不同的道路密度条件下处于不同驾驶模式的驾驶员的分布情况。

在进行数值试验时,首先三种驾驶模式 M_0、M_1、M_2 的驾驶员在系统初始化时平均分配,在仿真 10 000 步以后,仿真系统达到稳态时,共统计 10 000 时步的关于驾驶模型比例的平均值。式(6.6)定义了仿真系统中驾驶模式比例 $R(M_i)$ 的计算公式,其中 $N(M_i)$ 表示处于驾驶模式 M_i 的车辆的数量,其中 $i=0,1,2$。当仿真系统达到稳定状态以后,对 10 000 个仿真时步的统计结果如图 6.8 所示。

$$R(M_i) = \frac{N(M_i)}{\sum N(M_i)} \quad (i=0,1,2) \tag{6.6}$$

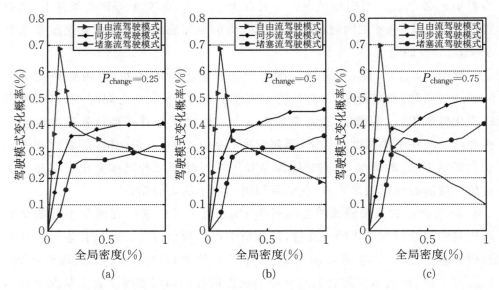

图 6.8 当驾驶模式转换概率 P_{change} 取值不同时,自由流驾驶、
同步流驾驶以及堵塞流驾驶的比例比较

（a）$P_{change}=0.25$；（b）$P_{change}=0.5$；（c）$P_{change}=0.75$

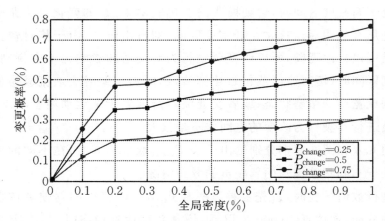

图 6.9 在不同的道路密度条件下,当驾驶模式变化概率 P_{change} 取值不同时,
不同的驾驶模式之间切换的频率分析图

在自由流状态下,即道路密度 $\rho<0.2$ 时,绝大部分车辆处于自由流驾驶状态（M_0, Free Mode）,如图 6.8 中的红线所示。由于在此时车辆之间的相对位移较大,且在道路上很少会出现车辆聚集的现象,所以其余的两种驾驶模式只占了很小的比例。

在拥挤流状态下,即道路密度 $\rho>0.2$ 时,由于在道路上发生车辆聚集的现象比较多,此时道路处于同步流或者处于同步流与宽运动堵塞并存的状态,此时处于自由流驾驶状态的车辆比例会大幅减少,而处于同步流驾驶状态的车辆(M_1,Syn Mode)或者处于堵塞流驾驶状态(M_2,Jam Mode)的车辆的数量会增多,并最终都超过了处于自由流驾驶的车辆的数量。

同时,在拥挤流区域,在相同的道路密度条件下,驾驶模式变化概率 P_{change} 的增大,会增加处于同步流驾驶状态(M_1)的车辆和处于堵塞流驾驶状态(M_2)的车辆的数量,但是 M_1 模式车辆会多于 M_2 模式的车辆。并且从图 6.7 的分析结果也可知,驾驶模式变化概率 P_{change} 增大时,由于驾驶员根据道路局部区域的驾驶情况灵活的调整驾驶方式,会获得较大的交通流量和行驶速度。

而在图 6.9 中,可以看到在不同的驾驶模式变化概率 P_{change} 下,当道路密度条件不同时驾驶员变化驾驶模式的频率。仿真系统的临界密度为 0.2,在道路密度 $\rho<0.2$ 时的自由流状态时,随着驾驶模式变化概率 P_{change} 的增加,驾驶模式的变化频率虽也有所增加,但是增幅控制在一个相对小的范围以内,当道路密度 $\rho>0.2$ 时的拥挤流状态时,随着驾驶模式变化概率 P_{change} 的变化,驾驶模式的变化频率的幅度会明显加大。

这种现象的发生说明,在自由流状态下,由于道路上车辆与车辆之间的相对位移较大,驾驶员可以按自己的驾驶习惯行驶,而在拥挤流区域,驾驶员习惯于获得尽量大的行驶速度,会根据道路的局部交通状态调整驾驶习惯,因而在拥挤流区驾驶模式变换的频率会较大。

2. 后车的鸣笛概率和前车的鸣笛加速概率对交通流的影响

由于在仿真模型中引入了后车的鸣笛概率 P_h 和前车的鸣笛加速概率 P_1,接下来针对这两个参数,将对仿真模型进行数值分析。在数值分析中后车的鸣笛概率 P_h 和前车的鸣笛加速概率 P_1 的取值区间是 $0\sim1.0$,该取值区间只是为了分析 P_h 和 P_1 的取值不同时对仿真系统的影响,然而在工程实用中这两个参数一般是取一个较小的值,表示鸣笛只是一种随机现象。

在针对后车的鸣笛概率 P_h 和前车的鸣笛加速概率 P_1 的分析中,驾驶模式变化概率 P_{change} 的取值为 0.5,最大加速概率 $P_{max}=0.5$,车辆随机慢化的概率 $P_{safe}=0.2$,道路密度的取值为 $0\sim1.0$。则后车的鸣笛概率 P_h 在不同的取值条件下,道路的交通流量-道路密度基本分析图和行车速度-道路密度基本分析图如图 6.10 所示;前车的鸣笛加速概率 P_1 在不同的取值条件下,道路的交通流量-道路密度基本分析图和行车速度-道路密度基本分析图如图 6.11 所示。

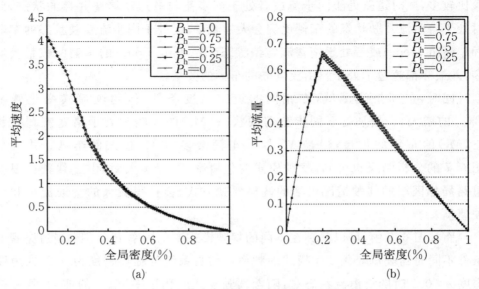

图 6.10　不同的鸣笛概率 P_h 时的交通基本图
（a）平均速度-密度关系基本图；（b）平均流量-密度关系基本图

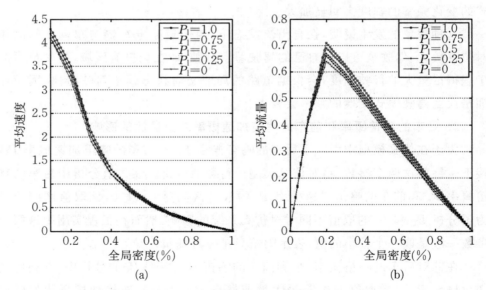

图 6.11　不同的鸣笛加速概率 P_l 下的仿真系统基本图
（a）平均速度-密度关系图；（b）平均流量-密度关系图

在图 6.10 和图 6.11 的分析结果中可以看出，在道路密度 $\rho < 0.2$ 时的自

由流驾驶条件下,后车的鸣笛概率 P_h 取值增加时交通流的变化不会特别明显,当前车的鸣笛加速概率 P_l 增加时,道路的交通流量和行车速度会有所增加,本章提出的 DDM 仿真模型客观地再现这一交通情形,P_h 和 P_l 在道路密度 $\rho>0.2$ 的拥挤流条件下,也得到了类似的数值实验结果。

在仿真系统先运行 1 000 步达到稳定状态后,再对 10 000 时步进行统计。在同样的道路交通条件下,本章还对 DDM 模型中不同的后车的鸣笛概率 P_h 取值时对不同的驾驶模式的驾驶员的组成比例进行了分析。从图 6.12 中可以看出,在自由流状态时(即道路密度 $\rho<0.2$),处于自由流驾驶状态(M_0)的车辆占绝大多数;而在拥挤流状态下(道路密度 $\rho>0.2$),随着道路密度增加,处于自由流驾驶状态(M_0)的车辆数会不断减少。

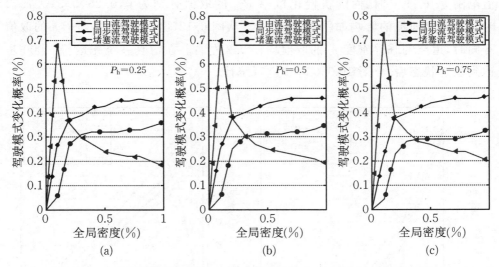

图 6.12　在不同的密度条件下,不同的鸣笛概率 P_h 下处于自由驾驶模式、同步流驾驶模式以及堵塞流驾驶模式的驾驶员的比例

(a) $P_h=0.25$;(b) $P_h=0.5$;(c) $P_h=0.75$

与图 6.8 所反映的实验结果相比较而言,后车的鸣笛概率 P_h 所引起的驾驶模式的变化并不显著。根据分析可以得到如下的实验结论:

(1) 在 DDM 模型中引入的后车鸣笛概率 P_h 和前车鸣笛加速概率 P_l 只是描述一种偶然的鸣笛现象,及其对交通流的影响。在自由流条件下或者拥挤流条件下,当后车鸣笛而且前车在听到鸣笛后作出反应时会稍稍提高道路的交通流量或行驶速度。

(2) 在本章提出的 DDM 模型中,车鸣笛概率 P_h 和前车鸣笛加速概率 P_l

作为两个随机控制参数,只是反映驾驶员希望获得尽量快的行车速度的一种期望,但是否能实现加速则要依赖与前车的相对位移,设计本模型时,即使 P_h 和 P_l 取值为一个较大的值($P_h=1$ 或者 $P_l=1$)时也不会使交通流量剧烈地波动,以使仿真模型尽量符合实际的交通现象。

3. 随机慢化概率对交通流的影响

在 DDM 仿真模型中的另一个随机控制参数为 P_{safe},该参数的引入用于表示随机延迟对交通流的影响,在这里随机延迟代表了驾驶员没有及时加速,或者偶发事件对交通的影响。

在分析中随机控制参数分别为最大加速概率 $P_{max}=0.5$;后车鸣笛概率 $P_h=0.1$;前车听到后车鸣笛时可能会引起加速的概率 $P_l=0.2$;当道密度 ρ 的取值范围为 $0\sim1.0$ 时,而随机慢化概率 P_{safe} 的取值分别为 $0,0.25,0.5,0.75,1$ 时对道路交通流的影响如图 6.13 所示。从图 6.13(b)可以看出,当 P_{safe} 的取值不同时,道路的临界密度 ρ_c 的取值均在 0.2 左右。在仿真系统先运行 1 000 步达到稳定状态后,再对 10 000 时步进行统计。

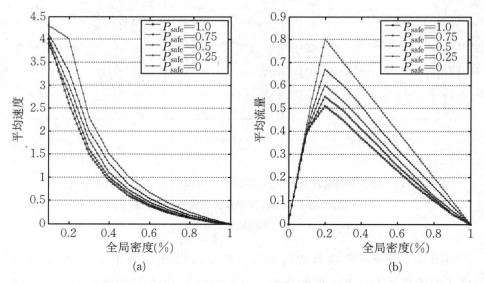

图 6.13 在不同的道路密度条件下,当安全减速概率 P_{safe} 取值不同时仿真系统的基本分析图
(a)平均速度-密度关系图;(b)平均流量-密度关系图

随机慢化 P_{safe} 的值增大时,道路交通流的平均流量和平均行驶速度都会有所降低,这种现象出自于道路或者前车对驾驶的干扰作用,同样的交通现象在中等密度和高密度区都可以观察到,如图 6.13(a)和图 6.13(b)所示。

4. 最大加速概率对交通流的影响

在本章提出的 DDM 模型中，在自由流驾驶模式（M_0）和同步流驾驶模式（M_1）下，在每一演化时步，允许车辆以概率 P_{max} 加速到最大速度，但是在随后的演化规则中，车辆还是要受随机慢化规则和安全减速规则的控制。

在本数值分析中随机控制参数分别为随机慢化概率 $P_{safe}=0.2$；后车鸣笛概率 $P_h=0.1$；前车听到后车鸣笛时可能会引起加速的概率 $P_1=0.2$；当道密度 ρ 的取值范围为 0～1.0 时，而最大加速概率 P_{max} 的取值分别为 0, 0.25, 0.5, 0.75, 1 时对道路交通流的影响如图 6.14 的基本分析图所示，当以上参数满足时，可得临界密度 $\rho_c=0.2$。在仿真系统先运行 1 000 步达到稳定状态后，再对 10 000 时步进行统计。

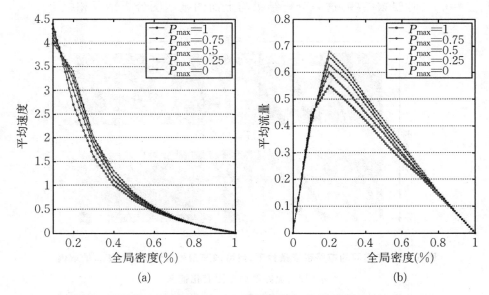

图 6.14 在不同的道路密度条件下，当可加速到最大速度概率 P_{max} 的取值
不同时仿真系统的基本图分析
(a) 平均速度-密度关系图；(b) 平均流量-密度关系图

当道路密度 $\rho \leqslant \rho_c$ 时，如果 P_{max} 增大，在自由流条件下可以得到流量值更高的曲线，而图 6.14(a) 也同时得到了行车速度值更高的曲线。

但是，如果当 $\rho > \rho_c$ 时，数值分析的结果则恰恰相反，从图 6.14(b) 的流量-密度基本分析图曲线中可以看出，当道路密度 $\rho > \rho_c$ 时，在中等密度区间或者高密度区间，随着 P_{max} 增大，在拥挤流条件下则得到了流量值更低的曲线，在图 6.14(a) 也同时得到了行车速度值更低的曲线。

以上的分析结果，在如图 6.15 所示的时-空分析图中也可以再现。在图 6.15 中，各参数的取值为，道路密度 $\rho=0.4$，随机慢化概率 $P_{safe}=0.2$；后车鸣笛概率 $P_h=0.1$；前车听到后车鸣笛时可能会引起加速的概率 $P_l=0.2$。图 6.15(a)为当最大加速概率为 $P_{max}=0.25$ 的时-空分析图，图 6.15(b)为当最大加速概率为 $P_{max}=0.75$ 的时-空分析图。在时-空分析图中，横轴表示车辆的前进方向，而纵轴表示离散的时间轴，以秒（s）为单位。

在如图 6.15(a)和图 6.15(b)所示的时-空分析图中，均可以看到同步流（时走时停，车辆聚集程度未达到致密堵塞，在时-空图的反映是颜色较浅的色块）和堵塞（在时-空图的反映是颜色较深的色块）并存的情况发生。但是从时-空分析图中可以看出，在 $P_{max}=0.75$ 时，同步流或者堵塞流的情况要比当 $P_{max}=0.25$ 时要重一些，这一分析结果与上面的基本图分析结果相接近。

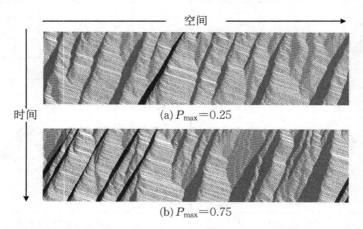

图 6.15 在相同的道路密度条件下，当可加速到最大速度概率 P_{max} 的取值不同时，道路的时空图变化情况

(a) 当 $P_{max}=0.25$ 时的道路时空图；(b) $P_{max}=0.75$ 时的道路时空图

6.3.2 驾驶决策模型的确定性分析

在上节针对仿真模型中提出的主要随机性参数包括驾驶决策变化概率 P_{change}，后车的鸣笛概率 P_h 和前车的鸣笛加速概率 P_l，随机慢化概率 P_{safe}，最大加速概率 P_{max} 进行了详细的分析。

在本节中将利用基本图方法和时-空图方法对仿真模型完成进一步的数值实验分析：

(1) 利用基本图分析方法以确定本章所提出的 DDM 仿真模型符合一般的交通规律。

(2) 利用时-空图分析方法从微观的角度考察本章所提出的 DDM 仿真模型对三相交通流的拟合情况。

在分析中,$P_{change}=0.5$,$P_h=0.3$,$P_l=0.3$,$P_{max}=0.25$,$P_{safe}=0.15$,道路密度的取值范围为 $0\sim1.0$,仿真系统先运行 1 000 时步达到稳定状态,然后统计 10 000 时步的平均数值特征。

如图 6.16(b)所示的 DDM 仿真模型的交通流量-密度基本分析图中,当道路密度 $\rho=0.2$ 时,系统流量出现拐点,系统的临界密度 $\rho=\rho_c=0.2$,此时 $J_{max}=0.72$ (veh/s),可以仿真真实道路系统中的峰值流量约为 $J_{max}=2592$ (veh/h);$V_c=3.6$ (cell/s)可以仿真真实道路系统中的交通流量达到峰值时的平均速度 $V_c=97.2$ (km/h)。

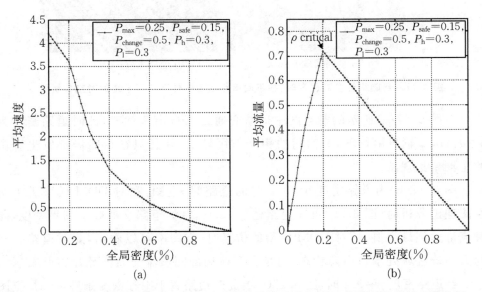

图 6.16 当随机性参数取值固定时,在不同的道路密度条件下,仿真系统的基本图分析
(a) 平均速度-密度关系图;(b) 平均流量-密度关系图

在较高密度区域,如 $\rho=0.8$ 时,$J_{max}=0.17$ (veh/s)可以仿真真实道路系统中堵塞流时的流量 J_{max} 约为 612 (veh/h);$V_c=0.22$ (cell/s)可以仿真真实道路系统中的堵塞流交通时的平均速度 $V_c=5.94$ (km/h)。

在中等密度区域,如 $\rho=0.4$ 时,$J_{max}=0.54$ (veh/s),可以仿真真实道路系统中拥挤流时的流量 J_{max} 约为 1 944 (veh/h);$V_c=1.3$ (cell/s)可以仿真真实道

路系统中的拥挤流交通时的平均速度 V_c 为 35.1（km/h）。

而在确定性分析的速度-密度基本图中，可以看到随着道路密度的增大，车辆与车辆之间的相互影响会越来越大，道路的平均行驶速度呈现出下降的趋势。

当道路密度 $\rho=0.17$，$\rho=0.2$，$\rho=0.4$，以及 $\rho=0.6$ 时的时-空图，如图 6.17 所示，横轴表示车辆的前进方向，纵轴表示时间的演化时步。

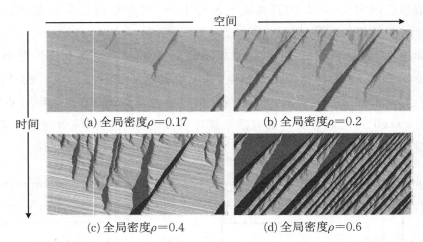

图 6.17　当随机性参数固定时，在不同道路密度条件下仿真系统的时空分析图

在图 6.17(a)所示的时空图中道路交通处于自由流状态，此时道路密度为 $\rho=0.17$，车辆自由行驶，车辆间的相互作用较小，并且只在道路局部发生轻微的车辆聚集现象。

图 6.17(b)为道路密度 $\rho=0.2$ 时的道路时-空图，在对 DDM 模型进行基本图理论分析时（图 6.16）可知道路密度 $\rho=0.2$ 时，道路交通处于临界密度，此时流量达到最大值，从对 DDM 模型的仿真时-空图中可以看出，此时道路空间的大部分区域处于自由流状态，但是在有些局部同步流交通已经开始形成。

当道路密度 $\rho=0.4$ 时[图 6.17(c)]，此时道路属于中等密度条件，从时-空图中可以看出，道路上会有更多的区域正在出现同步流交通，并且在某些位置同步流开始相变为宽运动堵塞，此时道路交通呈现出同步流和宽运动堵塞混合的情形。

在较高密度区域，如道路密度为 $\rho=0.6$ 时的道路交通时-空图[见图 6.17(d)]，此时由于车辆增加，车辆与车辆之间的相互作用加强，同时由图 6.8 和图 6.12 可知，此时处于堵塞流驾驶模式（M_1）或同步流驾驶模式（M_2）的车辆增多，所以在道路上会形成较大面积的同步流交通或堵塞流交通，只在部分区域，车辆会处于自由驾驶状态（即 M_0 模式）。

6.4 对三相交通流理论的拟合验证分析

Neubert 等人在其论文[182]中利用时间序列中的自相关性和互相关性分析提出了一种判别交通流是否处于同步流交通状态的数理统计方法,并得到了比较广泛的承认和应用,例如在文献[181]中,作者也用 Neubert 提出的方法对其仿真模型进行了分析。

Neubert 的分析方法[182]为,在德国某高速公路大概 9 km 长的路段上以 1 min 的间隔采集道路交通流量、平均行车速度以及密度数据,进行时间序列下的自(互)相关性分析,并根据分析时的交通流状态得到统计结论,其分析流程如图 6.18 的右分支所示。

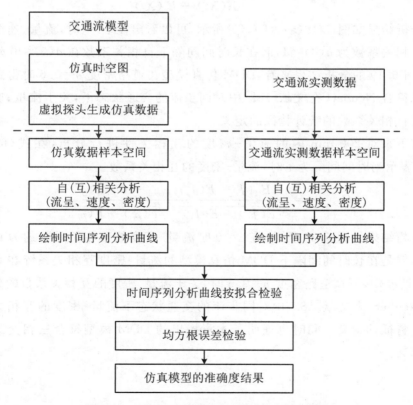

图 6.18 三相交通流模型验证的统计分析方法

通过在仿真模型的道路元胞空间中设置虚拟检测器,当车辆经过虚拟探头时也可以采集到虚拟道路中的道路交通流量、平均行车速度以及密度数据,然后对这些数据进行时间序列下的自(互)相关性分析以判定其所属的交通流状态,其分析流程图如图 6.18 的左分支所示。

将 DDM 仿真模型的随机控制参数取值如下,$P_{change}=0.5$,$P_h=0.3$,$P_l=0.3$,$P_{max}=0.25$,$P_{safe}=0.15$,当道路密度 $\rho=0.6$ 时在仿真虚拟道路上设置的虚拟检测器,以 1 min 的时间间隔共采样 400 min 的交通流样本数据(流量、速度、密度)。

首先在 200 min 的时长内分别进行关于流量、速度和密度的自相关性分析,在式(6.7)中 $a(\tau)$ 表示时间间隔为 τ 时的自相关系数,$X_{t+\tau}$ 表示在相同的时间范围内,间隔为 τ 的表示样本的随机变量,X_t 的取值可以分别为 J、V、ρ,分别代表流量、速度和密度。

$$a(\tau) = \frac{E[(X_t - E(X_t))(X_{t+\tau} - E(X_{t+\tau})]}{E(X_t^2) - E(X_t)^2} \tag{6.7}$$

分析结果如图 6.19(a),(b),(c)所示,可以看出在 $\tau=0$ 时,流量、速度和密度的自相关系数为 $a(0)=1$,而在长时间间隔下自相关系数在 $a(0)\approx0$ 附近波动,从图 6.19 的分析结果来看,DDM 仿真模型在道路密度 $\rho=0.6$ 时得到的仿真结果符合 Neubert 在文献[182]中对同步流的交通状态下,关于流量、速度和密度的自相关系数的统计特征的定义。

接下来对 200 min 内的流量-密度的互相关性进行分析,在式(6.8)中 $C_{J\rho}(\tau)$ 表示当时间间隔为 τ 时,流量-密度的互相关系数。

$$C_{J\rho}(\tau) = \frac{E[(J_t - E(J_t))(\rho_{t+\tau} - E(\rho_{t+\tau})]}{\sqrt{E(J_t^2) - E(J_t)^2}\sqrt{E(\rho_t^2) - E(\rho_t)^2}} \tag{6.8}$$

分析结果如图 6.20 所示,在 $\tau=0$ 时流量-密度的互相关系数约为 $C_{J\rho}(0)=0.2$,但是在长时间间隔下 DDM 仿真模型的流量-密度互相关系统在 $C_{J\rho}(0)\approx0$ 附近波动,所在道路密度 $\rho=0.6$ 时,关于流量-密度的互相关系数的分析也符合 Neubert 在文献[182]中对同步流的交通状态下流量-密度的互相关系数的统计特征的定义。同时也证明了本章提出的 DDM 模型符合三相交通流的理论框架。

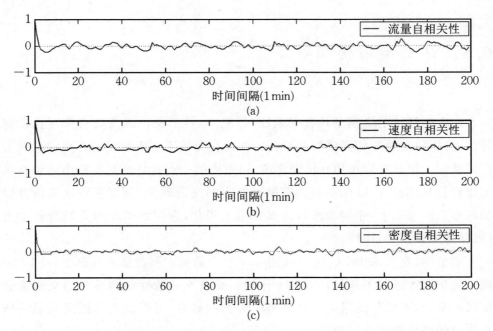

图 6.19　仿真系统的交通流量、行车速度以及道路密度的自相关性分析图

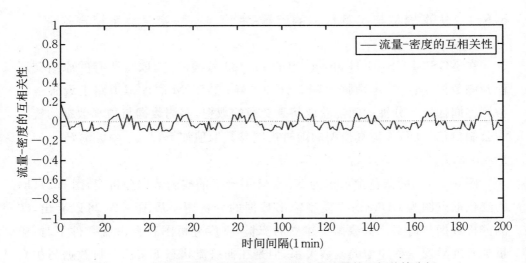

图 6.20　同步流状态下,局部密度和平均交通流量的互相关性分析
在同步流条件下道路密度和交通流量之间呈现弱相关性关系

6.5 仿真度的验证分析

由于交通流仿真模型具有安全性、低成本、易于操作以及具有可视化功能等优点,所以交通流仿真模型及相关的软件在交通流分析和交通管理中得到了广泛使用。但是在应用仿真模型之前,很重要的一点就是要对所提出的仿真模型进行仿真度验证,以保证其能够满足基本的交通现象,只有在验证了仿真模型可靠性的基础上,才能考虑将仿真模型工程化,应用到实际的交通分析中去(可参考文献[183,184])。

本节中,在 NGSIM US101 Highway[26]交通流实测数据的基础上,对 DDM 模型的仿真度进行了分析,NGSIM 作为一个具有开放性的高质量的交通流数据实验平台,可以帮助纠正仿真模型中失真的部分,可以极大地提高交通流仿真模型的可靠程度。

6.5.1 仿真模型与实测数据的流量-密度、速度-密度关系拟合验证

在 NGSIM US101 Highway 上的 717486 号检测点,取得所有的原始交通流检测数据,实测样本数据为隔 5 分钟采样;在 DDM 的虚拟道路上设置虚拟检测器同样以 5 分钟的间隔获取仿真交通的数据,实测数据与仿真数据均统一为公制单位。DDM 仿真模型的随机控制参数取值如下,$P_{change}=0.5$,$P_h=0.3$,$P_l=0.3$,$P_{max}=0.25$,$P_{safe}=0.15$,$\rho=0.6$。

图 6.21(a)的蓝色散点图为 NGSIM 平台下的实测数据分析图,图 6.21(b)的红色散点图为 DDM 仿真模型输出数据的分析图。从图 6.21 可以看出,实测分析数据与仿真分析数据所建立的流量-密度分析图在自由流条件下时,流量与密度呈现一种递增的函数关系,但是在拥挤流状态下实测分析数据与仿真分析数据所建立的流量-密度关系均弥散在一个二维区间内,比较符合 Kerner 等人关于三相交通流的理论定义。

从仿真的效果上来看,计算机仿真模型输出数据的拟合图形呈现出比较规则的点阵,可以看出仿真的流量值区间基本上都包括实测数据的流量值的范围,仿真模型的最大仿真流量(J_{max})约为 2 520 (veh/h),最小仿真流量(J_{min})约

为 1 220(veh/h)。

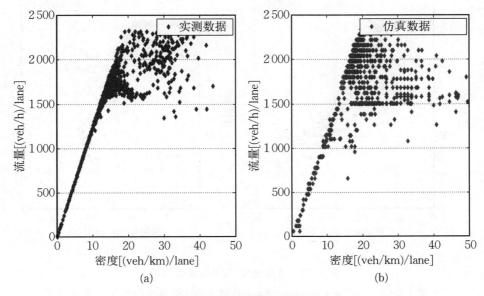

图 6.21 交通流量-道路密度关系图

(a) 基于 NGSIM US101 Highway Lane-1 的实测交通数据的流量-密度关系图；
(b) 基于仿真系统输出数据的流量-密度关系图

图 6.22(a)为 NGSIM 实测数据的速度-密度关系图，图 6.22(b)为 DDM 仿真模型输出数据的速度-密度关系图。仿真模型的输出图形在大体上符合实测数据的轮廓，最大仿真速度的均值 $V_{max} \approx 120$(km/h)，最小仿真速度的均值 $V_{min} \approx 20$(km/h)。

6.5.2 仿真模型与实测数据的行驶轨迹验证

NGSIM 平台除了可以提供交通流基本检测数据以外，还提供了车辆动行的轨迹数据(Trajectory Data)，NGSIM US101 Highway 部分车辆轨迹数据如图 6.23 所示，在轨迹数据的关键字段包括 Global_Time(世界时间，精确到毫秒)、Local_X(车辆相对于车道的缘的距离)、Local_Y(车辆相对于车辆起始检测点的距离)、Vehicle_Velocity(车辆即时速度)、Space_headway(与前车的车头间距)、Time_headway(与前车的车头时距)等(更详细定义可参考元数据说明[26])。

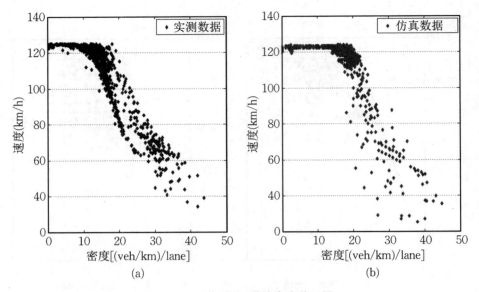

图 6.22　行车速度-道路密度关系图

(a) 基于 NGSIM US101 Highway Lane-1l 的实测交通数据的速度-密度关系图；

(b) 基于仿真系统输出数据的速度-密度关系图

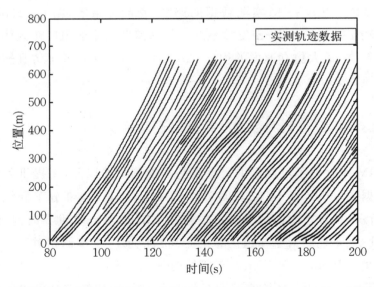

图 6.23 基于 NGSIM US101 Highway (Hollywood Freeway in Los Angeles, California) 的实测数据的车辆轨迹分析图。交通数据取自第 1 车道 (Jane-1)

在仿真模型中也可以输出车辆所在的时步、即时速度、与前车的相对位移、与前车的时间车头距等参数,将 NGSIM 的车辆轨迹数据与仿真模型的车辆轨迹数据都统一转换为公制单位以后,适合用于检验微观交通流模型的仿真度。

如上所述,DDM 仿真模型的控制参数 $P_{change}=0.5, P_h=0.3, P_l=0.3, P_{max}=0.25, P_{safe}=0.15, \rho=0.6$ 时,随机选取 3 组前后跟驰的车辆轨迹,如图 6.24(b)所示;在 NGSIM 实验数据平台中也同样选择 3 组前后跟驰并且无换道发生的车辆轨迹,如图 6.24(a)所示,可以看出仿真模型的平均行驶速度比较接近实测的平均行驶速度。

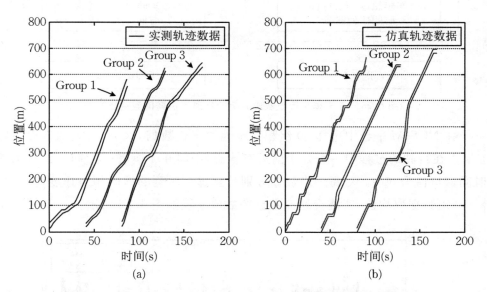

图 6.24 基于 NGSIM US101 Lane-1 不换道车辆轨迹的实测分析图与
仿真系统的车辆轨迹分析对比图

6.5.3 相对速度及相对位移数值验证

在 6.5.1 节和 6.5.2 节的分析中,结合仿真模型的输出数据和基于 NGSIM 的实测交通流数据,分别对交通流的流量-密度关系、速度-密度关系以及车辆运行轨迹进行了拟合验证,可见 DDM 仿真模型在总体趋势上与真实交通数据是相吻合的。

在本节中,在参考文献[185]的基础上,结合车辆轨迹数据中可以取到的与前车的相对速度和与前车的相对位移数据,与 NGSIM 实测交通流数据对比,进一步定量地对 DDM 交通流仿真模型的仿真度进行验证,并对结果进行均方根误差检验和平均误差检测,如图 6.25 所示。

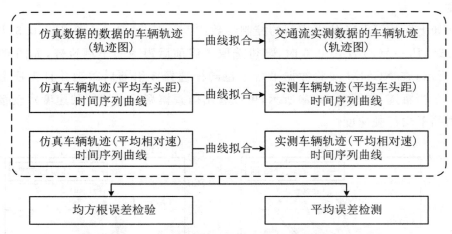

图 6.25　基于车辆行驶轨迹分析的交通流仿真模型验证方法

在 NGSIM 平台中选择 30 组相互跟驰的车辆数据,这 30 组数据有以下特征:① 在行驶的过程中一直处于前后车状态,中间并无换道。② 每一组选取的时间窗口值为 90 s。对每一组数据分别计算每一时刻的即时相对速度,然后再对 30 组数据取均值,实测交通流数据的数值曲线如图 6.26 所示。

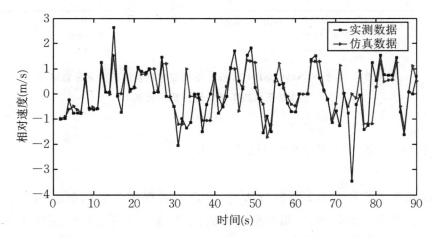

图 6.26　基于 NGSIM US101 Highway lane-1 的实测数据的相对车辆速度与仿真系统的车辆相对速度的统计分析图

在 DDM 仿真模型中,控制参数的取值如下:$P_{change}=0.5, P_h=0.3, P_l=0.$

3，$P_{max}=0.25$，$P_{safe}=0.15$，$\rho=0.6$，取30组相互跟驰的仿真车辆数据，同样，也是对每一组数据分别计算每一时刻的即时相对速度，然后再对30组数据取均值，仿真交通流数据的数值曲线如图6.26所示。

分别取 NGSIM 仿真平台下的30组前后跟驰的车辆的相对位移的均值，同时由仿真模型输出30组跟驰车辆的相对位移的均值，其数值曲线如图6.27所示。

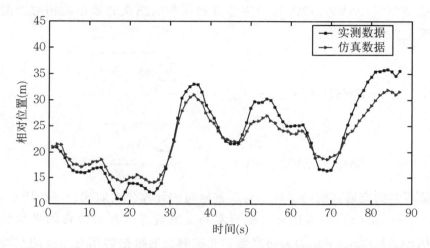

图 6.27 基于 NGSIM US101 Highway lane-1 的实测数据的相对车辆间距与仿真系统的车辆相对车辆间距的统计分析图

根据图6.26和图6.27所示的数值分析结果首先进行均方根误差检验(Root mean square deviation，RMSD)，然后再进行平均相对误差检验(Mean Relative Error，MRE)，分别进行定量分析。对30组前后跟驰的车辆，在90 s的统计间隔内每秒钟的即时数值定义如下，$\theta(S)_{sim}$ 和 $\theta(V)_{sim}$ 为仿真系统中输出的相对每秒钟的相对位移向量以及相对速度向量，$\theta(S)_{field}$ 和 $\theta(V)_{field}$ 为基于 NGSIM 平台采集到的每秒钟的相对位移向量以及相对速度，如式(6.9)以及式(6.10)所示。

$$\theta(S)_{sim}=\begin{pmatrix}S_{1,1}\\S_{1,2}\\\cdots\\S_{1,i}\end{pmatrix},\quad \theta(S)_{field}=\begin{pmatrix}S_{2,1}\\S_{2,2}\\\cdots\\S_{2,i}\end{pmatrix} \tag{6.9}$$

$$\theta(V)_{sim} = \begin{pmatrix} V_{1,1} \\ V_{1,2} \\ \cdots \\ V_{1,i} \end{pmatrix}, \quad \theta(V)_{field} = \begin{pmatrix} V_{2,1} \\ V_{2,2} \\ \cdots \\ V_{2,i} \end{pmatrix} \tag{6.10}$$

则仿真值与实测交通真值的均方根误差检验的计算公式如式(6.11)所示，其中 $RMSD(\theta(S)_{sim}, \theta(S)_{field})$ 为仿真数据与实测交通数据的相对位移的均方根误差，$RMSD(\theta(V)_{sim}, \theta(V)_{field})$ 为仿真数据与实测交通数据的相对速度的均方根误差：

$$RMSD(\theta(S)_{sim}, \theta(S)_{field}) = \sqrt{\frac{\sum_{i=1}^{N}(S_{1,i} - S_{2,i})^2}{N}}$$

$$RMSD(\theta(V)_{sim}, \theta(V)_{field}) = \sqrt{\frac{\sum_{i=1}^{N}(V_{1,i} - V_{2,i})^2}{N}} \tag{6.11}$$

仿真值与实测交通真值的平均相对误差检验的计算公式如式(6.12)所示，其中 $MRE(\theta(S)_{sim}, \theta(S)_{field})$ 为仿真数据与实测交通数据的相对位移的平均相对误差，$MRE(\theta(V)_{sim}, \theta(V)_{field})$ 为仿真数据与实测交通数据的相对速度的平均相对误差：

$$MRE(\theta(S)_{sim}, \theta(S)_{field}) = \frac{1}{N}\sum_{i=1}^{N}\left(\left|\frac{S_{1,i} - S_{2,i}}{S_{2,i}}\right| \times 100\%\right)$$

$$MRE(\theta(V)_{sim}, \theta(V)_{field}) = \frac{1}{N}\sum_{i=1}^{N}\left(\left|\frac{V_{1,i} - V_{2,i}}{V_{2,i}}\right| \times 100\%\right) \tag{6.12}$$

在表6.2中总结了仿真值与实测交通值的拟合验证结果，从分析结果中可以看出，在90秒的时长内对30组前后跟驰的车辆的试验结果可以看出，平均相对速度与平均相对位移的均方根误差检验值(RMSD)均小于10，处于一个较低的水平内。

表6.2 仿真值与实测交通值的拟合验证结果

采样数量	采样时长	平均相对速度拟合验证		平均相对位移拟合验证	
		RMSD	MRE	RMSD	MRE
30 组	90 秒	6.731 4	7.342 5%	9.446 5	7.489 9%

同时，在90 s的时长内对30组前后跟驰的车辆的平均相对速度与平均相

对位移的平均相对误差值（MRE）均小于8％，也处于一个较低的水平内。

本 章 小 结

在本章中基于元胞自动机模型，以及Kerner等人提出的三相交通流理论，作者建立了一种新的基于驾驶决策的机动车流微观仿真模型，即DDM模型，该模型的特点总结如下：

（1）微观交通流仿真模型问题的本质是对驾驶员的驾驶行为的建模问题。基于三相交通流理论，提出了一种基于驾驶决策的交通流仿真模型，模拟仿真了当车辆进入不同的区域时（自由流区、同步流区和堵塞流区）会采取不同的驾驶行为的驾驶特征从而解释了Kerner的三相交通流理论。

（2）对建立的模型分别进行了随机性参数分析和确定性分析，分析的结果表明，该仿真模型所模拟的结果符合我们对交通的日常观察。

（3）为了在理论上证明DDM模型符合三相交通流理论，采用时间序列分析对DDM模型的输出结果进行了自相关性以及互相关性分析，实验结论证明，数值分析的结果符合三相交通流仿真模型的数据统计特征。

（4）还基于NGSIM的实测数据对DDM模型的仿真度进行了验证，首先进行了NGSIM实测数据与DDM仿真数据的流量-密度关系验证和速度-密度关系验证；然后从NGSIM数据中和DDM仿真数据中分别取出部分跟驰车辆进行了微观的轨迹验证；最后进行了均方根误差分析（RSMD）和平均相对误差检验（MRE）。结论证明，在将仿真模型的参数校对到与实际交通参数相符的情况下，仿真模型具有较高的仿真度。

为了适当地简化问题，模型是放在单车道的条件下进行分析，但是可以通过添加换道规则、红灯时的停车线前减速规则等使DDM模型更加具有适应性，并应用到城市交通流仿真以及带匝道的高速路仿真等情景下。

第 7 章 基于元胞自动机的机非混合道路交通流模型研究

机非混杂通行是中国城市道路交通的最显著特点之一。在我国城市道路交通中,自行车、电动自行车、三轮车、行人与机动车在很多路段以及道路交叉口都是处于混乱无序的状态,行人与非机动车、轿车混行于机动车道或者横向乱穿公路的现象十分严重。在我国城市道路上,非机动车、行人与机动车等混合行驶导致道路交通状况远比国外城市道路交通复杂得多,它们之间的相互作用和干扰从很大程度上影响了城市交通的通行能力,加剧了城市交通的拥堵。

图 7.1 城市机非混行路段交通环境示意图

机动车流内存在不同机械特性车辆组成的混合。在机动车流内部,由于车辆存在大小与加减速度等机械特性的差异,自然会影响车辆行驶者换道心理或者保持安全车头距差异。从而在车辆行驶过程中难以像统一机械特性车流那样保持稳定的速度与距离分布,大型慢车在大多数时候不能一直紧随小型快速车,使道路交通流中自组织出现更大的车辆间前后平均间隙。由于车流车速的不稳定和不同类车辆可接受超车间隙大小的差异,道路上将有许多间隙不能由换道超车来完全补偿,因此造成道路物理空间上的局部浪费是必然的,在其他道路交通环境相同条件下的道路通行能力与道路车流密度都会更低些[186]。

较之上述机动车车流内部的不同机械特性车辆混合特性,城市道路机非混合车流的多种类型车辆之间相互干扰更为复杂严重,机非混合道路交通流各参与主体(非机动车以及机动车),在机非车道之间没有隔离设施的情况下,各自为了获得更良好的通行条件或者为了交通安全,总是存在相互干扰和影响,而这种相互干扰和影响体现在两方面:首先,由于在机非车道分界线附近违规借道通行或者为了保障安全机动车和非机动车会相互避让,从而影响各自交通流的特性;其次,由于交通流的流体波动特性,将机非车道相邻处形成的扰动波传播到别的机动车道或者别的非机动车道,从而影响整个通行方向所有车道的交通流特性,致使整个城市道路断面的通行能力面临大幅降低的威胁。据北京和上海的调查,如果机动车道和非机动车道之间无隔离设施,则机、非车道交通流的平均速度较之加设了隔离设施交通环境下的交通流分别将减少大约 $10\%\sim15\%$[187]。特别是在每天上下班的高峰时段,机非混合通行更是加剧了城市道路交通的拥堵。

基于以上描述,不仅机非混合通行是我国城市道路交通的显著特点,而且机非交通流内部组成复杂、相互间干扰严重,导致了我国大中城市道路交通普遍具有混合、低速、无序的特征。因此有必要深入研究这种复杂相互作用的非平衡的交通现象,从而进一步揭示这种复杂的混合交通流的内在规律,为智能道路交通管理和规划给予坚实的理论分析支撑。

城市道路机非混合通行交通本身就是一个伴有非对称的多主体交错相互作用的复杂系统。由于机非混合交通在类似于中国的发展中国家中普遍存在,而在西方发达国家则属罕见,自然具有较先进的交通理论基础的发达国家几乎很少涉足城市道路机非混合交通流的研究,再加上我国的交通流理论方面研究较之发达国家延缓相当长一段时间,因此,无以借鉴的机非混合交通流的现状就凸显出更大的研究难度。故此,城市道路机非混合通行交通流的建模探索具有十分重要的理论及现实价值。

7.1 机非混合通行道路交通流的研究现状

我国在城市机非混合通行道路交通流的早期研究方面大多专注于宏观交通流建模方面。关宏志等[188]基于交通波以及概率论等理论构建了一种对城市机非混合通行道路交通流求解的宏观道路交通流模型。罗霞等[186]基于实际数据的统计分析得出机非混合交通流中的不同流量和不同车辆类型比例对基本图中的速度、密度、流量的影响,并且对城市道路混合交通流中的合流对城市道路服务水平的负效应给出了理论解释。在城市道路平面交错十字路口机非混合交通的运输量计算方面,王炜等学者[189-191]先后提出基于接受间隙理论的概率论方法、延误分析法以及折减系数计算法来获得较系统的临界间隙与随车时距等重要参数,并建立和完善了我国具有典型性城市道路交叉口的几何条件、交通状况、车辆运行参数的数据库。在考虑隔离设施对机非交通的影响方面,景天然[187]采用宏观统计的方法得出设立隔离带的路段比无隔离带路段平均车速高约 10%~15%。

在微观模型研究方面,早期对机非混合通行道路车流中非机动车流的一般方法是将一条机动车车道划分成几条子非机动车道,用于非机动车在该子车道上通行,非机动车流在子车道内依据车辆跟驰模型,非机动车辆侧向换道到最近邻的子非机动车道需要一个更新时间步,而机动车流依据经典的微观交通流模型驱动机动车运行。这种实现方法简单,且可大致模拟机非混合道路交通流的特点,是早期模拟分析机非混合道路交通流的主流路线[192,193]。微观模型的发展趋向于考虑交通流中的各微观因素实际,呈现更高的精确性与灵活性,但是,早期微观模型非机动车纵向移动都遵循车辆跟驰模型,仅依据子车道前车来调整各非机动车自身的车速,没有引入与其相邻车道的机动车或非机动车的作用来调整加减速和换道行为,从而导致与交通实际中的非机动车的行进过程有偏差。王华东和吴铁军等学者考虑将车辆的速度以及加速度都用矢量来表示跟驰模型中的相应参量,构建了矢量场模型[194]来实现机非混合道路车辆的统一交通流模型,但该模型依然没有考虑真实交通中的换道超车这一实际现象,与城市道路机非混合严重且相互影响速度更新以及换道规则的交通实际状况差距甚大。

在基于 CA 混合道路交通流的微观建模研究中，较早的主要考虑高速路车流包含有车长和最大速度不同机械特性的车辆类型交通实际，学者们[195-200]在传统 CA 道路交通流微观模型的基础上，改进换道规则、加减速规则来研究分析不同机械特性的车辆混合对交通流的特性影响，其中包括影响单车道和多车道交通基本图、相变特性以及能耗特性等。逐渐发展到城市道路不同车型机动混合车流的研究[201-204]，以及考虑到城市中道路的实际情况，对城市道路混合机动车流在一些特定场景下的交通流特性研究。比如，2009 年，贾斌等[203]、钱勇生等[204]对混合机动车流中在公交车站附近的交通流特性进行了深入细致的分析研究。

然而，学者们对考虑城市道路机非混合相互间影响的 CA 交通流微观模型的研究方面相对很少，2004 年张晋博士[205]在元胞自动机模型的数学定义的基础上提出一种平行异质元胞自动机模型来对机非混合交通流进行建模。该模型初步揭示了机非混合道路交通流的一些基本特性，但其只描述了机动车道和非机动车道之间存在的"摩擦"干扰影响车辆加减速过程，没有分析二者相互借道所造成对混合道路交通流的影响，实质上是考虑非机动车以一定摩擦系数来影响机动车的速度更新规则。魏丽英等[206]提出一种考虑自行车对机动车存在干扰摩擦的单车道 NS 交通流改进模型。2007 年，赵小梅等人[207]给出一种基于道路机动车流 NS 模型和自行车流 BCA 模型的混合模型，用来研究公交车没有专门的站台，而是占用非机动车道停靠来上下乘客的情景下的机动车和非机动车的混合交通流特性，然而他们只考虑了一条机动车道的公交车站附近机非混合通行的交通现象。谢东繁等人[208]依据赵小梅等人[207]所给出混合模型思路，将机非混合扩散到全路段，从而深入分析讨论不同的机非混合比例对混合交通流特性的影响。但他们依然只考虑了一条机动车道，还没有充分考虑各微观因素对混合交通流的换道规则和驾驶员心理特性等微观因素的影响，导致他们所提出的交通流模型与城市交通实际还有很多不相符的地方。另外，谢东繁等[209]在基于最优速度的二维车辆跟驰（Two-Dimensional Optimal Velocity）模型[210]的基础上，考虑引入速度偏差而构建扩展的二维车辆跟驰模型来描述交叉路口的混合交通流特性，在一定程度上可以描述城市交叉路口的混合交通流特性，但作者考虑的交叉路口与城市交叉路口实际情况相比还过于简单，比如只是将机非混合车辆简单划分为存在冲突和不存在冲突两种情况，而且只考虑了非机动车与机动车都在其专用车道上行驶，没有考虑机动车与非机动可能相互借道行驶对道路交通流的影响。

贾宁等[211]提出一种基于机动车流 NS 模型和自行车流多值 CA 模型的混合交通流模型,用来研究一条机动车道与一条非机动车道无隔离情景下的机非混合道路交通流特性。但作者们依然只考虑了机非之间只存在"摩擦"干扰下流密变化情况以及速度频率分布情况,没能分析非机动车的"阻滞"干扰影响,以及机、非混合车辆间的"摩擦"干扰对车辆换道行为的影响。

基于以上分析,目前缺乏有效的对实际混合交通流的本质特性和内在演化机理进行描述和刻画的微观元胞自动机模型,且基于 CA 的混合道路交通流建模的研究正是当前交通流理论模型的热点和难点。本章主要研究路段上机非混合通行道路交通流的建模及交通流本质特性,综合考虑非机动车对机动车换道规则及加减速规则的影响,也考虑机动车对非机动车辆行驶特性的影响,建立描述路段混合通行道路交通流的 CA 模型。数值模拟在不同的机非混合比例时混合通行道路交通流基本图(流量-密度-速度关系)、交通流时-空演变过程的基本规律,以及对整个道路的通行能力影响分析,并用实测数据比较验证。

7.2 机非混合通行道路交通流 CA 模型

通常,车辆的运行状态受到本车道以及邻近车道前后邻近车辆的影响,在城市交通中机非混合对车辆的运行状态的影响尤为复杂。本节针对城市中机非混合交通的实际情况,结合驾驶员在机非混合的"阻滞"和"摩擦"干扰下的驾驶行为变化,提出了一种考虑驾驶员在机非混合通行道路交通中换道以及加减速的实际情况的 CA 模型,并利用该模型分析了机非混合通行对城市道路交通流特性的影响。一般城市道路的混合交通考虑机动车、非机动车以及行人三因素的混合,但我们为了简化问题,不考虑行人参与的情况。对于再加入行人的因素的建模将是以后进一步深入研究的内容。

7.2.1 建模路况环境和相关参数定义

结合我国实际城市道路混合交通现状,本节模型首先考虑具有一般代表性的同向两条机动车道和一条非机动车道的城市道路路段情况。假设非机动车为了获得更快速的通行,在保证安全的情况下仅可借道邻近非机动车道的机动车道通行,而不能驶入到远离非机动车道的机动车道上去。同时考虑非机动车与机动车有着不同的机械属性以及行驶特性,笔者将机动车分为小型车和大型车,将非机动车分为自行车和电动自行车。路段路况及车道元胞划分示意图如图 7.2 所示,面向车辆行驶方向,最右侧车道为非机动车道。

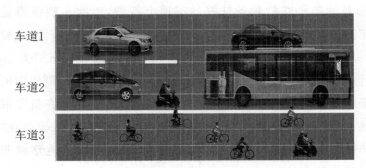

图 7.2 道路车道定义及元胞划分

其次,假设每条车道宽度 3.75 m,每个元胞格(cell)大小代表 $1.25\times1.25\ m^2$。在车道的任意纵向位置,每条非机动车道上最多可容纳 3 辆非机动车并排通行,而每条机动车道只能允许一辆机动车通行。如图 7.2 所示,大型车车长 l_{long} 占车道纵向 12 个元胞格,小型车车长 l_{car} 占车道纵向 6 个元胞格,电动自行车和自行车物理尺寸相差不大,假设他们的车长 l_{bike} 都占纵向 2 个元胞。机动车的速度参照城市道路的设计速度 60 km/h,假设所有机动车的最大速度 v_{max_v} 为 14 cell/s(即 63 km/h),电动型车的最大速度 v_{max_kb} 为 7 cell/s(即 31.5 km/h),而自行车的最大速度 v_{max_b} 为 4 cell/s(即 18 km/h),这些与城市道路混合通行交通实际基本相符。$v_n(t)$,$x_n(t)$ 和 $d_n(t)$ 分别表示第 n 辆车在 t 时刻的速度、位置和与其前近邻的距离,其中 $d_n(t)=x_n(t)-x_{n+1}(t)-l_{n+1}$,$l_{n+1}$ 代表对应前车 $n+1$ 的长度。各种车辆的最大加减速能力定义如表 7.1 所示。

表 7.1 各种车辆的最大加减速能力定义

	最大加速度(cell/s^2)	最大减速度(cell/s^2)
小型机动车	4	6
大型机动车	3	4
电动自行车	2	2
自行车	1	1

7.2.2 模型换道规则

在多车道的交通中,各车道的行驶条件通常是随着时空推移而变化的,而行驶车辆总是倾向于在行驶条件好的车道上行驶,因此车辆换道是经常发生的。车辆在换道时不仅要考虑自身车道和目标车道的通行条件,还要考虑次邻近(表示与目标车道相邻的别的车道,比如 lane 1 的次邻近车道为 lane 3.1)车道车辆通行条件对其换道安全性的影响,以确保不同车道车辆换向同一目标车道时满足安全条件。在城市交通中多车道的情况下,特别是在机非混合交通的多车道情况下,由于不同的交通参与主体具有不同的特点与运动规律,安全保护性差的非机动车行驶时具有摇摆性、多变性,加剧了城市道路机非混合通行车辆换道过程的复杂性。

在该模型中,不同车道的不同车型其换道规则各有不同。按照车辆行驶方向,将车道从左至右分为第一至第三车道,车道编号依次为 Lane 1、Lane 2 和 Lane 3,其中第一、二车道为机动车道,第三车道为非机动车道。再将每条车道划分为 3 个子车道,比如第三条车道 Lane 3 从左到右标号依次为 Lane 3.1、Lane 3.2 和 Lane 3.3。这样划分后每条车道可以容纳三辆非机动车同时并排通行。考虑具体车道车型的车辆换道的通行条件和安全条件,下面分别给出各条车道上各种车型的换道规则。

1. 首先确定换道概率 P_c

$$P_c = \begin{cases} P_{nme} & \text{if condition 1} \\ P_{aggressive} & \text{else if condition 2} \\ P_{normal} & \text{others} \end{cases} \quad (7.1)$$

其中,P_{nme} 表示道路机、非车辆间存在影响时的换道概率,条件 condition 1 是指机动车 n 在其欲换道的目标车道及目标车道的次临参考车道前 v_{max_v} 范围内有非机动车,或者非机动车 n 在其欲换道的目标车道及目标车道的次临参考车道后 v_{max_v} 范围内有机动车。条件 condition 2 是指当前车辆 n 的加速能力比其前车 $n+1$ 的加速能力大的情况,表现出比较大的换道欲望 $P_{aggressive}$。通常 $P_{aggressive} > P_{normal} > P_{nme}$。

2. 第一条车道换道规则

同时符合下面 4 个条件,车辆 n 从 Lane 1 车道换入到其相邻的 Lane 2 车道。

(1) 换道动机:同时满足下面条件,即本车道行驶不理想,而目标车道情况更优越。

$$d_{n\_eff} < \min(v_n + acc_n, v_{max\_n}) \quad 且 \quad d_{no\_eff} > d_{n\_eff} \tag{7.2}$$

这里 d_{n_eff} 参照 CD 模型[67]中的定义,考虑了前车速度以及前车的前间距来估算当前车辆的有效前间距。即

$$d_{n\_eff} = d_n + \max(0, \min(d_{n+1}, v_{n+1} - 1) - gap_{safe})$$

其中,gap_{safe} 是控制参数,因在 CD 模型中考虑的是高速公路上最大车速为 108 km/h 情况下,gap_{safe} 取值为 7 cell,我们的应用中,最大速度因不同车型各不相同,其在运行中相对的安全控制参数亦该有所不同,故我们对于机动车其取值 gap_{safe} 为 4 cell,而对于非机动车取值为 2 cell。

(2) 换入目标道 Lane 2 车道安全条件:需同时满足换入目标车道与其后车和前车在其各自的刹车能力内不至于撞车,参考 LSK 模型的安全机制。但不同于 LSK 模型,由于不同类型车辆其减速能力不同,故在考虑安全条件时,总是以后车的刹车过程中,每一时步都不与前车发生碰撞,即如下方程描述。

$$d_{nbo} + \sum_{i=1}^{v_n/D_n}(v_n - D_n \times i) > \sum_{j=0}^{d_{nbo}/D_{nbo}}(v_{nbo} - D_{nbo} \times j) \tag{7.3}$$

$$d_{no} + \sum_{i=1}^{v_{no}/D_{no}}(v_{no} - D_{no} \times i) > \sum_{j=0}^{v_n/D_n}(v_n - D_n \times j) \tag{7.4}$$

(3) 次邻参考车道安全条件,满足下面两个条件之一。

① 次邻参考车道(Lane 3.1)上,对应当前车辆 n 的前车不换到 Lane 2 车道(当前车辆有可能换到的目标车道)。

$$d_{nc3} \geqslant \min(v_{nc3} + acc_{nc3}, v_{max\_nc3}) \quad 或 \quad d_{nc3} \geqslant d_{nc3,2} \tag{7.5}$$

② 次邻参考车道车辆有可能换道到 Lane 2 车道,但根据各自的当前速度和自身的刹车能力在刹车过程中每一时步满足安全条件如下:

$$d_{n\_nc3} + \sum_{i=1}^{v_{nc3}/D_{nc3}}(v_{nc3} - D_{nc3} \times i) > \sum_{j=0}^{v_n/D_n}(v_n - D_n \times j) \tag{7.6}$$

(4) 换道概率

$$\text{rand}() < P_c \tag{7.7}$$

其中,d_n 表示当前车辆 n 和其前车 $n+1$ 之间的间距,d_{no} 表示当前车辆 n 与其目标车道 Lane 2 相应前车(注:因车辆长度因车辆类型而不同,所指的前车定义为非同一车道的前车是指车头位置不小于本车车道位置)之间的间距,d_{nbo} 表示当前车辆 n 与其目标车道 Lane 2 相应后车之间的间距,d_{nc3} 表示当前车辆 n 在其目标车道临近参考车道(Lane 3.1)的前车 n_{c3} 到 Lane 2 上 n_{c3} 的前临的间

距,$d_{nc3,2}$表示n_{c3}到 Lane 2 上n_{c3}的前近临车辆之间的间距,d_{n_nc3}表示当前车辆n与其目标车道临近的非机动车前车n_{c3}之间的间距,acc_n和acc_{nc3}分别表示当前车辆n及其参考车道上前车的加速能力,D_n、D_{no}、D_{nbo}和D_{nc3}分别表示当前车辆n、目标车道前车、目标车道后车和参考车道前车的减速能力,v_n、v_{no}、v_{nbo}和v_{nc3}依次代表当前车n、目标车道上前车、目标车道上后车和参考车道上前车在当前时步的速度,$v_{\max\_n}$和及$v_{\max\_nc3}$分别指的是当前车和其参考车道上前车的最大速度。

3. 第二条车道换道规则

满足下面条件,当前车辆n是机动车从 Lane 2 车道换到 Lane 1 车道,是非机动车从 Lane 2 换道 Lane 3.1。

(1) 若当前车是非机动车,因为非机动车借道占用了机动车道,为了安全,它会比较关注该车道后面是不是有机动车逼近,所以一旦条件允许它会换回到非机动车道 Lane 3.1。具体的换道规则如下:

换道动机:同时满足下面两个条件之一,当前非机动车更倾向于换回到非机动车道 Lane 3.1。

$$(d_{nb} < v_{\max\_n-1} \text{ 且 } type_{n-1} < 2) \quad \text{或} \quad d_{no} \geq \min(v_n + acc_n, v_{\max\_n}) \quad (7.8)$$

或者左邻道 Lane 1 后邻车运行不理想,有可能要换道到 Lane 2 道,且本车与其间距都非常大,即

$$d_{n\_nlb} < v_{\max\_nlb} \quad \text{且} \quad d_{nlb} < \min(v_{nlb} + acc_{nlb}, v_{\max\_nlb}) \quad (7.9)$$

安全条件:类似上述 Lane 1 换道到 Lane 2 的安全条件,同时考虑换入目标车道的安全条件和考察次近邻车道车辆对换道的安全因素。

(2) 若当前车是机动车,只允许左换道。

换道动机:满足式(7.2),即本车道行驶不理想,而目标车道 Lane 1 情况更好些。

换入目标道 Lane 1 上的安全条件:必须满足式(7.3)和式(7.4)两个条件。

换道概率:满足条件式(7.1)。

其中,d_{n_nlb}指当前车辆n到其左后邻车辆n_{lb}之间的间距,d_{nlb}是指车辆n_{lb}在其车道内的前间距,acc_{nlb}、v_{nlb}和$v_{\max\_nlb}$分别指车辆n_{lb}的加速能力、当前速度和其对应车型的最大速度,$type_{n-1}$是指当前车辆后车的车辆类型,我们设定小型机动车、大型机动车、电动自行车和自行车的车辆类型分别为0、1、2和3。

4. 第一条非机动车道 Lane 3.1 换道规则

优先考虑换向右车道 Lane 3.2。

(1) 首先考虑是否满足换向右车道,完全类似于第一车道的换道规则(1)、(2)和(3)三条规则,只是这个车道车辆换向右车道的换道概率取1,因为非机动车道在满足换道安全条件和换道动机后,还是更愿意选择远离机动车道行驶。

(2) 如果不满足换向右车道的上述条件A,再考虑是否可以借道机动车道Lane 2。

换道动机:满足式(7.2),即本车道行驶不理想,而目标车道情况更好些。

换入目标道 Lane 2 安全条件:

① 如果当前车辆在 Lane 2 上的后车为非机动车,需同时满足换入目标车道与后车和前车在其各自的刹车能力内不至于撞车,只需要满足式(7.3)和式(7.4)。

② 如果当前车辆在 Lane 2 上的后车为机动车,与前车的安全条件要求满足式(7.4),而与目标车道后车需满足更严格些的安全条件,设定为大于2倍机动车的最大速度,即

$$d_{nb2} > \sum_{i=0}^{v_{lb}/D_{lb}}(v_{lb} - D_{lb}*i) \tag{7.10}$$

次临参考车道安全条件,满足下面两个条件之一:

① 次邻参考车道(Lane 1 车道)车辆不换到 Lane 2 车道中。

$$d_{nc1} \geqslant \min(v_{nc1}+acc_{nc1},v_{\max\_nc1}) \quad \text{or} \quad d_{nc1} \geqslant d_{n1,2} \tag{7.11}$$

② 次邻参考车道(Lane 1)上的机动车有可能换道到 Lane 2 车道,但同样满足安全条件:

$$d_{n\_nc1} + \sum_{i=1}^{v_{nc1}/D_{nc1}}(v_{nc1}-D_{nc1}\times i) > \sum_{j=0}^{v_n/D_n}(v_n - D_n \times j) \tag{7.12}$$

换道概率:rand( )<P_c。

其中,d_{nb2} 表示当前车辆 n 与其目标车道 Lane 2 后车之间的间距,d_{nc1} 表示当前车辆 n 在其目标车道临近参考车道(Lane 1)的前车 n_{c1} 到 Lane 1 上 n_{c1} 的前临的间距,$d_{nc1,2}$ 表示 n_{c1} 到 Lane 2 上 n_{c1} 的前近临车辆之间的间距,d_{n_nc1} 表示当前车辆 n 与其目标车道临近的非机动车前车 n_{c1} 之间的间距,acc_{nc1} 表示其参考车道上前车的加速能力,D_n 和 D_{nc1} 分别表示当前车辆 n 和参考车道前车的减速能力,v_n 和 v_{nc1} 分别表示当前车辆 n 和参考车道前车在当前时步的速度,$v_{\max\_nc1}$ 表示当前车所对应参考车道上前车的最大车速。

5. 第二条非机动车道 Lane 3.2 换道规则

依然优先考虑换向右车道 Lane 3.3。

(1) 首先考虑是否满足换向右侧车道,完全类似于第一车道的换道规则(1)和(2)两条规则,只是这个车道车辆换向右车道的换道概率取 1,因为非机动车道还是更倾向于远离机动车道行驶。

(2) 如果不满足换向右车道的上述条件(1),再考虑是否可换道到 Lane 3.1。

换道动机:满足式(7.2),即本车道行驶不理想,而目标车道情况更好些。

换入目标道 Lane 3.1 安全条件:需同时满足换入目标车道与后车和前车在其各自的刹车能力内不至于撞车,只需要满足式(7.3)和式(7.4)。

次临参考车道安全条件,满足下面三个条件之一,表示参考车道前车对当前车辆 n 换道到 Lane 3.1 没有安全影响。

① 次临参考车道(Lane 2 车道)前临车辆不会换到 Lane 3.1 车道来影响当前车辆左换道。如果参考车道车辆类型是机动车或者参考车道前车在目标车道之前。即:

$$d_{n\_nc2} \geqslant d_{n\_nl} \quad \text{或} \quad type_{nc2} < 2 \tag{7.13}$$

② 如果参考车道前邻车辆 n_{c2} 是非机动车,且根据 n_{c2} 在本车道前后车辆情况,n_{c2} 的左邻车道(Lane 1)后邻车 n_{c2lb} 的情况,以及其可能换道到 Lane 3.1 的安全条件。即同时满足如下不等式方程组不会换道到 Lane 3.1。

$$\begin{cases} d_{nc2} \geqslant \min(v_{nc2} + acc_{nc2}, v_{\max\_nc2}) \text{ 且 } (d_{nc2b} > v_{\max\_nc2b} \text{ 或 } type_{nc2b} > 1) \\ d_{nc2\_nc2lb} > v_{\max\_nc2lb} \text{ 且 } d_{nc2lb} > \min(v_{nc2lb} + acc_{nc2lb}, v_{\max\_nc2lb}) \end{cases} \tag{7.14}$$

③ 次临参考车道(Lane 2)上的非机动车有可能换道到 Lane 3.1 车道,但同样满足安全条件:

$$d_{n\_nc2} + \sum_{i=1}^{v_{nc2}/D_{nc2}} (v_{nc2} - D_{nc2} \times i) > \sum_{j=0}^{v_n/D_n} (v_n - D_n \times j) \tag{7.15}$$

换道概率:rand( )<P_c。

其中,d_{n_nc2} 是指当前车辆 n 到其参考车道(Lane 2)的前近邻车辆 n_{c2} 之间的间距,d_{n_nl} 是指当前车辆 n 到目标车道(Lane 3.1)的前近邻车辆 n_l 之间的间距。d_{nc2_nc2lb} 表示 n_{c2} 在其车道内与后邻车辆 n_{c2lb} 的间距,d_{nc2lb} 表示 n_{c2} 的后左邻车辆在其车道内的前间距,d_{nc2} 表示当前车辆 n 在其目标车道临近参考车道(Lane 2)的前车 n_{c2} 到 Lane 2 上的前近邻的间距,acc_{nc1} 表示其参考车道上前车的加速能力,D_n 和 D_{nc2} 分别表示当前车辆 n 和参考车道前邻车 n_{c2} 的减速能力,v_n 和 v_{nc2} 分别表示当前车辆 n 和参考车道前车在当前时步的速度,$v_{\max\_nc2}$ 表示当前车对应参考车道上前近邻车 n_{c2} 的最大速度。

6. 第三条非机动车道 Lane 3.3 换道规则

该车道车辆只允许换向左车道 Lane 3.2。

换道动机：满足式(7.2)，即本车道行驶不理想，而目标车道情况更好些。

换入目标道 Lane 3.2 安全条件：需同时满足换入目标车道与后车和前车在其各自的刹车能力内不至于撞车，只需要满足式(7.3)和式(7.4)，只是将原来式子中的右侧车道车辆对象换成左侧车道车辆对象而已。

次邻参考车道安全条件，满足式(7.5)和式(7.6)之一即可以。也只是将原来式子中的右侧车道车辆对象换成左侧车道车辆对象而已。

换道概率：$\text{rand}(\ ) < P_c = P_{\text{normal}}$。

7.2.3 更新规则

参照目前公认为比较切合实际的两种基于 CA 交通流模型 CD 模型和 LSK 模型。

(1) 首先确定慢化函数

$$P(v_n(t), b_{n+1}(t), t_h, t_s) = \begin{cases} P_b & \text{if } b_{n+1} = 1 \text{ and } t_h < t_s \\ P_0 & \text{if } v_n = 0 \\ P_d & \text{others} \end{cases} \quad (7.16)$$

其中，b_n 是车辆 n 的刹车状态，$b_n = 1(0)$ 表示车辆 n 刹车灯亮(灭)，如果 $v_n > 0$ 则 $t_h = d_n / v_n$，否则 $t_h = 0$，$t_s = \min(v_n, h)$，h 表示刹车灯的作用范围。

(2) 加速：

$$acc = \begin{cases} acc_n - 1 & \text{if } (v_n(t)) < 3 \text{ and type}_n < 2 \\ acc_n & \text{others} \end{cases} \quad (7.17)$$

$$v_n(t+1) = \begin{cases} \min(v_n(t) + acc, v_{\max\_n}) & \text{if } (b_{n+1}(t) = 0 \text{ and } b_n(t) = 0) \text{ or } (t_n \geq t_s) \\ v_n(t) & \text{others} \end{cases}$$

$$(7.18)$$

其中式(7.17)考虑了机动车在低速的情况一般处于低挡位，其加速能力相对低一些，同时也符合所谓的"慢启动"规则；而式(7.17)考虑到了在一定距离作用范围内，只有当该车的前车不刹车时才会加速，与交通实际更相符合。

(3) 安全加减速：根据取得每一时步都不与前车相碰撞的最大安全速度 V_{safe}。

$$\begin{cases} d_n = x_{n+1}(t) - x_n(t) - l_{n+1} \\ \sum_{i=0}^{c_n(t+1)/D_n} (c_n(t+1) - D_n * i) \leqslant d_n + \sum_{j=1}^{v_{n+1}(t)/D_{n+1}} (v_{n+1}(t) - D_{n+1} * j) \\ V_{\text{safe}} = \max(c_n(t+1)) \\ v_n(t+1) = \min\{v_n(t+1), \max(V_{\text{safe}}, 0)\} \end{cases} \quad (7.19)$$

其中，$c_n(t+1)$ 的定义与 LSK 模型中相同，表示下一时步可能的安全速度。

（4）随机慢化：

$$\text{if } (\text{rand}() < P) \text{ then } v_n(t+1) = \max(0, v_n(t+1) - 1) \quad (7.20)$$

（5）减速限制：

$$\text{if } v_n(t+1) < (v_n(t) - D_n) \text{ then } v_n(t+1) = \max(0, v_n(t) - D_n) \quad (7.21)$$

（6）机动车刹车灯状态更新：

$$b_n(t+1) = \begin{cases} 1 & \text{if } v_n(t+1) < v_n(t) \\ b_n(t) & \text{if } v_n(t+1) = v_n(t) \\ 0 & \text{if } v_n(t+1) > v_n(t) \end{cases} \quad (7.22)$$

（7）计算连续停车时间 t_{st}：

$$t_{st} = \begin{cases} t_{st} + 1 & \text{if } v_n(t+1) = 0 \\ 0 & \text{if } v_n(t+1) > 0 \end{cases} \quad (7.23)$$

（8）位置更新：

$$x_n(t+1) = x_n(t) + v_n(t+1) \quad (7.24)$$

其中，车辆 $n+1$ 表示车辆 n 的前车，acc_n 和 D_n 分别表示车辆 n 的最大加、减速能力，$type_n$ 表示当前车辆 n 的类型，取值为 0~3，依次对应小型轿车、大型卡车、电动自行车和自行车。

7.3 仿真结果与讨论

在本章中，我们对机非混合车辆的运行模拟过程和其他多车道交通流模型一样，将每个时间步推演过程分解成两个子时间步。① 第一个子时间步内，车辆（机动车或者非机动车）在不同车道按照不同的换道规则进行换道检查，首先对所有车道的所有车辆根据其所在的车道和其前后左右车辆的相对情况，以及考虑可能有不同车道车辆换向同一目标车道的情况,从而获得满足换道动机和安全条件的所有车辆的换道标志,最后再并行地将所有车辆换入各自的目标车道。② 第二个子时间步内,单车道车辆按照综合考虑 CD 模型和 LSK 模型中刹车灯以及刹车机械能力的改进跟新模型进行更新。

由于本章主要讨论机非混合对城市道路交通流特性的影响,在本章提出的换道规则的基础上,将经典的单车道 NS 模型更新与新提出的各车道跟新模型更新进行对比仿真模拟。左边 2 个车道代表的是机动车道,右边 3 个子车道代表的是非机动车车道。每条车道总长为 3 公里,每条车道纵向都被划分为 2 400 个元胞,采用周期边界条件,所有车辆初始化时设置速度为 0,机动车均匀分布在左边两条机动车道上,而非机动车均匀分布在非机动车道的 3 个子车道上,考虑城市道路的实际情况以及车辆的机械特性,定义小型轿车和大型卡车的最大速度都为 14 cell/s(即 63 km/h),电动自行车最大速度为 7 cell/s(即 31.5 km/h),普通人力自行车最大速度为 4 cell/s(即 18 km/h);为消除非稳态的影响,连续运行 1.5×10^5 个时间步,抛弃前 1×10^5 个时间步的数据不做统计,对后 5×10^4 个时间步的平均速度、流量等参数进行统计,分别运行 50 次,各参数取其平均值。在车道中间 1 200 cell 处设置虚拟探测头,记录通过的车辆来确定流量;同时为分析非机动车对交通流的影响,改变车流中非机动车占有比率,讨论不同非机动车比率对机动车交通流的流量等基本参数的影响;并采用在成都三环路上基于视频识别车辆器(该检测器在长期工程实践中检验,得知其白天车辆检查准确率大于 98%)采集的真实数据验证所提出模型的有效性和实用性。

7.3.1 机非混合道路交通流时-空图分析

在仿真实现过程中,首先考虑无非机动车影响的情况。比较在无非机动车影响,只有小型轿车和大型卡车在不同机动车组成情况下,每一车道采用本章提出的更新规则和经典 NS 更新规则下的时空图,因无非机动车的影响,两条机动车道的交通流特性几乎没有差别,我们只给出了最左侧机动车道(Lane 0)的时空图,如图 7.3 所示。

在图 7.3 中,(a)、(b)和(c)是本章所提出的每一车道更新规则所获得的时-空图,而(d)、(e)和(f)是采用经典的 NS 模型中的每一车道更新规则所获得的时-空图。在不同车辆密度下得到的结果,(a)和(d)中,在两条机动车上所有机

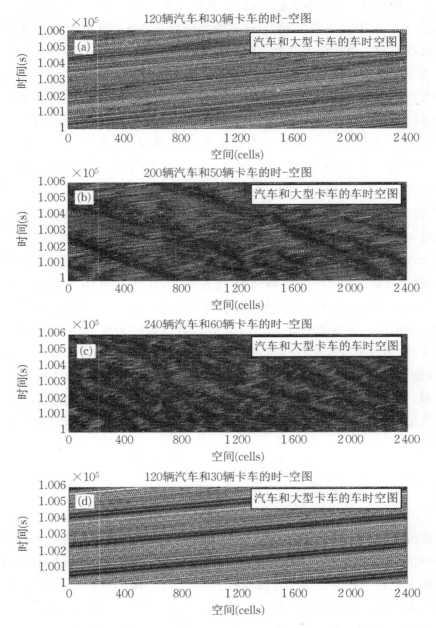

图 7.3 无非机动车影响时,Lane 0 上的交通流时-空图

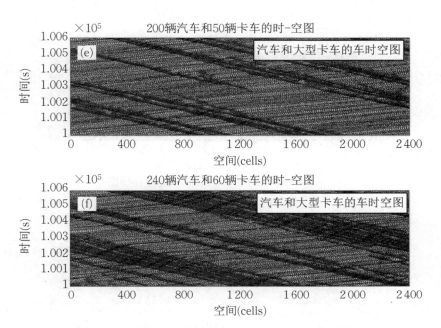

图 7.3 无非机动车影响时，Lane 0 上的交通流时-空图（续）

动车数量为小轿车 120 辆，大型卡车 30 辆；(b)和(e)是总共机动车数量为小轿车 200 辆，大型卡车 50 辆；(c)和(f)中，总共机动车数量为小轿车 240 辆，大型卡车 60 辆。从图 7.3 中，我们可以看到新模型所得到的时-空图，同样可以得到交通流的"时走时停"波（或者车辆集簇现象）的非线性流体特性，同时两种更新规则得到的结果还具有一定的相似性，都是伴随道路车流密度的增加，依次出现从自由流到自由流和拥挤流共存，自由流区域逐渐缩小，变得更拥挤甚至堵塞变宽。由于本章所提出的更新规则考虑了刹车灯和不同类型机动车的最大加减速能力不同，新模型不但具有 CD 模型的舒适驾驶的优点，还有考虑车辆有限制加减速的机械特性，如果临近前车，且前车被堵塞了，当前车辆会主动调节加减速行驶，从而一定程度舒缓拥挤或者堵塞的加剧，所以从(b)与(e)之间的对比，以及(c)与(f)之间的对比，我们可以看到新模型所得的时-空图中的拥堵区域的致密程度没有 NS 更新模型所得的那么严重，但新模型得到的"时停时走"波的宽度更宽一些，说明新模型得到的"时停时走"波传播时间短，交通流从拥堵到畅通的自我恢复更快。

其次考虑有非机动车影响的情况。我们取初始条件为 90 辆小轿车，50 辆大型卡车，电动自行车和一般人力自行车各 400 辆，截取从 3 000～3 600 秒时步每条车道的时-空图如图 7.4 所示。

车道3.3：流＝1 360(num/h)，占用率＝0.21，平均速度＝3.55(cell/s)

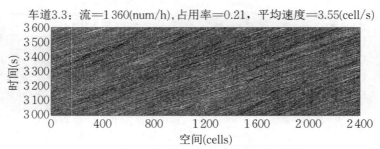

(a) 非机动车车道Lane 3.3时空演变图

车道3.2：流＝1 346(num/h)，占用率＝0.21，平均速度＝3.52(cell/s)

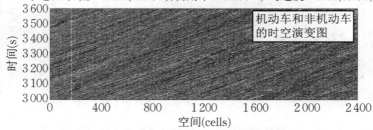

机动车和非机动车的时空演变图

(b) 非机动车车道Lane 3.2时空演变图

车道3.1：流＝1 292(num/h)，占用率＝0.19，平均速度＝3.71(cell/s)

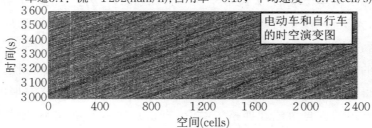

电动车和自行车的时空演变图

(c) 非机动车车道Lane 3.1时空演变图

车道2：车辆流＝604(num/h)，非车辆流＝159(num/h)，占用率＝0.22，平均速度＝6.61(cell/s)

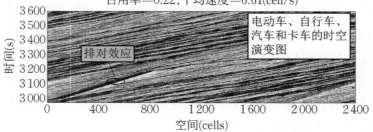

排对效应

电动车、自行车、汽车和卡车的时空演变图

(d) 机动车车道Lane 2时空演变图

图7.4　有非机动车影响时，各车道的时-空图

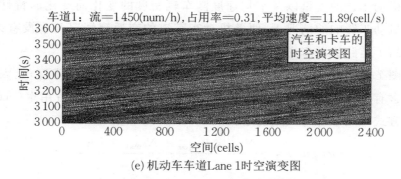

(e) 机动车车道 Lane 1 时空演变图

图 7.4　有非机动车影响时,各车道的时-空图(续)

图 7.4 给出了机动车及非机动车密度都相对比较低的情况下,各车道及各子车道的时-空图,从图 7.4 的(d)中,不但可以看到非机动车借道占用机动车道的情况,还可以看到由于非机动车的"阻滞"干扰使其后的机动车产生了排队效应,是因为出于机动车与机动车的最大速度差异以及跟随非机动车后面的机动车考虑安全驾驶,当不能满足换道条件时,只能紧随其后行驶。同时还可以看到由于机动车道车辆对其临近非机动车道"摩擦"干扰的影响,远离非机动车道的机动车车道 Lane 1 的车道占用率比 Lane 2 要大,即 Lane 1 上的车道占用率为 0.31,而 Lane 2 上的车道占用率只有 0.22。另外,机动车道上的平均速度差异也较大,Lane 1 上车辆的平均速度约为 11.89 cell/s(约 53 km/h),而 Lane 2 上车辆的平均速度却为 6.61 cell/s(约 30 km/h)。但在 3 条非机动车子车道上,车辆的平均速度相差不大,Lane 3.1 子道上平均速度为 3.71 cell/s(约 17 km/h),Lane 3.2 子道上平均速度为 3.52 cell/s(约 16 km/h),Lane 3.3 子道上平均速度为 3.55 cell/s(约 16 km/h)。还有一个现象我们可以看到,在远离机动车道的非机动车道(Lane 3.2 和 Lane 3.3)的车道占用率要比靠近机动车道的非机动车道(Lane 3.1)上的车道占用率稍大,这说明在满足相近的通行条件下,非机动车出于安全考虑,会倾向于选择远离机动车道通行。这些模拟结果都与实际交通中的现象非常一致。

7.3.2　机非混合道路交通流基本图分析

首先,我们考虑无非机动车影响的情况,分析道路交通流基本参数平均速度、密度(或者车道占用率)以及流量之间的关系。我们分别采用本章提出的每个车道的速度位移更新规则同经典的 NS 更新规则获得道路交通的基本图,分析比较机动车道的流量以及平均速度随车辆密度的变化而变化的特性。因为在无非机动车影响的情况下,两条机动车车道的交通流情况几乎没有差别,下面只给出了道路机动车道总体基本图。

在图 7.5 中,横坐标采用车道占用率,而不用通常的车辆密度,是因为机动车中包含有小型轿车和大型卡车,其车辆长度不一样。车道占用率(occupacy)的计算方式采用以下等式来确定:

$$occupacy = \frac{(N_{\_car} \times len_{\_car} + N_{\_truck} \times len_{\_truck})}{2L} \quad (7.25)$$

其中,$N_{\_car}$ 和 $N_{\_truch}$ 分别是小型轿车和大型卡车的数量,$len_{\_car}$、$len_{\_truck}$ 和 L 依次指的是小型轿车、大型卡车和每条车道的长度。

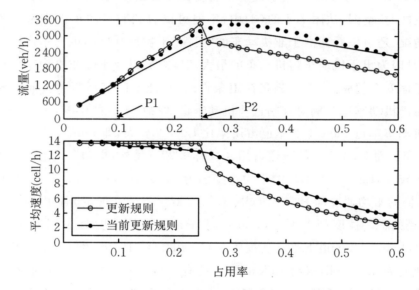

图 7.5　不存在非机动车的影响时,机动车道的基本图

从图 7.5 中,我们可以看到当车道占用率大于 $P1(occupacy=0.08)$,小于 $P2(occupacy=0.25)$ 时,经典 NS 更新规则下所获得的车辆流量和平均速度都比本章所提出的更新规则得到的值略大。这是由于这时车辆间间距不是足够大,而本章新提出的更新规则考虑了车辆的机械减速能力,为了确保车辆的刹车能力内不至于与前车相撞,选择最大安全速度行驶,而不像 NS 更新规则那样尽量追求速度最大化,而且其考虑的减速能力是无限大的,即使在车辆的最大车速也可在一个时步内减速到停止。在 $P1$ 点以前,由于车道占用率小,车辆间间距大于考虑最大安全速度影响的距离,两种规则下得到的流量和平均速

度几乎一样。在 P2 点之后，本章新提出规则提前参照前车刹车灯状态和速度变化情况，当前车辆会主动平稳调节加减速行驶，从而不至于快速接近前车而出现 NS 更新规则那样到下一时步停车，甚至加剧车辆的拥堵，因此在本章提出更新规则下，可以得到比 NS 更新规则更大的流量和平均速度。

其次，我们考虑不同非机动车比例如何影响整个道路机动车交通流特性。通过在整个 2.4 km 的路段上调整非机动车的数量，来获得机动车流量随其车道占用率的变化情况。

从图 7.6 中，我们可以看到，当道路上初始化非机动车数量逐渐递增，机动车车道机动车的流量和速度在机动车车道占用率在 15%～55% 间受影响比较严重，且当非机动车数量逐渐递增，机动车的流量和平均速度在这个车道占用率区域是逐渐降低的；而在机动车车道占用率小于 15% 时，所有机动车可在机动车道 Lane 1 上通畅行驶，机动车流量和速度都不会随着非机动车数量的增减而变化；当机动车车道占用率大于 60% 时，由于机动车道上机动车密度较大，则非机动车不再可能借道占用机动车道了，其机动车流量和速度也同样不受非机动车密度变化的影响。总之，本章提出的机非混合交通流模型所得到的基本图与实际交通的流量速度变化情况是一致的。

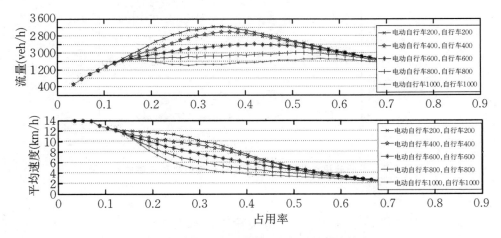

图 7.6　机动车道在不同非机动车比例时的基本图

最后，我们再来分析非机动车在不同非机动车密度以及机动车车道占用率情况下，非机动车占用机动车车道的流量变化情况，模拟得到的结果如图 7.7 所示。一方面，路段上借用机动车道的非机动车流量随着非机动车的密度的增大而变大，在整个 2.4 km 路段上当非机动车数量小于 400 辆（电动自行车和自行车各200辆)时,借道机动车道的非机动车流量很小(小于150辆/小时),而当路段上非机动车数量增加到1 600辆(电动自行车800辆,自行车800辆)时,借道机动车道的非机动车流量达到最大值1 660辆/小时;另一方面,在同一非机动车密度下,在机动车车道占用率较低(机动车车道占用率小于20%)时,借用机动车道通行的非机动车交通流量接近于一个饱和值;当机动车车道占用率大于20%且小于一定机动车占用率(不同非机动车密度下有所不同,非机动车密度越大对应的机动车道占用率越大,比如在路段上非机动车数量为800辆电动自行车、800辆自行车时,对应的机动车车道占用率约为60%),随着机动车车道占用率增大,而借道机动车道通行的非机动车流量逐渐减小;当机动车车道占用率足够大时,借道机动车道的非机动车交通流量减小到0。这样的模拟结果与实际交通中,当机动车车道占用率越大,非机动车借道机动车道而获得更好的通行条件可能越小,从而实际借用机动车道通行的非机动车数量越小相一致。

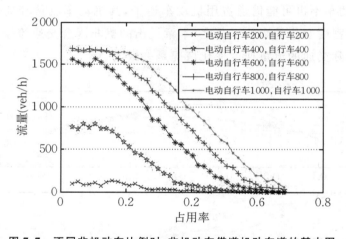

图7.7 不同非机动车比例时,非机动车借道机动车道的基本图

7.3.3 基于交通实测数据的交通流特性比较分析

为了对模型的有效性进行验证,我们在本节将实测数据与本章提出模型所获得机非混合交通流特性参数进行比较分析。

首先,我们需要获取无隔离的机非混合城市路段真实交通参数数据。2011年7月至9月间,因成都三环路主道全线改建,施工区域道路的所有车辆就只有通过辅道通行,为了保障施工区域道路交通秩序,有效监控和管理违反限行规定的机动车,在成都三环路辅道(是无隔离的机非混合的路段,其现场路况如图 7.1 所示)上安装了几套基于视频车辆识别的智能交通检测器。该检测器采用视频检测、识别处理技术,对通过成都三环路辅道的所有机动车自动检测和识别,可获取检测点的车辆流量、车辆类型以及车辆平均速度等基本交通参数。该检测器还可利用机动车车辆牌照类型识别,辅以车辆在视频中的外形尺寸判别,实现对检测路段的所有机动车车辆类型和流量分类统计;另外,通过在路段两端设立检测点,依据车辆号牌识别准确获得每一机动车辆通过该路段区间平均速度,进而可以统计得到通过该路段的所有机动车的平均速度。

为了确保实测数据的准确性,选择白天时段(检测器白天时段检测准确率大于 98%)的机非混合路段的实测数据来进行分析。下面给出了机动车车道占用和非机动车密度相对比较低的和两者密度都相对较高的机非混合路段的实测数据,表 7.2 列出成都三环路内侧交大立交附近机非混合路段的各时段机动车流量和平均速度实测数据。

表 7.2　三环路内侧交大立交附近路段检测点的数据

序号	时间段 (小时)	机动车流量 (辆/小时)	平均车速 (公里/小时)	大型车数	大型车比例
1	7～8	1 534	54.25	54	3.52%
2	8～9	2 747	46.23	35	1.27%
3	9～10	2 966	43.31	39	1.31%
4	10～11	3 087	45.08	37	1.20%
5	11～12	2 710	48.09	58	2.14%
6	12～13	2 016	52.55	41	2.03%
7	13～14	1 999	49.44	42	2.10%
8	14～15	1 777	46.75	29	1.63%
9	15～16	2 104	48.52	35	1.66%
10	16～17	2 164	52.62	47	2.17%
11	17～18	2 209	53.35	43	1.95%
12	18～19	2 343	52.53	36	1.54%
13	19～20	1 105	61.38	34	3.08%

从图 7.8 我们可以看到该类混合交通路段的实际情况,在上下班高峰时段(7:30～8:30 和 17:00～18:00)自行车以及机动车密度都很大,这时道路的机

动车流量受到非机动车的影响不是一天中交通流量最大的,相反在非机动车车道占用率不大,而因外出办事的机动车辆较多,导致这时机动车的车道占用率依然较大的9点至11点达到一天流量的峰值,而平均速度的最大值在一天中非机动车和机动车的车道占用率低时段(19:00~20:00),处于自由流状态。进一步证实无隔离的混合交通下,非机动车对机动车的干扰,导致机动车流的基本参数(流量、平均速度、车道占用率)相应变化的基本特性,体现了所提出模型的合理性。

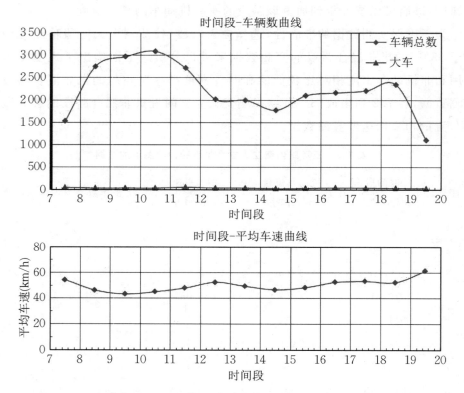

图7.8 三环路内侧交大立交附近路段检测点的分时段流量、平速速度分布

接下来,我们对本章提出机非混合交通流模型与实测点的速度分布情况进行比较分析。

文献[211]和文献[212]通过分析实测数据对只有"摩擦"干扰影响下的一条非机动车道和一条机动车道无隔离混合交通流进行了研究,在"摩擦"干扰下,机动车通行车速出现频率分布峰值范围为30~35 km/h;同时,无干扰时机动车通行车速出现频率分布区间相对比较集中,而在有"摩擦"干扰下机动车通行车速出现频率分布范围相对比较分散,并且机动车通行车速出现频率分布集中在峰值附近。但如果机动车道是双车道，机动车道可以通过换道来改变速度出现频率的分布情况，从而得到车辆通行车速出现频率分布峰值会向右移至 45~50 km/h 之间。利用本章所提出模型可以得出速度出现频率分布总体形态一致的结论，仿真结果及实测结果如图 7.9 和图 7.10 所示。

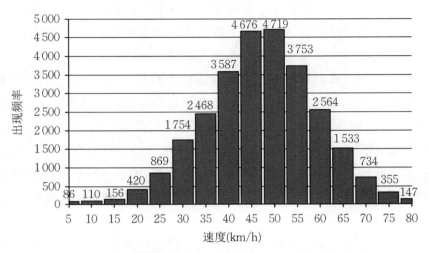

图 7.9　三环路内侧交大立交附近路段检测点的一个白天所有机动车速度分布

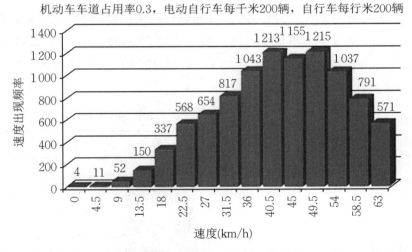

图 7.10　本章模型在机动车道占用率为 0.3 和非机动车数量为 400 辆时，机动车车速分布

在成都三环路内侧交大立交附近路段检测点，我们取了两个时间段的数据来统计分析，分别是 2011 年 7 月 12 日 12：23：54 至 2011 年 7 月 12 日 19：59：59，和 2011 年 7 月 13 日 07：00：30 至 2011 年 7 月 13 日 13：25：51。首先进行简单的数据预处理,去除测速不准的异常数据,所有有效机动车车辆总数 27 931 辆,其速度出现频率如图 7.9 所示,所得车速出现频率较高的范围为 35～60 km/h。

针对该检测点摄像机录下的视频序列,用观测法测算机动车车道占用率和非机动车的流量,得知该检测点的机动车车道平均占用率 0.3,非机动车平均每公里约 200 辆。设置与这种情况下的机动车和非机动车车道占用率一致,采用本章模型所获得的机动车速度分布情况如图 7.10 所示。

从图 7.10 中,我们可以看到本章提出模型获得的机动车速度出现频率分布外形轮廓与图 7.9 中实测的机动车速度分布的外形轮廓基本一致,也相对集中在 36～58.5 km/h,只是,因机动车道占用率不是很高且非机动车比率不是很高的情况,在实际交通中存在有机动车超速行驶的,因此,在图 7.9 实测数据中还有速度分布在 65 km/h 到 80 km/h 的机动车,说明本章提出模型能基本再现机动车道占用率不高且非机动车比率较低的无隔离的混合交通的机动车速度分布基本特性。

为了进一步分析不同非机动车比例如何影响机动车车速分布,在成都三环路羊犀立交附近路段机动车以及非机动车实际通行量都较大的检测点,我们选取了上班高峰期分机动车流量最大的时间段,即 2011 年 8 月 10 日(周三)8:10 到 8:40 的实测数据来统计分析,同样首先进行简单的数据预处理,去除测速不准的异常数据,所有有效机动车车辆总数 876 辆,其速度出现频率如图 7.11 所示,所得速度出现频率最高的为 31.5 km/h 到 40.5 km/h,机动车通行车速出现频率最高的在 36 km/h 附近。

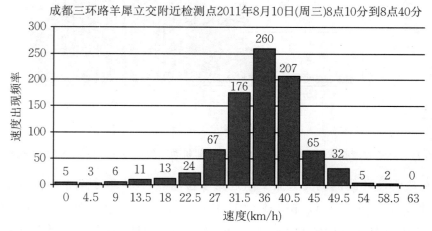

图 7.11 三环路羊犀立交附近路段检测点的上班高峰期机动车速度分布

针对成都三环路羊犀立交检测点该时间段摄像机录下的视频序列,用观测法测算机动车车道占用率和非机动车的流量,得知该检测点的机动车车道平均占用率约42%,非机动车平均每公里数量约400辆。则设置与这种情况下的参数基本一致,采用本章模型所获得的机动车速度分布情况如图7.12所示。

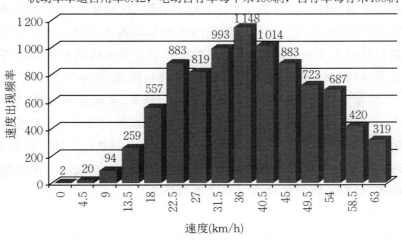

图 7.12 本章模型在机动车道占用率 0.42 以及非机动车数量 800 辆时,机动车车速分布

从图 7.12 中,我们可以看到,在机动车道占用率高且非机动车比率也较大的情况下,本章提出模型获得的机动车速度出现频率分布外形轮廓与图 7.11 中实测的机动车速度分布的外形轮廓基本一致,机动车速度出现频率最高的也在 36 km/h,只是本章模型机动车相互间作用更强些(机动车考虑更多安全因素,假设前车会立即刹车而留有足够的安全刹车距离),所以机动车的速度分布变化相对平缓一些,分布在高速段以及低速区段数量比实测的略多。说明本章提出模型能基本再现机动车道占用率高且非机动车影响较严重的无隔离的混合交通的机动车速度分布基本特性。

本 章 小 结

本章针对一般的双机动车道和一条无隔离非机动车道的机非混合的情况,结合城市交通实际,主要考虑非机动车对机动车流的"阻滞"和"摩擦"干扰作用;机动车对非机动车行进过程的"摩擦"干扰作用;不同车辆类型(小轿车、大卡车、电动自行车和自行车）机械特性限制特性，从而影响所有车辆加减速以及换道行为过程，构建了改进换道规则和加减速规则的多车道 CA 模型，对其进行数值仿真，进而定量分析研究道路非机动车对机动车行进过程的影响。从机非混合道路交通流时-空图，流量、车道占用率与平均车速三者之间的关系，以及机非混合路段机动车通行车速分布三个方面定量分析了无隔离机非混合道路交通流的基本特性。从模拟结果中，我们再现了道路非机动车对机动车通行过程的"阻滞"和"摩擦"影响，同时发现当机动车车道占用率大于 0.25，且非机动车数量每公里大于 200 辆时，无隔离的机非混合车道机动车道的道路运输量受到明显影响（机动车道运输量降低超过 20%），因此，在非机动车通行量较大的道路上，应设立隔离带将两种车流在空间上分离，从而避免"摩擦"和"阻滞"干扰的影响，提高道路利用率。成都三环路辅道起初设计时，因非机动车和机动车流密度较小，没有设计道路的机非车道隔离带，但是由于城市的快速发展，成都三环路辅道的非机动车及机动车车流密度现在比较大，应该考虑加设机非车道间的隔离带，从而有效提高道路的通行能力。

第8章 基于多值CA的非机动车流微观仿真模型

基于元胞自动机的非机车流仿真模型可以追溯到多值元胞自动机(Multi-value Cellular Automata)的提出。

在Wolfram提出的184号规则[119]中,向右表示行驶方向,在t时刻时,如果当前元胞是黑色的,并且其右邻居是黑色的,则在$t+1$时刻,当前元胞也是黑色的,这表示如果当前车辆的前方位置被另一车辆占据,则当前车辆不能行驶;如果在t时刻时,当前元胞是白色的,其左邻居是黑色的,则在$t+1$时刻,当前元胞也是黑色的,这表示当前的空位可以被驶来的车辆所占据。总体来讲,在184号规则中,车辆要么向前移动一个元胞,要么停在原地不动。

184号规则如图8.1(a)所示。其演化时-空图如图8.1(b)所示,道路的初始占有率25%,模拟自由流。图8.1(c)中,道路的初始占有率50%,图8.1(d)中道路的初始占有率75%。

著名的NaSch模型其实就是对CA184号规则的扩展,在184号规则中车辆的最大速度只能取$V_{max}=1$,而在NaSch模型中车辆的速度可以取0到V_{max}之间的整数,在这里$V_{max}>1$。

而多值元胞自动机模型是对CA184号规则在空间上的扩展,在多值元胞自动机中,规定元胞的容量为M,即每个元胞最多可以包含M辆车。此时,每个元胞状态的取值不再用是否被车辆占据来表示,而是取值为0到M之间的整数。这也是这一类模型被称为多值元胞自动机模型的由来。

基于多值元胞自动机的交通流模型可以对具有M个车道的道路进行建模,而不用考虑具体的车辆之间的换道规则。最初,多值元胞自动机刚提出时并不是为了要仿真机动车流,而是试图通过多值元胞自动机建立一种多车道的机动车流仿真模型,但是,人们后来发现通过将多值元胞自动机的最大车辆速度设置为2($V_{max}=2$)可以对自行车流和过街行人流建模。

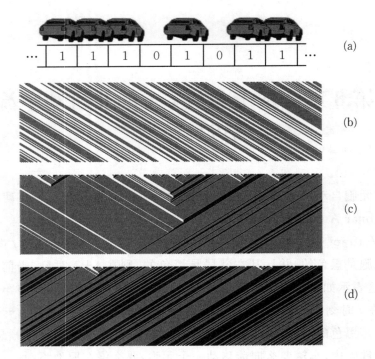

图 8.1　Wolfram 184 号规则

(a) 184 号规则示意图;(b)、(c)、(d) 是当道路密度为 25%,50%,75% 时的时-空演化示意图

1998 年,Nishinari 和 Takahashi[213]将宏观流体动力学模型中的 Burger 方程 $\rho_t = 2\rho\rho_x + \rho_{xx}$ 离散化处理,得到下述方程

$$U_j(t+1) = U_j(t) + \min[U_{j-1}(t), M - U_j(t)] - \min[U_j(t), M - U_{j+1}(t)] \tag{8.1}$$

其中 $U_j(t)$ 表示在 t 时刻元胞 j 上的车辆数;M 是整数,表示每个元胞能够容纳的车辆数。如果 $M=1$,那么 BCA 模型与 184 号规则是等价的,则式(8.1)所表示的含义为,在计算时步 $t+1$ 时元胞 j 中的车辆的数量时,要分别计算时步 t 时驶出元胞 j 中的车辆数量,时步 t 时驶入元胞 j 中的车辆数量以及时步 t 时元胞 j 中仍然静止的车辆。

整个道路系统的平均密度 ρ 和平均流量 q 的计算方法,即式(8.2):

$$\rho = \frac{1}{KM}\sum_{j=1}^{K} U_j(t), \quad q = \frac{1}{KM}\sum_{j=1}^{K} q_j \tag{8.2}$$

其中,K 表示道路的长度,即整个道路有 K 个元胞组成,q_j 表示 t 时刻新进入元胞 j 的车辆数目。

然而,BCA 模型过于简单化,不能够描述具有复杂特性的拥堵流状态。实测的交通数据显示从自由流到拥堵流的相变是不连续的,而且在相变点附近,同一个密度对应不同的流量值。但是在 BCA 模型中,这种相变是连续的,不能够捕捉到从自由流到拥堵流的相变的内在机制。

在 BCA 模型中,车辆在每个时间步最多向前移动一个元胞,也就是说最大速度为 1。随后 Nishinari 和 Takahashi 有对 BCA 模型进行了扩展,提出了 EBCA1 和 EBCA2 模型[214]。在这两种模型中车辆的最大速度为 2,因此车辆可能以速度 1 向前运动,也可能以速度 2 向前运动。EBCA1 和 EBCA2 的区别就在于速度为 1 的车辆与速度为 2 的车辆的优先权不同。下面分别对这两个模型进行介绍。

在 EBCA1 模型中,速度为 1 的车辆具有优先权,车辆的更新按照以下两个步骤进行:

(1) 如果前面紧邻的元胞上有空位,车辆移动到下一个元胞上。

(2) 在步骤(1)中移动的车辆,如果此时其前面的元胞还有空位,继续向前移动一个元胞。因此,在 EBCA1 模型元胞状态的演化方程为

$$U_j(t+1) = U_j(t) + b_{j-1}(t) - b_j(t) + c_{j-2}(t) - c_{j-1}(t) \tag{8.3}$$

其中,$b_j(t) = \min[U_j(t), M - U_{j+1}(t)]$ 表示 t 时刻元胞 j 上在步骤(1)中移动的车辆数;$c_j(t) = \min[b_j(t), M - U_{j+2}(t) - b_{j+1}(t) + b_{j+2}(t)]$ 表示步骤(2)中移动的车辆数。在统计流量时,$q_j = b_{j-1} + C_{j-2}$。初始状态时,车辆随机分布在车道上。而在 EBCA2 模型中,速度为 2 的车辆具有优先权,演化方程为

$$U_j(t+1) = U_j(t) + a_{j-2}(t) - a_j(t) + d_{j-1}(t) - d_j(t) \tag{8.4}$$

其中,$a_j(t) = \min[U_j(t), M - U_{j+1}(t), M - U_{j+2}(t)]$ 表示移动两个元胞的车辆数;$d_j(t) = \min[b_j(t) - a_j(t), M - U_{j+1}(t) - a_{j-1}(t)]$ 表示向前移动一个元胞的车辆数,统计流量时 $q_j = a_{j-2} + a_{j-1} + d_{j-1}$。

姜锐指出[215],多值元胞机模型如果扩展成高速的模型,形式化比较复杂,因此不适合对机动车进行建模,但是可以较好地应用于自行车流的建模,原因包括:

(1) 自行车的最大速度比较小,大约 14.4 km/h,如果规定每个元胞长度为 2 m,相当于每秒移动 2 个元胞。

(2) 与机动车不同,自行车道并没有明显的区分,并且自行车的换道要比机动车灵活得多。如果一定引入换道规则,那么由于自行车道数量比较多,换道规则就会变得很复杂。基于上述原因,可以采用多值元胞机模型对自行车流进行建模。

考虑到实际交通中,骑自行车的行为差异以及一些随机因素的干扰,可以在 EBCA1 和 EBCA2 模型中引入如下的随机慢化:规定每个元胞上能够移动两个元胞的自行车数量以概率 p 减 1。

具有随机慢化的 EBCA1 模型的更新规则:

(1) 计算 t 时刻元胞 j 中移动的 1 个元胞车辆数 $b_j(t)$ 和移动 2 个元胞的车辆数 $c_j(t)$;

(2) 随机慢化,以概率 p,令 $c_j(t) = \max\{c_j(t)-1, 0\}$;

(3) 根据式(8.3)更新 $U_j(t)$。

具有随机慢化的 EBCA2 模型的更新规则:

(1) 计算 $b_j(t)$ 和 $a_j(t)$;

(2) 随机慢化,以概率 p,令 $a_j(t) = \max\{a_j(t)-1, 0\}$;

(3) 计算 $d_j(t)$,根据式(8.4)更新 $U_j(t)$。

8.1 BD-EBCA 双向非机动车流模型

在多值元胞自动机交通流模型提出以后,Matsukidaira 还曾经对多值元胞自动机的统一形式做过定义[216]。贾斌等人又提出了一种具有混合速度的多值元胞自动机模型;李新刚等人利用多值元胞自动机设计出了一种现时出现三轮车和自行车的情形;赵小梅等人通过组合使用 NaSch 模型和 BCA 模型提出了一种机非混合流模型[217-220]。

基于多值元胞自动机进行非机动车流模型的建模已经被证明是一种非常有效的方法,但是到目前为止,已经提出的诸多模型都是单向自行车流,很少涉及双向自行车流。虽然在相关的道路交通法规中,也已经明确规定非机动车道是不准逆行的,但是在一些监管乏力的路段或一些欠发达的城市,自行车的逆行现象还是非常常见的,建立一种考虑逆行现象的双向自行车流模型,则可以更好地对城市的实际交通进行描述。

在前面所提到的学者的研究基础上,笔者提出了一种双向非机动车流模型(Bi-Directional EBCA, BD-EBCA)[103],该模型具有以下的特征:

(1) 模型基于 EBCA1 模型提出,最大速度 $V_{\max}=2$。并且具有双向自行车流的行驶特征。考虑了正向行驶的车辆数比例 r 这一参数,则逆向行驶的自行

车比例 $r_{against}=1-r$,并且当 $r=1$ 时,模型就等价于 EBCA1 模型,所以新模型既可以仿真单向自行车流,又可以仿真双向自行车流。

（2）新模型中设置了临时停驶区这一概念,当道路密度大于临界密度时,骑行人员为避免发生碰撞会进入临时停驶区,避让的目的当然是为了避免发生致密堵塞,考虑到自行车骑行的灵活性,设置临时停驶区可以更好地仿真自行车流的一些真实现象。

8.1.1 BD-EBCA 仿真模型的提出

新的双向非机动车流仿真模型（Bi-Directional EBCA）的模型示意图如图 8.2 所示。在模型中包括了两个方向的非机动车流,即主行驶方向的非机动车流与次行驶方向的非机动车流,两个方向中车辆的最大行驶速度为 2 cells/s（$V_{max}=2$）。每一时步具有最大速度的车辆可以进行随机慢化,慢化概率函数为 P,并且每个元胞的最大容量为 M。

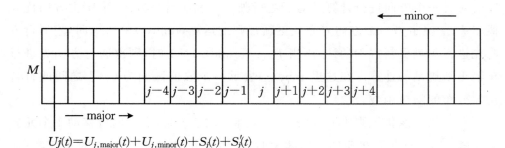

图 8.2 双向非机动车流 EBCA

在式（8.5）中,道路仿真模型中的每个元胞的组成如下: $U_{j,major}(t)$ 表示在元胞 j,时步 t 时向主行驶方向前进的车辆数; $U_{j,minor}(t)$ 表示在元胞 j,时步 t 时向次行驶方向前进的车辆数。在元胞 j,时步 t 时,主行驶方向中,从临时停驶区进入行驶区,或从行驶区进入临时停驶区的车辆数标记为 $S_j(t)$; 次行驶方向中,从临时停驶区进入行驶区,或从行驶区进入临时停驶区的车辆数标记为 $S'_j(t)$。

如果是由临时停驶区驶入行驶区则 $S_j(t)=1$,或 $S'_j(t)=1$; 否则 $S_j(t)=-1$,或 $S'_j(t)=-1$。则在每一时步时元胞 j 处主行驶方向的临时停驶区中的车辆累积数量为 $SA_j(t+1)$,如式（8.6）所示,次行驶方向的临时停驶区中的车辆累积数量为 $SA'_j(t+1)$,如式（8.7）所示。

$$U_j(t) = U_{j,\text{major}}(t) + U_{j,\text{minor}}(t) + S_j(t) + S'_j(t) \tag{8.5}$$

$$SA_j(t+1) = SA_j(t) + S_j(t) \tag{8.6}$$

$$SA'_j(t+1) = SA'_j(t) + S'_j(t) \tag{8.7}$$

每一个元胞的临时停驶区是在当前元胞发生了堵塞时供非机动车临时避让时用的，与机动车不同，非机动在驾驶时非常灵活，在当前元胞的堵塞情形消失时，在临时停驶区的非机动车可以伺机回到道路系统中，在仿真模型中当 P_s >0 时临时停驶区才会起作用。

当 $U_j(t) = U_{j+1}(t) = M$ 时，即在时步 t 时，在元胞 j 处会形成堵塞，则主行驶方向和次行驶方向会各有一辆非机动车以概率 P_s 进入临时停驶区。

如果 $U_j(t) < M-1$，即在时步 t 时，在元胞 j 形成的堵塞消失，在主行驶方向和次行驶方向的临时停驶区中的非机动车将会以概率 P_r 重新返回到道路的行驶区域。但是在计算道路的交通流量和行驶速度时，留在临时停驶区域的车辆不会被计算在内。

仿真模型的演化采用并行更新规则，并且只有当某一方向完成更新规则后才会对另一个方向进行计算。对于主行驶方向和次行驶方向，采用主方向优先概率 P_{major} 决定另一个方向先完成更新规则的运算，rand( )$\leqslant P_{\text{major}}$ 时，主通行方向先进行车辆更新规则的计算，当 $P_{\text{major}} \leqslant$ rand( )$\leqslant 1$ 时，则次通行方向先进行车辆更新规则的计算。在这里 rand( ) 表示一个取值区间为 0~1 之间的符合均匀分布的随机函数。

在车辆的演化规则中 $b_j(t)$ 表示在元胞 j 时步 t 时，主方向可移动 1 个元胞的车辆数，$b'_j(t)$ 表示在元胞 j 时步 t 时，次方向可移动 1 个元胞的车辆数；而 $C_j(t)$ 表示在元胞 j 时步 t 时，主方向可移动 2 个元胞的车辆数，$C'_j(t)$ 表示在元胞 j 时步 t 时，次方向可移动 2 个元胞的车辆数。

8.1.2 对逆向和堵塞自行车流的仿真处理

在本章中，新提出的 BD-EBCA 模型对原来的非机动车流模型的最大的改进是加入了自行车辆的逆行规则，从而实现了双向自行车流仿真。该仿真模型的具体演化规则如下所示：

（1）确定在每一时步 t，每一元胞 j，主行驶方向和次行驶方向前进一个元胞的自行车的数量 $b_j(t)$ 和 $b'_j(t)$，当 rand( )$\leqslant P_{\text{major}}$ 时，主方向先行，当 $P_{\text{major}} <$ rand( )$\leqslant 1$ 时，次方向先行。

如果 rand( )$\leqslant P_{\text{major}}$,$b_j(t)$被首先进行计算。

$$b_j(t)=\min[U_{j,\text{major}}(t),M-U_{j+1,\text{major}}(t)-U_{j+1,\text{minor}}(t)]$$

$$b'_j(t)=\min[U_{j,\text{minor}}(t),M-U_{j-1,\text{major}}(t)-U_{j-1,\text{minor}}(t)+b_{j-1}(t)-b_{j-2}(t)]$$

如果 $P_{\text{major}}<$rand( )$\leqslant 1$,$b'_j(t)$被首先进行计算。

$$b'_j(t)=\min[U_{j,\text{minor}}(t),M-U_{j-1,\text{major}}(t)-U_{j-1,\text{minor}}(t)]$$

$$b_j(t)=\min[U_{j,\text{major}}(t),M-U_{j+1,\text{major}}(t)-U_{j+1,\text{minor}}-b'_{j+2}(t)+b'_{j+1}(t)]$$

(2) 确定在每一时步 t,每一元胞 j,主行驶方向和次行驶方向前进 2 个元胞的自行车的数量 $C_j(t)$ 和 $C'_j(t)$,当 rand( )$\leqslant P_{\text{major}}$时,主方向先行,当 $P_{\text{major}}<$rand( )$\leqslant 1$ 时,次方向先行。

如果 rand( )$\leqslant P_{\text{major}}$,$C_j(t)$被首先进行计算。

$$C_j(t)=\min[b_j(t),M-U_{j+2}(t)-b_{j+1}(t)+b_{j+2}(t)-b'_{j+3}(t)+b'_{j+2}(t)]$$

$$C'_j(t)=\min[b'_j(t),M-U_{j-2}(t)-b_{j-3}(t)+b_{j-2}(t)-b'_{j-1}(t)+b'_{j-2}(t)-C_{j-4}(t)]$$

如果 $P_{\text{major}}<$rand( )$\leqslant 1$,$C'_j(t)$被首先进行计算。

$$C'_j(t)=\min[b'_j(t),M-U_{j-2}(t)-b'_{j-1}(t)+b'_{j-2}(t)-b_{j-3}(t)+b_{j-2}(t)]$$

$$C_j(t)=\min[b_j(t),M-U_{j+2}(t)-b_{j+1}(t)+b_{j+2}(t)-b'_{j+3}(t)+b'_{j+2}(t)-C'_{j+4}(t)]$$

(3) 每一时步 t,每一元胞 j,对于前进 2 个元胞的车辆,执行随机慢化。

如果 $C_j(t)>0$ 并且 rand( )$\leqslant P$,那么 $C_j(t)=C_j(t)-1$;

如果 $C'_j(t)>0$ 并且 rand( )$\leqslant P$,那么 $C'_j(t)=C'_j(t)-1$。

(4) 对每一时步 t,每一元胞 j,当 rand( )$\leqslant P_s$ 时确定临时避让区是否发挥作用。

如果 rand( )$\leqslant P_s$ 并且 $U_j(t)=U_{j+1}(t)=M$,$U_{j,\text{major}}(t)>1$,那么

$$U_{j,\text{major}}(t)=U_{j,\text{major}}(t)-1,SA_j(t)=SA_j(t)+1,S_j(t)=1$$

如果 rand( )$\leqslant P_s$ 并且 $U_j(t)=U_{j+1}(t)=M$,$U_{j,\text{minor}}(t)>1$,那么

$$U_{j,\text{minor}}(t)=U_{j,\text{minor}}(t)-1,SA'_j(t)=SA'_j(t)+1,S'_j(t)=1$$

(5) 对每一时步 t,每一元胞 j,当 rand( )$\leqslant P_r$ 时确定已经离开交通系统的自行车辆是否重新返回道路。

如果 rand( )$\leqslant P_r$ 并且 $U_j(t)<M-1$,$SA_j(t)>1$,那么

$$U_{j,\text{major}}(t)=U_{j,\text{major}}(t)+1,SA_j(t)=SA_j(t)-1,S_j(t)=-1$$

如果 rand( )$\leqslant P_r$ 并且 $U_j(t)<M-1$,$SA'_j(t)>1$,那么

$$U_{j,\text{minor}}(t)=U_{j,\text{minor}}(t)+1,SA'_j(t)=SA'_j(t)-1,S'_j(t)=-1$$

(6) 更新时步 t 时，每一个元胞中的车辆的数量。
$$\Delta_{j,\text{major}}(t) = b_{j-1}(t) - b_j(t) - C_{j-1}(t) + C_{j-2}(t) + S_j(t)$$
$$\Delta_{j,\text{minor}}(t) = b'_{j+1}(t) - b'_j(t) - C'_{j+1}(t) + C'_{j+2}(t) + S'_j(t)$$
$$U_j(t+1) = U_j(t) + \Delta_{j,\text{major}}(t) + \Delta_{j,\text{minor}}(t)$$

为了更好地说明演化规则,现做如下的解释说明:

(1) 对逆向行驶规则的引入。在模型中 b 和 C 分别表示每一时步在主行驶方向可以前进1个元胞以及2个元胞的自行车数量;而 b' 和 C' 分别表示每一时步在逆行方向可以前进1个元胞以及2个元胞的自行车数量,哪一个方向先进行运算由概率 P_{major} 决定。

(2) 对逆向行驶的处理。仿真模型采用了串行算法,但是却实现了并行更新的处理规则,即所有的元胞完成了运动计算以后,再一起更新。由演化规则的第(ⅰ)步和第(ⅱ)步可知,对每一时步的元胞状态进行更新时,都要确定首先的前进方向(由概率 P_{major} 来确定),那么在确定另一个方向的车辆前进时,就要扣除其逆向车流所挤占的元胞空间。
$$b'_j(t) = \min[U_{j,\text{minor}}(t), M - U_{j-1,\text{major}}(t) - U_{j-1,\text{minor}}(t) + b_{j-1}(t) - b_{j-2}(t)]$$

例如,在上式中,当要计算某一时步 t,某一元胞 j 中可以前进的车辆数 $b'_j(t)$ 时,由概率 P_{major} 确定了其逆行方向可以前进的车辆数 $b_j(t)$,则在计算 $b'_j(t)$ 时就要扣除其逆行车流 $b_j(t)$ 所挤占的元胞空间,才能计算出 $b'_j(t)$,反之亦然。同样上述规则也适用于前进两个元胞的车流 $C'_j(t)$ 和 $C_j(t)$ 的计算。

(3) 对堵塞问题的处理。在 BD-EBCA 模型中的堵塞处理在第(ⅳ)步和第(Ⅴ)步时进行计算。如果可避让概率 $P_s > 0$ 时,对任一时步的某一元胞一旦发生了堵塞时,该元胞的车辆可以选择避让;对任一时步的某一元胞如果堵塞状态消除,则该元胞避让出交通系统的车辆可以返回继续参与交通过程。

8.1.3 BD-EBCA 模型中的关键参数分析

为了使仿真模型更容易阅读,在表 8.1 中对仿真模型所用到的符号进行了归纳汇总,同时在表 8.2 中归纳了仿真模型中进行数值分析时将会用到的交通流参数。

表 8.1　仿真模型中使用的关键符号

符号	说明
$U_j(t)$	在元胞 j 时步 t 时,两个方向的非机动车辆总数
$U_{j,\text{major}}(t)$	在元胞 j 时步 t 时,主行驶方向的车辆数
$U_{j,\text{minor}}(t)$	在元胞 j 时步 t 时,次行驶方向的车辆数
$S_j(t)$	在元胞 j 时步 t 时,主行驶方向进入行驶区的车辆数
$S'_j(t)$	在元胞 j 时步 t 时,次行驶方向进入行驶区的车辆数
$SA_j(t)$	在元胞 j 时步 t 时,主方向临时停驶区的车辆数
$SA'_j(t)$	在元胞 j 时步 t 时,次方向临时停驶区的车辆数
$b_j(t)$	在元胞 j 时步 t 时,主方向可移动 1 个元胞的车辆数
$b'_j(t)$	在元胞 j 时步 t 时,次方向可移动 1 个元胞的车辆数
$C_j(t)$	在元胞 j 时步 t 时,主方向可移动 2 个元胞的车辆数
$C'_j(t)$	在元胞 j 时步 t 时,次方向可移动 2 个元胞的车辆数
$V_{\max}$	每辆车的最大速度
P	快车的随机慢化概率
P_{major}	主行驶方向优先概率,用于处理自行车的逆向行驶规则
P_s	进入临时停驶区的概率,或称为避让概率
P_r	从临时停驶区返回行驶区的概率,或称为返回概率
M	每个元胞所容纳的最大元胞数量
K	仿真道路的长度,单位为(cells)
rand( )	符合均匀分布率的随机函数

表 8.2　仿真模型中所使用的交通流参数变量

符号	说明
N	主行驶方向分配的车辆数
N'	次行驶方向分配的车辆数
r	主行驶方向车辆占总行驶车辆数的比例
Q	每一时步主行驶方向的即时流量
Q'	每一时步次行驶方向的即时流量
V	每一时步主行驶方向的即时速度
V'	每一时步次行驶方向的即时流量

续表

符号	说明
ρ_0	道路的初始密度
ρ	演化过程中的道路即时密度
ρ_c	道路的临界密度
$\rho\sim$	当 $\rho>\rho_c$ 和 $P_s>0$ 时演化过程中的道路即时密度
ρ_{avg}	当 $\rho>\rho_c$,$P_s>0$ 时的道路剩余交通密度,此时 $\rho_{avg}<\rho_0$
N_{steps}	仿真演化时步
Re m	当 $\rho>\rho_c$ 和 $P_s>0$ 时,行驶区主方向的剩余车辆比例
Re m'	当 $\rho>\rho_c$ 和 $P_s>0$ 时,行驶区次方向的剩余车辆比例

由于模型具有双向交通流特征,规定向主行驶方向通行的车辆的总数为 N,向次行驶方向通行的车辆的总数为 N',道路的长度为 K,多值元胞的容量为 M,则整条仿真路段可容纳的自行车数据即为 M,则可以得到下列计算公式:

主行驶方向的车辆在仿真系统中的比例为

$$r = \frac{N}{N+N'} \tag{8.8}$$

初始全局密度的定义为

$$\rho_0 = \frac{1}{KM}\sum_{j=1}^{k}U_j(0) \quad 或 \quad \rho_0 = \frac{N+N'}{KM} \tag{8.9}$$

主通行方向的平均交通流量 Q 与次通行方向的平均交通流量 Q':

$$Q = \frac{1}{KM}\sum_{j=1}^{k}b_{j-1}(t)+C_{j-2}(t), \quad Q' = \frac{1}{KM}\sum_{j=1}^{k}b'_{j+1}(t)+C'_{j+2}(t) \tag{8.10}$$

主通行方向的平均速度 V 与次通行方向的平均速度 V':

$$V = \frac{\sum_{j=1}^{k}b_j(t)+C_j(t)}{N}, \quad V' = \frac{\sum_{j=1}^{k}b'_j(t)+C'_j(t)}{N'} \tag{8.11}$$

其他的交通流变量的定义如表 8.2 所示,$\rho\sim$,ρ_{avg},Re m 和 Re m' 的定义见后文。

8.2 非机动车流仿真模型的实验分析

进行仿真实验时,设置值 $M=4$ 并且 $K=100$,其中 K 为道路元胞空间的长度,道路元胞空间采用周期式边界条件,在初始化时两个方向的非机动车辆均匀地分布在道路元胞空间上,为了简化仿真的分析过程,快车的随机慢化概率 P 设置为一个常数值($P=0.2$)。

8.2.1 对交通流相变规律的研究

由 B. S. Kerner 等人提出的三相交通流理论[221],通过分析时-空图揭示了拥挤交通流中的同步流特征和堵塞流特征,通过引用三相交通流理论对非机动车流的交通特征进行分析。

当 $\rho<\rho_c$,且 $\rho_0=0.3, P_s=0.5, P_r=0.7, r=0.9$ 时,仿真模型所表示的非机动车流呈现自由流特征,图 8.3 是 BD-EBCA 模型在自由流状态时的时-空图。在自由流状态下非机动车辆可以在行驶区内自由行驶,而不必发生临时性的避让行为,从对时-空图的分析结果可以看出,在每一时步 $MinorStops=0$ 并且 $MajorStops=0$。

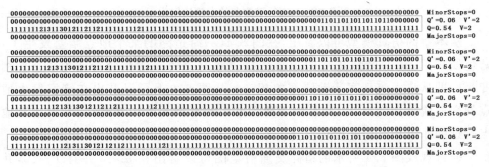

图 8.3 初始密度 $\rho_0=0.3$ 时,模型呈现自由流状态,此时 $P_s=0.5, P_r=0.7$,主行驶方向的非机动车比例为 0.9

当 $\rho>\rho_c, P_s=0$ 时,说明由于道路设施的原因缺少临时停驶区,非机动车的骑行人员难以进行有效的避让操作,在此条件下仿真模型不具有自适应性,所以当道路交通密度大于临界密度时,非常容易形成堵塞区域。

图 8.4 示意了当 $\rho > \rho_c$ 并且 $U_j(t) = U_{j+1}(t) = M$ 时道路上形成交通堵塞的过程,此时会有连续 2 个或以上的元胞完全被非机动车占满。此时自由流会在堵塞地点消失形成运动堵塞,并且堵塞区域会向交通流的上游方向传播。

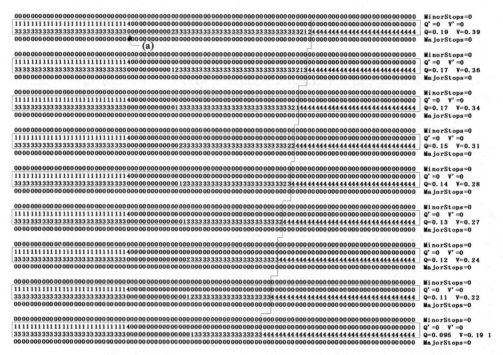

图 8.4　当初始密度 $\rho_0 = 0.8$ 时,出现堵塞向上游传播的拥挤流,
$P_s = 0, P_r = 0.7$,主行驶方向的车辆比例为 $r = 0.9$

从本章的仿真模型可以看出,在图 8.4(a)时道路的某个地点堵塞发生了,蓝色线表示,堵塞区域正在向上游传播。此时交通流的相变特征为 $F \to J$ 相变[222],即从自由流到宽运动堵塞的相变。从图 8.4 上可以看出在堵塞发生地点的交通流量会变为 0。并且由于两个方向的车辆无法相互避让,导致堵塞地点附近的非机动车的速度依次降为 0。

通过观察图 8.4 所示的道路交通时空图可以看出在 $\rho > \rho_c$ 并且 $P_s = 0$,并且发生了道路堵塞时,会形成一条向上游传播的堵塞带,其模式如"…44444444444…"。

由于非机动车在行驶的过程中相对灵活,在道路设施允许存在避让区域的情况下,非机动车会驶入临时停驶区避让对面的非机动车辆。例如,在信号交叉口的过街非机动车流中，如果非机动车道已经占满，那么非机动车在向前行驶时会临时被允许占用非机动车道以外的空间。

而在本章的模型中，当 $\rho > \rho_c$ 时，表示道路交通密度已经大于临界密度，说明此时，非机动车道上的车辆数已经达到拥挤状态；如果设置 $P_s > 0$ 时则表示仿真模型中的临时停驶区已经发生作用，那么当道路上形成了堵塞点时，车辆可以以概率 P_s（此时 $P_s > 0$）合理选择避让操作让开对面行驶的车辆。而当道路上的堵塞点消失以后，在临时停驶区内的车辆又会以概率 P_r 适时返回道路行驶区域中来。在执行从临时停驶区到行驶区的交换操作时，道路的实际交通流量和平均速度会降低，但是与 $P_s = 0$ 时的情形不同的是，在 $P_s > 0$ 时不会因为堵塞点的存在导致全路的交通流量和行驶速度降为 0。

在图 8.5 中，即为一处堵塞发生地点，从仿真模型的时-空图数据中可以看出，当 $\rho > \rho_c$ 且 $P_s > 0$ 时，在堵塞地点发生临时的交通堵塞，随后堵塞会消散，而不会向交通流的上游方向传播。此时非机动车流进入同步流与自由流并发的阶段，其相变的顺序为 $F \rightarrow J \rightarrow F^{[223]}$。

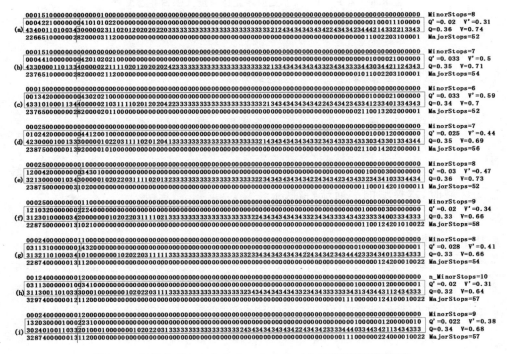

图 8.5 初始密度 $\rho_0 = 0.8, P_s = 0.5, P_r = 0.7$ 时出现了同步流，
主行驶方向的行车比例为 $r = 0.9$

通过如图 8.6 所示的仿真模型的每一时步的即时流量分析可以看出,在 $\rho > \rho_c$ 且 $P_s > 0$ 时,道路交通流量的时间序列会出现波动,但是都没有达到致密堵塞,从而导致交通流量为 0。

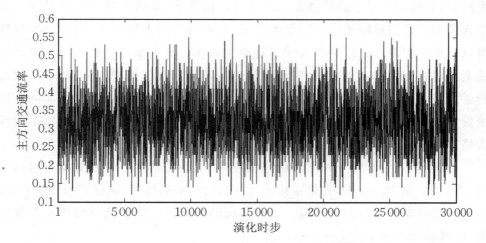

图 8.6 当 $P_s > 0$ 时,并且道路交通密度大于临界密度时,
道路交通平均测得流量的时间序列分析图

8.2.2 道路密度 ρ 对自行车流的影响

在本节中从以下三个方面分析道路密度 ρ 对自行车流的影响:

(1) 首先分析当 $\rho < \rho_c$ 处于自由交通流状态时,本模型的交通流特征。

(2) 然后分析当 $\rho > \rho_c$ 处于拥挤流状态,并且 $P_s = 0$,在道路上没有可以避让的区域时,本模型的交通流特征。

(3) 最后再分析当 $\rho > \rho_c$ 处于拥挤流状态,并且 $P_s > 0$,在道路上存在可以避让的区域时,本模型的交通流特征。

如前一小节的时-空图分析所示,当 $\rho < \rho_c$ 时,交通模型处于自由流状态,主通行方向的交通流量 Q 的计算公式如式(8.12)所示,以及次通行方向的交通流量 Q' 的计算公式如式(8.13)所示。

$$Q = \rho_0 \times r \times 2 \tag{8.12}$$

$$Q' = \rho_0 \times (1-r) \times 2 \tag{8.13}$$

将式(8.12)和式(8.13)中的变量 ρ_0 以及 r 用式(8.8)和式(8.9)中的表达式代替后,可以得到主通行方向的交通流量 Q 为

$$Q = \frac{2N(N+N')}{KM(N+N')} = \frac{2N}{KM} \qquad (8.14)$$

次通行方向的交通流量 Q' 为

$$Q' = \frac{N+N'}{KM}\left(1 - \frac{N}{N+N'}\right) \times 2 = \frac{2N'}{KM} \qquad (8.15)$$

而在自由流的行驶条件下,可得

$$V = V' = 2 \qquad (8.16)$$

从式(8.14)以及式(8.15)可以看出,当自由流时,在主交通方向和次交通方向的交通流量与车辆数量之间是线性关系。

但是当 $\rho > \rho_c$ 时,交通流量与车辆数量之间的线性关系将不再存在。首先我们分析当 $P_s = 0$ 且 $\rho > \rho_c$ 时的情形,从图 8.7(b)以及图 8.7(d)可以看到当道路的交通密度大于临界密度时,行驶速度会出现骤减。该现象发生在堵塞点的周围,并由此引起了宽运动堵塞现象,使交通堵塞开始向交通流的上游方向传播并最终导致两个方向的交通流量接近于 0,即 $Q = Q' = 0$,如图 8.7(a)和图 8.7(c)所示。

接下来考虑 $P_s > 0$ 且 $\rho > \rho_c$ 的情形,在此条件下,只会在道路上形成临时的堵塞点,并且由于临时停驶区发挥作用,该堵塞点会在几个演化时步后消失,交通流由自同流状态进入同步流状态,而不会形成宽运动堵塞,所以在这种情况下不会观察到行驶速度的骤减现象如图 8.7(b)和图 8.7(d)所示,并且道路交通流量不会接近于 0,如图 8.7(a)和图 8.7(c)所示。在 $\rho > \rho_c$ 且 $P_s > 0$ 时的交通流量与行驶速度会远大于 $P_s = 0$ 时的交通流量与行驶速度。

在本章提出的 BD-EBCA 模型中,当 $P_s > 0$ 时,将会存在临时停驶区,当道路交通密度大于临界密度时,在行驶区的非机动车以概率 P_s 进入该区,当条件允许通行时又能够以概率 P_r 返回到行驶区。在这种情况下每一时步仍然离在行驶区的车辆数会不停的发生变化,同时会引起当 $\rho > \rho_c$ 且 $P_s > 0$ 时演化过程中的道路即时密度 $\rho\sim$ 的变化,同时变量 $\rho\sim$ 也是衡量仿真模型的自适应性的一个指标,由此可以推断出当 $\rho > \rho_c$ 且 $P_s > 0$ 时道路的实际交通密度 ρ_{avg} 会小于道路的初始密度。

式(8.17)为 $\rho\sim$ 的计算公式,式(8.18)分别为 ρ_{avg} 的计算公式,N_{steps} 表示仿真模型的演化步数。

$$\rho \sim = \frac{1}{KM}\sum_{j=1}^{k} U_j(t) + S_j(t) + S'_j(t) \qquad (8.17)$$

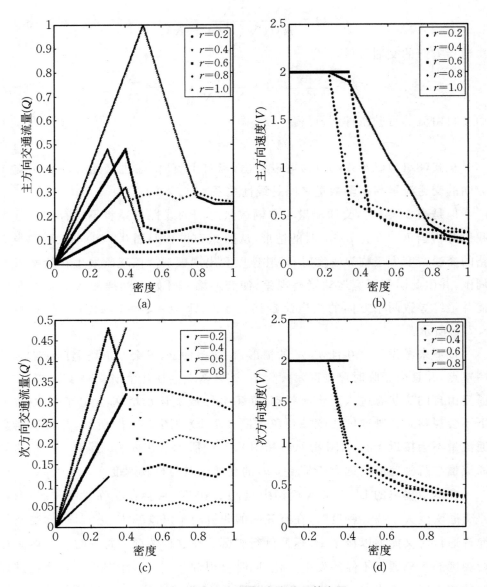

图 8.7 道路平均流量-密度关系基本图

$$\rho_{avg} = \frac{1}{N_{steps}} \sum_1^{N_{steps}} \rho \sim \tag{8.18}$$

除了变量 $\rho\sim$ 和变量 ρ_{avg} 以外,还引入另外两个变量来对临时停驶区的性能进行评价,分别是主行驶方向的剩余车辆比例 $\mathrm{Re}\,m$ 如式(8.19),以及次行驶方向的剩余车辆比例 $\mathrm{Re}\,m'$ 如式(8.20)。

$$\mathrm{Re}\,m = \frac{1}{N_{\text{steps}}} \sum_{1}^{N_{\text{steps}}} \left(\frac{\sum_{j=1}^{k} U_{j,\text{major}}(t)}{N} \right) \quad (8.19)$$

$$\mathrm{Re}\,m' = \frac{1}{N_{\text{steps}}} \sum_{1}^{N_{\text{steps}}} \left(\frac{\sum_{j=1}^{K} U_{j},\text{minor}(t)}{N'} \right) \quad (8.20)$$

将避让概率 $P_s=0.5$，主通行方向车辆比例 $r=0.8$，从图 8.8(b) 可以观察到当 $\rho<\rho_c$ 时实际道路密度 ρ_{avg} 与初始道路密度 ρ_0 相等，而当 $\rho>\rho_c$ 时，实际道路密度 ρ_{avg} 远小于初始道路密度 ρ_0。同时，如图 8.8(a) 所示，当道路密度大于临界密度时，仿真模型中两个方向上在道路上的剩余车辆的比例 $\mathrm{Re}\,m$ 以及 $\mathrm{Re}\,m'$ 都会小于 1。

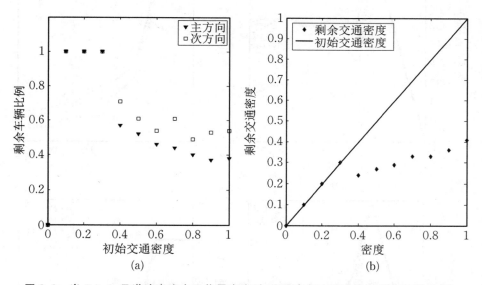

图 8.8 当 $P_s>0$，且道路密度大于临界密度时，实际参与交通的非机动车辆的比例，以及实际参与交通的非机车辆占初始交通密度的比例

8.2.3 避让概率 P_s 和返回概率 P_r 对自行车流的影响

在本小节中主要分析 BD-EBCA 模型中两个重要参数对交通流的影响，即

（1）首先分析避让概率 P_s 对交通流影响，即其他参数固定，而避让概率 P_s 随机取值时，考虑交通流模型的交通特征。

（2）其次分析返回概率 P_r 对交通流的影响，即其他参数固定，而返回概率

P_r 随机取值时,考虑交通流模型的交通特征。

(3) 最后分析当 $P_s>0$ 且 $P_r>0$ 时,由于存在逆向自行车流从而所造成的"双峰值现象"(Two-Peak Structure Phenomenon)。

为了简化分析流程,在分析过程中将设置以下参数值,使 $r=0.8$,$P=0.2$,$P_{major}=0.5$。当道路交通密度小于临界密度时,即 $\rho<\rho_c$ 时,此时非机动车流处于自由流状态,并且当主通行方向的车辆比例为 $r=0.8$ 时,临界密度 $\rho_c=0.3$,显然,在自由流状态下参数避让概率 P_s 以及参数返回概率 P_r 对交通流不会发生影响,如图 8.9 和图 8.10 所示的线性曲线部分,这一点和逆向自行车流模型

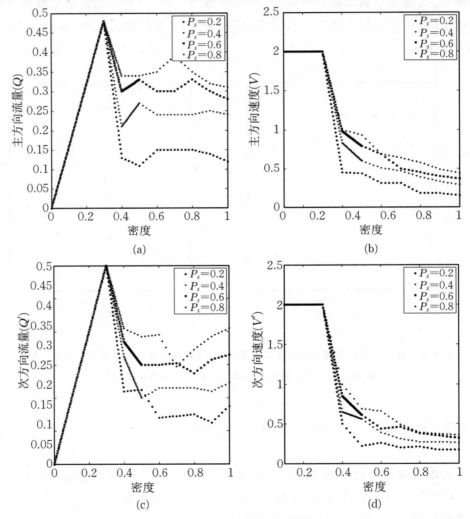

图 8.9 当 $P_r=0.5$,$P_s=0.2,0.4,0.6,0.8$,$r=0.8$,$P_{major}=0.5$ 时,
(a)和(c)为道路基本流量-密度关系图,(b)和(d)为道路基本速度-密度关系图

相同,这里不再进行阐述。

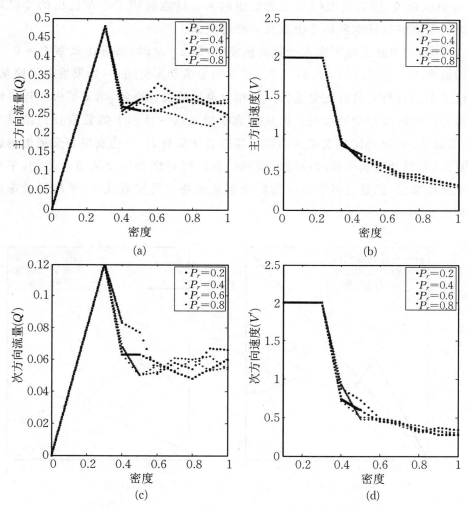

图 8.10 当 $P_s=0.5, P_r=0.2, 0.4, 0.6, 0.8, r=0.8, P_{\text{major}}=0.5$ 时,
(a)和(c)为道路基本流量-密度关系图,(b)和(d)为道路基本速度-密度关系图

而当道路交通密度大于临界密度时,即 $\rho > \rho_c$ 时,将返回概率 $P_r=0.5$,避让概率 $P_s=0.2, 0.4, 0.6, 0.8$ 时,道路上两个交通方向的基本分析图如图 8.9 所示。在这种情况下道路处于同步流状态,在自由状态下存在的车辆数量与交通流量之间的线性关系也不再存在,同时从图上可以看出,当 P_s 的取值越大时,仿真模型的交通流量也越大。

一般来讲,由于非机动车驾驶过程中的灵活性,当道路基础设施允许时,处于堵塞状态的非机动车骑行人员可以选择恰当的方式进行避让,而仿真模型的

参数 P_s 正是控制可避让可能性一个核心参数。通过实验数据分析可以看出，P_s 的取值越大，仿真模型的交通流量也越大。这也表明了本章提出的非机动车流模型能够很好地解释并仿真这一交通现象。

其次，当道路交通密度大于临界密度时，即 $\rho > \rho_c$ 时，将避让概率 $P_s = 0.5$，返回概率 $P_r = 0.2, 0.4, 0.6, 0.8$。在双向非机动车交通中，如果发生了堵塞，非机动车的骑行人员首先会选择一种相对灵活的避让措施，堵塞消失后还会继续回到行驶区参与交通过程。但从仿真模型对这一情形下的数值分析结果来看，参数 P_r 对仿真模型交通流的影响显然要比参数 P_s 对仿真模型交通流的影响复杂，非机动车辆从临时停驶区返回行驶区时可能会使交通流量增加，平均行驶速度增大，但是也可能造成新的堵塞从而使交通流量减少，平均行驶速度也相应变小。

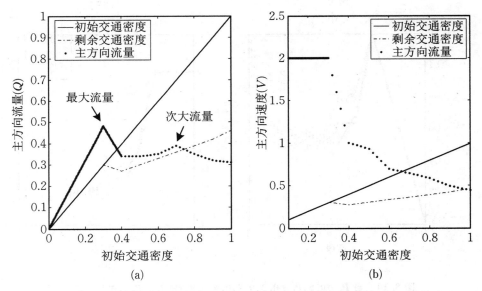

图 8.11　当 $r=0.8, P_s=0.8, P_r=0.5$ 时，(a)为道路基本流量-密度关系图，(b)为基本速度-密度关系图。速度方向为主行驶方向

在图 8.10 中可以观察到当道路密度在 0.3～0.4 之间，$P_r=0.2$ 时获得的交通流量以及平均行驶速度比当 $P_r > 0.2$ 时获得的交通流量以及平均行驶速度要高。但是当道路密度在 0.9～1.0 之间，$P_r=0.2$ 时获得的交通流量以及平均行驶速度比当 $P_r > 0.2$ 时获得的交通流量以及平均行驶速度就要低很多。

最后，在本节的分析过程中可以看到一个有趣的现象，即当 $P_s > 0$ 且 $P_r > 0$ 时，从基本图分析上可以观察到在流量-密度关系图中有双峰值（Two-Peak

Structure)现象,在自由流交通中会出现一次,在同步流交通中也会再次出现,这是一种在双向自行车流所特有的现象。

第一个峰值代表了自由流向拥挤交通流转变时的最大流量,第二个峰值代表了同步流时的最大流量。这种双峰值现象的解释是,比较道路初始密度 ρ_0,以及当 $P_s>0$ 并且 $P_r>0$ 时道路实际密度 ρ_{avg},主通行方向以及次通行方向的流量-密度基本分析图和行驶速度-密度基本分析图如图 8.11 和图 8.12 所示,在该数值分析中 $r=0.8, P_s=0.8, P_r=0.5$。

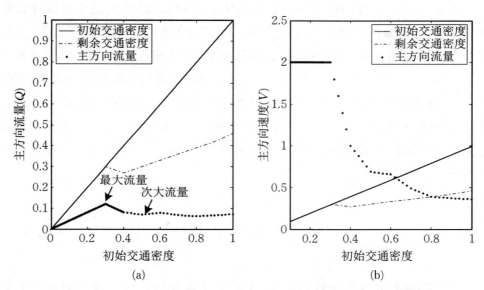

图 8.12 当 $r=0.8, P_s=0.8, P_r=0.5$ 时,(a)为道路基本流量-密度关系图,(b)为基本速度-密度关系图。速度方向为次行驶方向

当 $\rho<\rho_c$ 时,交通流处于自由流状态,由式(8.14)以及式(8.15)可知主通行方向和次通行方向的交通流量是两个方向的行车数量的递增函数。在这种情形下,交通流量随着道路密度 ρ 的增加而增加,并在 $\rho=\rho_c$ 时达到第一个峰值,此时主通行方向的交通流量为 $Q_{max}=0.48$,主通行方向的行驶速度为 $V_{max}=2$,次通行方向的交通流量为 $Q'_{max}=0.12$,次通行方向的行驶速度为 $V'_{max}=2$,并且 $\rho=\rho_c=0.3$。

当 $\rho>\rho_c$ 时,交通流量会受到实际道路交通密度 ρ_{avg} 的影响[式(8.18)],而与设置的初始道路密度 ρ_0 的关系不大。在同步流阶段的最小道路实际密度阶段,道路流量的取值是一个相对较小的非零值,如图 8.11(a) 和图 8.12(a) 所示,此时主通行方向的交通流量为 $Q_{min}=0.33$,主通行方向的行驶速度为 V_{min}

$=1, \rho_0=0.4, \rho_{avg}=\rho_{avg\_min}=0.27$。

当道路的实际密度 ρ_{avg} 从 ρ_{avg_min} 开始增加时,由于参与交通的车辆数量的增加,交通流量也开始增加,并达到同步流交通时峰值,此时主通行方向的交通流量为 $Q_{max2}=0.39$,主通行方向的行驶速度为 $V_{max2}=0.64, \rho_0=0.4, \rho_{avg}=\rho_{avg\_c}=0.36$。应该注意的是,在同步流的最大交通量始终会小于在自由流时的最大交通流量,并且交通流量与参与交通的车辆数量之间也不会存在递增函数关系。

然而,当 ρ_{avg} 超过同步流时的临界密度 ρ_{avg_c} 时,道路的交通流量就开始减少,造成这种现象的原因,一方面是由于自行车逆行的影响,即当 $\rho_{avg} > \rho_{avg\_c}$ 时,自行车在前进的过程中会不断考虑逆行车辆,在道路上更加容易形成堵塞点($U_j(t)=U_{j+1}(t)=M$);另一个原因就是虽然参与交通的车辆数量在增加,并且 $P_s > 0$ 时道路上不会形成致密堵塞,但是行驶速度却一直在下降,从而导致交通流量的减少,如图 8.11(b)和图 8.12(b)所示。同样,在 $\rho > \rho_c$ 时,在主交通流向观察到的这种现象(即非零的最小流量和同步流的第 2 最大流量)可以在次交通流向中被观察到。

本 章 小 结

中国城市的交通是一种机动车、非机动车以及行人相互影响的混合式交通。特别是在一些大城市中,非机动车以及行人对机动车的影响,以及它们之间的相互影响也是加剧交通拥堵的一个关键因素。深入研究机非混合交通导致城市交通拥堵形成的机理,则可以帮助交通管理者提出更好的缓解交通拥堵的方案。在本章中,

(1)首先介绍了多值元胞自动机的提出思想,以及介绍了几个经典的基于多值元胞自动机的交通流模型,并且说明了如何将多值元胞自动机引入非机动车流的建模方法体系中来。

(2)在提出的双向非机动车流交通模型(BD-EBCA)中,道路的临界密度 ρ_c 会受到主通行方向的车辆数量比例 r 的影响。应当说明的是,在 $P_s=0$ 且 $r=1.0$ 时,所提出的 BD-EBCA 模型就可以被当作具有随机慢化效应的 EBCA1 模型来使用。

(3)在基于多值元胞自动机的非机动车流建模理论框架下,新提出了一种

双向自行车流模型(BD-EBCA),该模型是对原来的经典单向自行车流模型的扩展,并且在新模型下引入了临时停车区的概念,临时停车区是一个虚拟区域,当道路交通密度较大时,仿真空间中的车辆可以驶入该区避免发生致密堵塞。自行车是一种灵活的交通工具,骑车人在遇到冲突时可以相对灵活地选择避让措施,临时停车区这一虚拟区域的提出也符合我们的实际交通观察。

(4)对新模型进行了数值分析实验,同时将 Kerner 的三相交通流理论引入新模型中,用于解释在仿真过程中出现的自由流、同步流和宽运动堵塞现象,并利用时-空图给予了解释。

非机动车流仿真模型是目前的一个研究热点和难点,由于其符合中国目前的交通状况,所以深入研究机非混合模型/非机动车流模型非常具有实用意义,在目前提出的用于仿真非机动车流的多值元胞自动机模型中,都没有对个体车辆进行标注,只是标注了在一个元胞中会有多少车辆,在下一步的研究工作中,将会继续改进 BD-EBCA 模型,使之可以对个体车辆识别。

第 9 章 考虑旅行时间的信号配时优化评价模型

在目前主流的信号灯控制系统中,评价信号交叉口运行的性能指标一般是饱和度 x、控制延误 d、排除长度 Q_l 等,这样做的原因与各种信号控制系统所依赖的交通流采集技术和信号配时方案分析方法是有关系的。实践证明这些方法也是有效的。

饱和度 x、控制延误 d、排除长度 Q_l 由于与信号交叉口的通行能力等交通流参数具有函数关系,除了作为评价指标以外,这些参数是用于确定信号配时方案的重要数据。但是,如果单从评价信号交叉口服务水平的角度来讲,采用区域或干道的旅行时间是一个更加简洁和直观的做法。这种方法的前提条件是交通流检测器支持对旅行时间的采集,例如,采用基于精确识别的号牌识别器。

在本节中,在信号交叉口理论所研究的基本问题的基础上,首先详细地分析了饱和度 x、控制延误 d、排除长度 Q_l 等性能指标与信号灯配时参数信号周期 c、绿信比 λ、相位差 $Offset$ 的函数关系,以及如何通过交通流参数推导出信号配时方案;接下来提出了一种考虑旅行时间的信号灯配时优化评价模型;并对交通信号灯控制系统的一般物理架构进行了分析说明。

9.1 信号交叉口理论所研究的基本问题

信号交叉口在交通流理论体系中是一个重要的研究领域,在信号交叉口处,比较容易产生交通瓶颈,特别是在城市交通中,提高信号交叉口的通行能力和服务水平对缓解整个城市的交通拥堵具有特别重要的意义。

在交通理论的分析方法中,人们一般将信号交叉口的交通流作为"间断流"(Interrupted Flow)进行分析,"间断流"是表示交通设施类型的特征,由交通信

号、停车标志,或其他固定设备导致交通流周期性延误或间断。在信号交叉口分析中主要考虑以下 4 个因素:

(1) 交叉口的交通流特征主要包括实际交通流量 q、信号交通口的饱和交通流量 q,饱和度 x、控制延误 d、排除长度 Q_l、高峰小时系数 PHF 等交通流参数。

(2) 信号交叉口的配时策略,包括对信号周期、绿信比和相位差的合理配置方案,(关于信号周期、绿信比、相位以及相位差的术语解释,可以参考文献《Highway Capacity Manual》第 5 章中的相关定义)[58]。

(3) 信号交叉口的道路几何形状的因素,包括是否有专用左转车道、左转待停区的设置及其长度、车道组的划分、道路等级等相关参数。

(4) 信号控制评价体系。信号交叉口的分析方法目的就是提高信号交叉口的服务水平,对于信号交叉口这类交通设施,目前常用于衡量服务水平的参数有饱和度 x、控制延误 d、排除长度 Q_l 等,例如,《美国道路通行能力手册》[58]就采用了控制延误 d 作为衡量信号交叉口服务水平的一类指标。

综合以上提出的 4 个因素,信号交叉口研究的核心问题可以用图 9.1 表示。一般来讲以上四项中只要有其中的三项确定,就可以分析出剩下的一项,

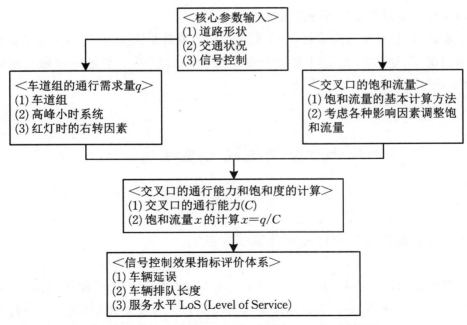

图 9.1 《美国道路通行能力手册》中关于信号交叉口信号控制模型核心研究方法体系

例如,在交叉口的交通流率已定、信号交叉口配时策略和交叉口的道路形状已定的情况下,就可以评价该交叉口的服务水平。表 9.1 给出了在取得已知量的情况下如何计算未知量的汇总表。

表 9.1 信号交叉口的分析类型,以及对参数的要求

操作类型	已知参数	说明
服务水平分析	(1) 交通需求量 (2) 信号配时 (3) 道路现状	服务水平,包括以下各种组合类型:(1) 车道组;(2) 进口;(3) 交叉口
通行能力设计	(1) 信号配时 (2) 道路现状 (3) 期望的服务水平	允许通过的最大服务交通流率
信号配时设计	(1) 交通需求量 (2) 期望的服务水平 (3) 道路现状	信号配时设计。一般来讲可以先基于多个基础的配时设计来评价服务水平。服务水平最高的信号配时设计可以被采纳为最优的信号配时设计

但一般说来,某交叉口的交通需求在一段时间内是相对稳定的(平峰和高峰期);为了达到预期的交叉口服务水平,要么对交叉口的道路进行改建,要么修改配时方案以期达到更好的服务水平。

由此可见,在交通需求已定(非完全过饱和流量条件下)和道路基础设施已定的情况下,通过优化配时方案来提高交叉口的服务水平是一种最直接的做法。

9.2 常用的信号灯控制系统类型概述

9.2.1 单点交通信号灯控制及感应式控制

单点交通信号控制,其信号配时参数主要有"周期时长 C"和"绿信比 λ"和"相序图"(Phase Sequence)。以单个信号交叉口为控制对象,是交叉信号灯控制系统中最简单的一种,其控制原理是根据信号交叉口的几何形状和交通流向合理地安排相位以及每个相位的绿灯时间,以降低信号交叉口的饱和度,减少

控制延误。由于单点交通信号控制相对简单,凭借硬件本身的控制能力就可能达到比较好的控制水平,图 9.2 所示为感应式控制方式的控制原理示意图。

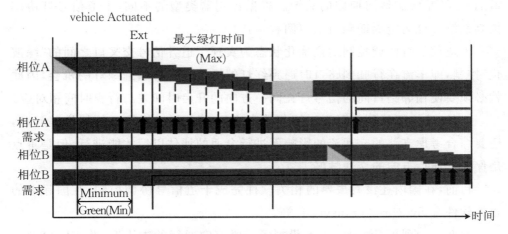

图 9.2 单点交通信号灯控制,感应式信号控制

而对于感应式控制而言,每个相位的长度在每一个周期都是不同的。在感应式控制中,首先要指定每一个相位的最大绿灯时间和最小绿灯时间。这两个时间的指定与交叉口中的各个进口的交通需求有关。感应控制的功能是控制器硬件本身的功能。

在图 9.2 中可以看出,如果相位 A 所在的进口的交通需求量比较小,则在最小绿灯时间过后就可以切换到其冲突相位,如果相位 A 所在的进口的交通需求量比较大,则其绿灯时间会一直延长到最大绿灯时间。如果两个相位所在进口的交通需求量都是过饱和的,即饱和度 $x>1$,则两个相位都会执行到最大绿灯时间,在这个意义上感应式控制的效果和定时控制的效果就相同了。

在感应式控制中,取得相位所在的进口的交通需求量是通过"车检器+地感线圈"完成的。但是一般来讲,在协调控制的时候要求的是几个路口的服务水平达到预期,所以在协调控制时对信号控制器是否为感应式控制没有具体的要求。

9.2.2 干道信号灯协调控制

干道信号灯协调控制的核心参数除了"周期时长 C"和"绿信比 λ"参数以外,另一个关键的参数就是"相位差"(Offset)。在道路交通工程学中,干道交通信号灯控制也简称为"线控",其基本原理是将一条干道上相临的多个信号交叉口的红绿灯控制器实现联动,并进行协调控制。在城市交通中,由于主干道的交通流量最大,并且对城市交通的畅通起着关键的作用,所以保障城市主干道的畅通,是缓解城市拥堵的关键。根据控制器类型的不同,干道信号灯协调控制系统又分为定周期和自适应两种。

干道信号灯协调控制的最优化状态为实现干道各信号交叉口之间的"绿波化"控制,即车流在行驶到路口时遇到红灯的机会远大于遇到绿灯的机会,因此就必须要使相邻路口间的信号灯在同一方向的开启时间差与行程时间相对应。

但是,要协调控制实际干道不仅要考虑同一方向相邻路口的相位差问题,还要综合考虑支路的交通流的影响而进行全面的评估以后才能进行,但是重点是保证主通行方向的交通顺畅。

目前,在国内还没有成熟的相关软件完成干道信号协调控制,在国际上的相关软件有 Synchro、Transyt-7F 等。

图 9.3 为利用 Synchro 6.0 模拟了一段双向通行的主干道,并实际模拟了"绿波"的效果图。在图 9.3(a)中数字表示车流量,箭头表示车流的行驶方向,交通强度为中等,图 9.3(b)为形成绿波控制带时的时-空分析图。

9.2.3 区域信号灯控制系统

区域交通信号灯控制是二维信号控制,在道路交通工程学中又称为"面控制",是把区域内所有的信号都作为协调控制的对象。区域交通信号灯协调控制执行起来比干道交通信号灯控制系统还要困难。

目前在国际上可以用于区域信号灯协调控制的软件主要是 SCOOT 和 SCATS 系统。SCOOT 系统是一种"方案形成"系统,这里所谓的"方案形成"即在采集到实时/预测交通状态的条件下,利用信号灯参数与交通流参数的函数关系完成信号配时,并逐步达到优化,但是该系统有一点滞后性。而 SCATS 系统是一种"方案选择"系统,即先预定几种方案,并制订方案的适用条件,在合适的时候直接调用配时方案。

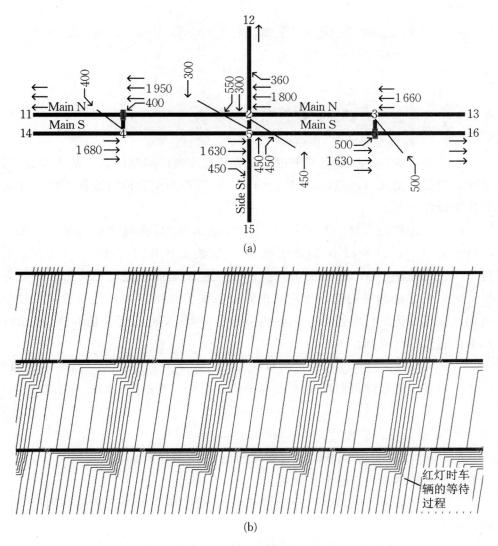

图 9.3 利用 Synchro 软件实现干道交通绿波带控制的示意图

（a）利用 Synchro 仿真软件实现干道协调控制的示意图，数字表示车流量，箭头表示车流的行驶方向。（b）利用 Synchro 软件在中等交通密度条件下实现干道交通绿波带。由于相位差参数的影响，图中表示绿灯的色带是错开的，使上游放行的车辆尽量在到达本信号交叉口的同一个相位绿灯时间内通过

9.3 信号配时参数与基本交通流参数的基本关系

9.3.1 信号交叉口的通行能力和饱和度

总体上来讲,流量、速度和密度是研究交通流理论问题的三大基本参数,但是在研究信号交叉口问题时,人们会引入一些专门的交通流参数作为信号灯配时优化设计的基础。

图 9.4 为相位绿灯时信号交叉口的流量示意图,该模式由克莱顿(Clayton)于 1940～1941 年提出,后来沃德洛尔、韦伯斯特和柯布(Cobbe)又对之进行了改进。在图中,G 表示绿灯时间,$e\sim e'$ 之间的时间段是当相位由红灯变为绿灯时由于车辆的慢启动规则造成的绿灯前损失时间,$f\sim f'$ 之间的时间段是当相位绿灯变为黄灯时留给车辆的仍可通行时间,又称为后补偿时间,由此可以求得有效绿灯时间:

$$g = G + ff' - ee' \tag{9.1}$$

所以基于有效绿灯时间 g 可以得知信号交叉口该相位下的通行能力:

$$C = S \cdot (g/c) \tag{9.2}$$

式中,C 表示该相位的通行能力(veh/h);

g/c 表示该相位所能获得的有效绿信比,用 λ 表示;

S 表示信号交叉口的饱和流量。

如果已经获得该相位的实际交通流率 q,则信号交叉口该相位的饱和度 x 的计算公式为

$$x = q/C = \frac{q \cdot c}{S \cdot g} = \frac{y}{\lambda} \tag{9.3}$$

式中,x 表示该相位的饱和度(%);

y 表示该相位所能获得的流量比,$y = q/S$。

在式(9.3)中,y 代表了道路交通的实际状态,表示交通"需求",而 λ 则表示该相位可以提供的通行能力,如果在当前的交通流条件下,该相位可以提供足够的通行能力,即饱和度 $x<1$ 或 $y<\lambda$。因此在对整个信号交叉口进行信号灯配时设计时,其目标为满足式(9.4)所示的关系。

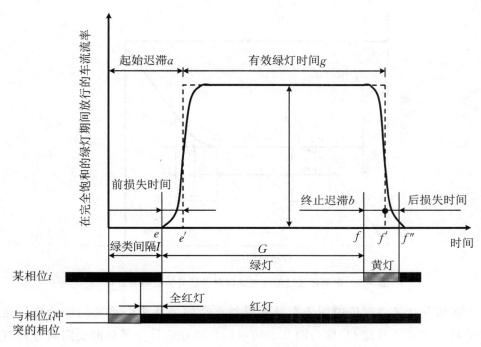

图 9.4 相位绿灯时信号交叉口的流量示意图

$$\sum_{i=1}^{N} y_i < \sum_{i=1}^{N} \lambda_i \tag{9.4}$$

从饱和度的计算公式可以看出,信号交叉口的配时方案的设计与信号周期、绿信比、信号交叉口的交通量是有密切关系的。如果以降低信号交叉口的饱和度为目标,在已知交通量的前提下,就应该尽量提高绿信比。这种函数关系也是各种信号配时优化算法所要考虑的基本关系。

9.3.2 车辆在信号交叉口的延误过程

在《美国道路通行能力手册》中,将信号交叉口作为一种间断流进行分析,并将由于信号灯作用造成的车辆停车引起的延误称为"控制延误"。

图 9.5 描述了这种车辆在信号交叉口前遇到红灯的停车情况,车辆在信号交叉口的延误一般表示为正常情况下通过信号交叉口的时间与在受阻情况下通过信号交叉口的时间之差。

一般来讲,在信号交叉口发生延误的原因有两类:① 由于在停车线前减速和重新加速时所造成的延误;② 车辆在停车线前等待时所造成的延误。

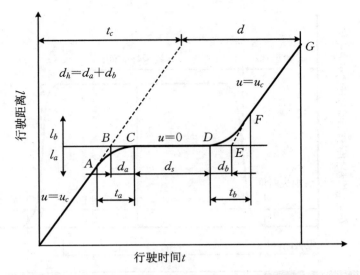

图 9.5 车辆在通过信号交叉口时遇红灯的受阻滞过程

在信号交叉口理论中用于衡量其服务水平的另外两个重要的评价指标延误时间 d 和排队长度 Q_l 即与图 9.5 所示的车辆在信号交叉口的受阻滞过程有关,所以信号灯设计的目的也就是尽量减小延误时间和排队长度。

1. 非饱和稳态延误模型

当信号交叉口的饱和度 $x<1$,即通行相位可以提供的绿灯时间让车辆通过,这类延误一般用"稳态延误模型"来表示,稳态延误模型的确定性部分为

$$d = \frac{c(1-\lambda)^2}{2(1-y)} \tag{9.5}$$

在式(9.5)中,

d 表示 1 个周期内的平均车辆延误时间;

c 表示信号灯的周期时长;

λ 表示绿信比,即该相位能提供的通行能力;

y 表示流量比,即该交通流向的实际通行状况。

从式(9.5)中可以看出,在非饱和稳态延误模型中,在一个周期内,绿信比越大,则平均延误时间越短,同时如果流量比越大,则平均延误时间越长。

但是由于车辆的到达率随时间是波动的,从总体来看,信号交叉口的饱和度 $x<1$,但是某些时刻会出现 $x>1$ 的情况,所以在式(9.5)的基础上,Webster 首先提出了考虑随机情形的延误公式:

$$d = \frac{c(1-g/c)^2}{2(1-q/S)} + \frac{x^2}{2q(1-x)} - 0.65\left(\frac{c}{q^2}\right)^{\frac{1}{3}} x^{2+5g/c} \quad (9.6)$$

q 表示到达率(veh/s)。其他参数与式(9.1)中的符号含义相同，$\lambda = g/c$，$y = q/S$。

可以看出在式(9.6)中的第 1 项与式(9.1)是相同的，表示 $x<1$ 时延误过程中的确定性部分，第 2 项和第 3 项是随机性部分，并且随着饱和度 x 的增加，其作用会越来越大。1963 年，Miller[224] 也给出了考虑随机延误项的模型公式：

$$d = \frac{1-g/c}{2(1-q/s)}\left[c(1-g/c) + \frac{2Q_0}{q}\right] \quad (9.7)$$

$$Q_0 = \frac{\exp\left[-1.33\sqrt{Sg(1-x)/x}\right]}{2(1-x)} \quad (9.8)$$

其中，Q_0 表示平均过饱和排队车辆数。其他参数与式(9.5)和式(9.6)中的符号含义相同。式(9.8)中对 Q_0 作出了定义。另外，Akcelik 在文献[225-227]中给出的考虑随机延误的模型公式为

$$d = \frac{c(1-g/c)^2}{2(1-q/S)} + \frac{Q_0 x}{q} \quad (9.9)$$

但是 Akcelik 对 Q_0 的定义为

$$Q_0 = \begin{cases} \dfrac{1.5(x-x_0)}{1-x}, & x > x_0 \\ 0, & x \leqslant x_0 \end{cases} \quad (9.10)$$

其中，

$$x_0 = 0.67 + \frac{Sg}{600} \quad (9.11)$$

式中，S 为饱和流量。

非饱和稳态延误模型的示意如图 9.6 所示，在该图中，我们可以看到由于车辆到达累积线和车辆驶离累积线在 Q_s 点重合，当红灯停车时以及在绿灯通行时，随着后车的不断到来，在信号交叉口的累积停车排队长度，在有效绿灯时间内可以完全消散。

2. 过饱和定数延误模型

当信号交叉口的通行能力过饱和时($x>1$)(图 9.7)，此时车辆到达累积线的最高点 E，车辆驶离累积线的最高点 B，并且 $E>B$。也就是说，在有效绿灯时间内，车辆排队无法完全消散。

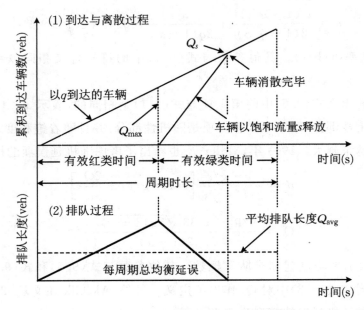

图 9.6 当饱和度 $x<1$ 时,信号交叉口的排队及消散模型

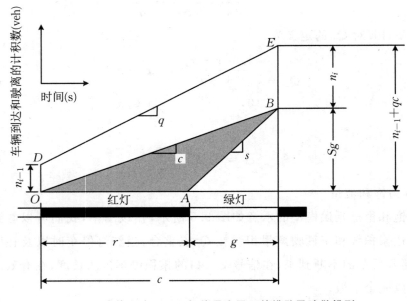

图 9.7 当饱和度 $x>1$ 时,信号交叉口的排队及消散模型

针对这种情况,Kimber 专门提出了过饱和定数延误模型,其平均延误时间的定义如式(9.12)所示,t 时间内全部车辆的延误时间总和 D 的计算公式如式(9.13)所示,平均过饱和排队车辆数 Q_0 的计算公式如式(9.14)所示。在式中,

r 表示红灯时长，C 表示通行能力，q 为交通流率。

$$d = \frac{D}{qt} = \frac{Cr}{2q} + \frac{Q_0}{q} \tag{9.12}$$

$$D = \frac{Crt}{2} + Q_0 t \tag{9.13}$$

$$Q_0 = \frac{(q-C)t}{2} = \frac{(x-1)Ct}{2} \tag{9.14}$$

在式(9.12)中，第一项是正常延误，这一点和稳态理论相类似，这类延误是由于红灯停车和绿灯的慢启动行为造成的，第二项表示过饱和情况发生时的延误。

3. 过渡延误模型

为了综合非饱和条件下的稳态延误模型以及在过饱和条件下的定数延误模型，Whiting 提出了一种过渡延误模型，如式(9.15)所示，该模型为分段函数，在式中，c 为信号周期时长，g 为相位绿灯时间，$\lambda = g/c$，$y = q/S$。

$$d = \begin{cases} \dfrac{c(1-g/c)^2}{2(1-q/S)}, & x < 1 \\ (c-g)/2, & x \geqslant 1 \end{cases} + \frac{Q_0}{C} \tag{9.15}$$

其中排队长度 Q_0 的计算公式如式(9.16)所示，

$$Q_0 = \frac{Ct}{4}\left[x - 1 + \sqrt{(x-1)^2 + \frac{4x}{Ct}}\right] \tag{9.16}$$

从式(9.15)可以看出，当 $x < 1$ 时，延误模型与稳态延误模型相同，而当 $x \geqslant 1$ 时，直接采用信号周期与绿灯时间进行计算。

9.4 干道信号配时方案的确定方法

在信号交叉口的理论分析过程中，需要进行分析的主要有两大类参数：

第一类是用于对信号交叉口评价的交通流参数，主要有饱和度 x、控制延误 d、排除长度 Q_l 等。

第二类是信号灯配时参数，主要有信号周期 c、绿信比 λ、相位差 $Offset$ 等。

信号灯配时参数(周期时长 c、绿信比 λ)与信号交叉口的交通流参数(饱和度 x、控制延误 d 和排除长度 Q_l)存在函数关系，计算信号交叉口的饱和度 x、控制延误 d 和排除长度 Q_l，可以通过信号交叉口的信号配时参数进行推导。

值得注意的是,计算控制延误 d 和排除长度 Q_l 时,要根据饱和度 $x(x<1$ 或 $x>1)$的实际情况,分为非饱和稳态延误模型、过饱和定数延误模型以及过渡延误模型来分别进行考虑。

反之,在确定信号交叉口的信号配时参数的时候,也要通过信号交叉口的交通流参数进行推导。

本节将重点讨论如何根据信号交叉口的交通流参数来确定绿信比和相位差。而信号周期的确定方法由于缺少直接的函数推导关系,我们借助实际工程中的经验参数设定(96 s、120 s、180 s),并结合仿真评价平台挑选最合适的周期参数(C)。

9.4.1 信号交叉口绿信比的确定

一般来讲,绿信比 λ 是衡量信号交叉口某相位可以提供的交通能力的指标,流量比 y 是衡量信号交叉口交通需求的指标,在确定信号交叉口中的信号配时方案的过程中绿信比 λ 一般是根据各信号交叉口的交通流量的流量比 y 来确定的[228,229]。

假设在信号交叉口有 N 种交通流向,这 N 种交通流量可以形成 M 种交通流组合,即可以存在 M 个相位,每一个相位 $i(i=1\cdots M)$ 的最大流量交通流的流量比为 $Max(y_i)$,则信号交叉口的总流量比 Y 为

$$Y = \sum_{i=1}^{M} Max(y_i) \qquad (9.17)$$

信号交叉口各一个相位的绿灯时间的计算公式为

$$g_i = G \frac{Max(y_i)}{Y}, \quad i = 1\cdots M \qquad (9.18)$$

在式(9.18)中 G 为一个信号周期内的总有效绿灯时间,计算结果 g_i 即为相位 i $(i=1,\cdots,M)$ 的绿灯时间。

9.4.2 相邻信号交叉口相位差的确定方法

在干道信号配时的过程中还要考虑另外一个重要的配时参数——相位差。相位差一般来讲与两信号交通口之间的旅行时间相匹配。如果将相邻信号交叉口之间的旅行时间定义为从上游信号交叉口的停车线到达下游信号交叉口

的停车线的平均行驶时间,则其由两部分组成。

第一部分,在当前的服务水平条件下,车辆通过信号交叉口的延误时间 d,根据当前信号交叉口是否过饱(当饱和度 $x>1$ 时,即达到过饱和状态),其计算模型可以分为非饱和稳态延误模型、过饱和定数延误模型以及过渡延误模型。

第二部分,在当前的服务水平条件下,车辆通过相邻的信号交叉口之间的路段的时间 T_r,设两信号交叉口之间的路段长度为 L,车队的平均速度为 V_{avg},旅行时间 T_r:

$$T_r = \frac{L}{V_{avg}} \tag{9.19}$$

根据式(9.19),则相邻的信号交叉口的相位差 $Offset$,可以用相邻的信号交叉口之间的旅行时间 T 代替:

$$T = d + T_r \tag{9.20}$$

9.5 考虑旅行时间的信号灯配时优化评价模型

在根据当前的服务水平确定了信号的配时方案以后,另外一个重要的问题就是怎样从所设置的信号配时方案中挑选出最优的一组。

一般来讲,衡量一条干道的信号配时方案的好坏,有其特有的相关性能指标,一般常用的是每一个信号交叉口的饱和度、延误时间和排队长度。当一组信号配时方案使得干道上每一个信号交叉口的饱和度较低、延误时间较短和排队长度较短时,则认为该组信号配时方案比较优秀。

除了传统的评价指标以外,一种基于号牌识别的精确传感网络所采集到的干道旅行时间作为干道信号配时方案评价指标的新模型被提出。

当我们把一条干道视为相邻的 $i(i=1,\cdots,M)$ 个信号交叉口所组成的单元时,结合式(9.20)的计算模型,则该条干道的旅行时间 $Tarterial$ 的计算公式如式(9.21)所示,即

$$Tarterial = \sum_{i=1}^{M} T(i) = \sum_{i=1}^{M} (d_{(i)} + T_{r(i)}) \tag{9.21}$$

在基于旅行时间进行信号配时方案好坏的评价时,假设有两组干道信号配时设计方案,分别为 X 配时方案和 Y 配时方案。如果实施 X 配时方案时,以

15 分钟为采样间隔,测得的干道旅行时间的一组数据是 $x_1, x_2, \cdots, x_{n_1}$,这些数据的均值为

$$\bar{x} = \frac{1}{n_1} \sum_{i=1}^{n_1} x_i \tag{9.22}$$

方差为

$$s_x^2 = \frac{1}{n_1 - 1} \sum_{i=1}^{n_1} (x_i - \bar{x})^2 = \frac{1}{n_1 - 1} \Big[\sum_{i=1}^{n_1} x_i^2 - n_1 \bar{x}^2 \Big] \tag{9.23}$$

如果实施 Y 配时方案时,以 15 分钟为采样间隔,测得的干道旅行时间的一组数据是 $y_1, y_2, \cdots, y_{n_2}$,这些数据的均值为

$$\bar{y} = \frac{1}{n_2} \sum_{i=1}^{n_2} y_i \tag{9.24}$$

方差为

$$s_y^2 = \frac{1}{n_2 - 1} \sum_{i=1}^{n_2} (y_i - \bar{y})^2 = \frac{1}{n_2 - 1} \Big[\sum_{i=1}^{n_2} y_i^2 - n_2 \bar{y}^2 \Big] \tag{9.25}$$

假设实施 X 配时方案时,旅行时间的分布符合 $N(\mu_x, \sigma_x^2)$ 的正态分布,实施 Y 配时方案时,旅行时间的分布符合 $N(\mu_y, \sigma_y^2)$ 的正态分布,μ 和 σ 分别表示评价指标数据总体的均值和方差,设 $\sigma_x^2 = \sigma_y^2 = \sigma^2$。那么当评价两套不同的配时方案对干道服务水平的影响时,假设 Y 配时方案优于 X 配时方案,即在干道上实施 Y 配时方案以后,干道的旅行时间会减少,就是检验假设

$$H_0: \mu_x - \mu_y = 0; \quad H_1: \mu_x - \mu_y > 0 \tag{9.26}$$

如果 H_0 为真,表明实施 Y 配时方案后,旅行时间均值没有变化,从降低干道的旅行时间这一点来说,Y 配时方案并没有起到优化效果。如果 H_1 为真,表明实施 Y 配时方案后的旅行时间均值小于实施 X 配时方案的旅行时间均值,说明 Y 配时方案起到了优化信号配时的作用。

但在 H_0 实际上为真时,可能犯拒绝 H_0 的错误,我们称这类错误为"弃真"的错误,犯这类错误的概率应控制在不超过 α(比如 0.05)的范围内。进行假设检验时,计算下面的 t 值:

$$t = \frac{\bar{x} - \bar{y}}{s_w \sqrt{\dfrac{1}{n_1} + \dfrac{1}{n_2}}} \tag{9.27}$$

其中

$$s_w^2 = \frac{(n_1-1)s_x^2 + (n_2-1)s_y^2}{n_1+n_2-2} \tag{9.28}$$

如果

$$t \geqslant t_a(n_1+n_2-2) \quad (t_a(n_1+n_2-2) \text{由查 } t \text{ 分布表得到})$$

那么 H_1 为真,表明实施 Y 配时方案起到了对干道的优化信号配时的作用。

如果

$$t < t_a(n_1+n_2-2)$$

那么 H_0 为真,表明实施 Y 配时方案后,干道旅行时间均值没有变化,即 Y 配时方案对干道起优化信号配时的作用,与实施 X 配时方案时并无明显的优化。

本 章 小 结

(1) 在目前常用的信号灯配时优化系统中,通常根据信号交叉口的平均控制延误 d,或者饱和度 x 以及排队长度 Q_l,作为服务水平的评价指标来评价信号配时方案的优劣。这种评价方式,由于直接精确到每一个信号交叉口,虽然详细,但是在实际的交通管理工作中会非常复杂。

(2) 出于以上的考虑,本节提出了一种考虑旅行时间为评价指标的信号灯配时方案评价模型,用于评价实施了交通信号控制的区域或干道的整体服务水平,并以此为标准选择最优信号配时方案。

(3) 在实际的道路交通管理过程中,出于交通安全或者防止交通拥堵的考虑,无法对不同的信号交叉口在不同的信号配时方案下的控制效果进行反复采样,可以考虑结合计算机仿真技术结合旅行时间进行信号灯配时优化。

第 10 章　干道信号灯配时优化模型的微观仿真评价平台

笔者在第 9 章中提出了一种考虑旅行时间的信号灯配时优化评价模型,路段旅行时间的采集可以由基于精确识别的号牌识别器完成,但是,出于道路交通安全以及保证道路交通通畅的考虑,一般不能任意的反复的更改正在运行的信号控制系统中的各参数,来采集不同配时方案下的旅行时间样本。

结合计算机仿真技术完成不同信号配时方案对交通流的影响评价是一种很好的选择。目前已经有交通流仿真及评价软件如 TRANSIMS 和 VISSIM 等,但是这些软件毕竟是根据国外交通的实际情况开发的,根据国内的实际交通情况,在以下两个方面还需要改进:

(1) 在应用了号牌识别设备的城市中,旅行时间是一个更加直观的交通物理量,新的交通流仿真平台中应该支持对旅行时间的采集、维护、分析和评价。

(2) 在仿真平台上应该考虑一些目前国内所特有的交通状况,例如,机非混合行驶、非机动车的逆向混合行驶等情况。

结合以上考虑,笔者详细地分析了由于城市道路交通信号灯的作用如何形成了时变的道路交通网络;在每一时步的道路交通网络上运行改进后的 DDM 模型对不同的信号灯配时方案进行评价;除了传统的信号交叉口评价指标,如排队长度 Q_l 和平均延误 d 以外,考虑旅行时间对道路的整体服务水平进行了评价实验;并对仿真评价系统的一般计算机架构进行了分析说明。

10.1　城市路网仿真模型所需的核心参数

通过对目前已有的网络动态交通的仿真模型如 BML 模型[55]和 CTM 模型[230,231]的研究,国内学者贾斌就曾经指出,城市交通的仿真问题首先是研究交通流在复杂网络中的传播问题和对网络交通的遍历问题,其次才是交通流仿真算法的问题。

最初的网络一般都是用规则网络表示,这种网络结构下节点与节点之间的连接关系是固定的;而在20世纪50年代末,数学家们想出了一种新的构造网络的方法,在这种方法下,两个节点之间连边与否不再是确定的事情,而是根据一个概率决定。数学家把这样生成的网络叫作随机网络,直到20世纪90年代,随机网络一直被很认为是描述真实系统最适宜的网络。

物理学家发现大量的真实网络既不是规则网络,也不是随机网络,需要一种新的数据定义来描述与前两者皆不同的统计特征的网络,这些网络被称为复杂网络(Complex Networks)(关于复杂网络的相关文献可以参考文献[232-237])。

在地理意义上,城市网络是相对固定的,似乎可以用规则网络进行描述,但是由于交通信号灯的控制作用,在每一时刻,只有获得通行权的车道组才能通过信号交叉口,这些具有通行能力的车道组的关系,才形成了真正意义上的道路交通网络,并且这个交通网络具有时变特征。

但是道路交通网络,也不适合用随机网络理论来解释,在随机网络理论中,节点之间的连接关系是随概率变化的,而道路交通网络中节点连接关系的改变主要取决于信号灯的控制作用,而不是在随机改变,国内的一些学者,如吴建军等人已经开始基于复杂网络理论对城市道路交通网络进行解释[238]。

10.1.1 高速路机动车流仿真模型依赖的参数

在高速路机动车流仿真模型中所依赖的参数主要是三类:

(1)道路参数。包括道路长度、车道数、出入口匝道设置,道路允许的最大速度或者弯度(如文献[239])等的影响。

(2)交通流参数。包括车辆类型(重型车辆或PCU车辆)、车道占有率等。

(3)交通流模型的控制参数。包括各种随机控制参数(如随机延迟概率)以及确定性控制参数。

从所依赖的模型参数可以看出,用于高速路(或快速路)仿真的机动车流模型的实现相对简单,也是目前发展得相对成熟的交通流仿真模型。

10.1.2 城市内机动车流仿真模型依赖的参数

相比于连接城市与城市之间的快速路或者高速路而言,城市内的道路交通设施有立交桥、信号交叉口、交通环岛、非机动车流、机非混合交通流以及行人交通流(非机动车流和行人流在信号交叉口对机动车流的影响最为突出),所以针对城市内的道路交通设施建立交通流仿真模型是一件非常复杂的事情。相比较高速路机动车流仿真模型而言,城市内的机车流仿真模型主要考虑以下四类主要参数。

(1) 道路参数。除高速路模型所要考虑的参数外,还要考虑信号交叉口内的允许左转车道、左转待停区,以及信号交叉口入口和出口处的车道是否发生增加或者缩减等情况。

(2) 交通流参数。这一点和高速路机动车流模型基本相同,包括车辆类型(重型车辆或 PCU 车辆)、车道占有率等。

(3) 交通流模型的控制参数。根据交通流模型的特征可自定义的控制参数。

(4) 交通信号灯配时参数。在高速路机动车流仿真模型(如文献[240])中一般只在主道入匝处对信号灯的使用研究。但是在城市内机动车流仿真模型的建立过程中信号配时参数(信号周期 c、绿信比 λ 和相位差 $Offset$)是一个最关键的核心参数。

10.2 构建具有时变特征的干道仿真空间

由于信号灯的控制,只有处于相位绿灯的车道组获得通过信号交叉口的通行权,而冲突相位的车道组的形成交通间断流,车辆在信号交叉口的停车线前停止,这些获得了通行权的车道组的连接关系,构成了城市内可通行的道路网关系,并且由于信号配时参数(信号周期、绿信比和相位差)的作用,可通行的道路网关系可随时发生变化,所以建立城市机动车流仿真模型的问题,首先就是一个遍历城市可通行的道路关系网的问题。

10.2.1 信号灯控制引起的道路可通行条件的变化

在城市交通中,在交通信号灯的控制下,保障主干道的畅通,是缓解城市拥堵的关键。在《HCM2010》的分析体系中将城市干道分解为街道和信号交叉口两种不同的交通设施,街道进一步分解为车道组,而信号交叉口则要进一点分解为直行车道组、左转车道组和右转车道组,一般来讲直行和右转并不会形成冲突的交通流,所以在直行相位下会允许伺机右转,而在保护型左转的信号交叉口则会设置专门的左转相位。

如果信号交叉口以其相邻的入口和出口街道视为网络中的节点,而将具有某个方向交通流向的车道组视为有向的连接关系,同时忽略道路交通设施的具体位置就可以描绘出整条干道中所有道路(街道和信号交叉口)的网络拓扑结构。

为适当地简化问题,定义一条包括了 3 个信号交叉口交通主干道,从干道的第一个信号交叉口开始,编号按♯0,♯1,♯2,⋯次序编排。对每一信号交叉口,采用 4 相位信号配时方法,信号周期 96 秒。冲突相位平均分配信号周期时长。每个相位的黄灯清空时间为 3 秒,直行+右转相位 30 秒,左转相位 12 秒。每一信号交叉口的相序图,如图 10.1 所示。

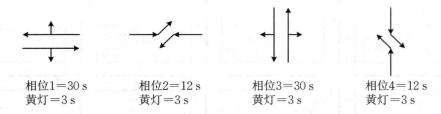

相位1=30 s 相位2=12 s 相位3=30 s 相位4=12 s
黄灯=3 s   黄灯=3 s   黄灯=3 s   黄灯=3 s

图 10.1 各信号交叉口的配时方案的相序图,相位差 $Offset=15\ s$

每一信号交叉口与上游信号交叉口的相位差为 15 s,仿真时钟的第 1 时步与干道上第 1 个信号交叉口的第 1 个周期的第 1 s 对齐。所以,在计算其他信号交叉口在当前仿真时步的相位状态时,要考虑各信号交叉口与第一个信号交叉口的绝对相位差。

随着仿真程序的启动,各信号交叉口会按照信号周期、各相位绿灯(黄灯)时间以及相位差的设置,依次进入当前信号交叉口的所属相位,并使该相位控制下的车道组获得了通行权利。

1. 直行+右转相位

在《HCM》中,对相位的定义是"在一个或几个时间间隔内,为同时得到通行权的任何组合交通流向所分配的部分信号周期",在绿灯控制下的车道组上的车辆可以通过信号交叉口。

在信号交叉口处,直行交通流和右转的交通流一般不会造成冲突,在大部分的信号灯控制系统中都是将直行+右转考虑成一个相位,有些信号灯控制系统中也会灵活地专门设置右转相位。图 10.2 为在图 10.1 的信号灯控制规则下,第 0 s 到第 30 s 的相位变化推演图。

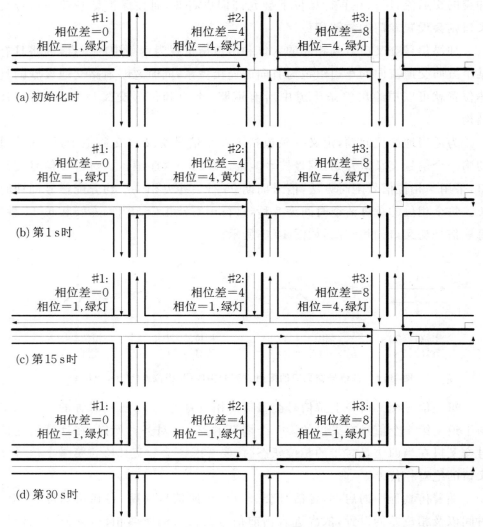

图 10.2 从第 1 s 到第 30 s,不同时间信号灯控制下的可通过信号
交叉口的交通流以及间断交通流状态

图 10.2(a)为初始化时,♯1 处于第 1 相位,并且在 0 时刻,30 s 后进入黄灯时间;♯2 在第 4 相位,并且在 −15 s 时刻,15 s 后到达第 1 相位的绿灯时间;♯3 在第 3 相位,并且在 −30 时刻,30 s 后到达第 1 相位的绿灯时间。

在图 10.1 中,下游和上游信号交叉口之间的相位差设置为 15 s,则意味着在同一个信号周期内,同一个相位在相邻交叉口同方向之间的起始时间差为 15 s,从图 10.2(b)到图 10.2(d)可以看出在第 1 s 时♯1 处于第 1 相位,15 s 以后♯2就进入第1相位,再过15 s以后,即第30 s时♯3会进入第1相位。(注:在信号控制系统中,相位差的设置一般会参考路段的行程时间。)

如果将街道或信号交叉口用一个节点表示,车道组的交通流是否可以通过信号交叉口用一条有向边表示,那么就可以将信号灯控制作用下的真实道路交通的可通行关系,转化为一种数学上的网络拓扑关系来进行研究。

为了标志和管理的方便,对信号交叉口的某相位下可通过信号交叉口的交通流和冲突相位下的间断流一般都要进行标号。在本章中,对交叉流的标号规则如表10.1所示。完成标号以后,图10.3为通过图10.2所示道路真实交通状态抽象而形成的城市干道交通网络拓扑图。在图中共13个节点,节点与节点之间可以用有向边表示路段上不同方向交通流的车道组,并分别对应了图10.2中的初始化时,第1 s,第15 s和第30 s的干道上获得了通行权的道路交通关系。在图10.3中,空心圆○表示城市街道,实心圆●表示信号交叉口,蓝色的有向线条表示该相位下可以通过信号交叉口的交通流,红色线条表示冲突相位红灯时,无法通过信号交叉的间断交通流。

表 10.1 信号交叉口的交通流标识

当前相位可通过信号交叉口的交通流标识	
主通行道路左转	A1X
主通行道路直行	A1
主通行道路右转	A1Y
主通行道路反方向左转	A2X
主通行道路反方向直行	A2
主通行道路反方向右转	A2Y
次通行道路左转	B1X
次通行道路直行	B1
次通行道路右转	B1Y
次通行道路反方向左转	B2X
次通行道路反方向直行	B2
次通行道路反方向右转	B2Y
当前相位信号交叉口间断交通流标识	
主通行道路停车线前	A1U
主通行道路反方向停车线前	A2U
次通行道路停车线前	B1U
次通行道路反方向停车线前	B2U
主通行道路信号交叉口出口处	A1D
主通行道路反方向信号交叉口出口	A2D

	续表
次通行道路信号交叉口出口处	B1D
次通行道路反方向信号交叉口出口	B2D

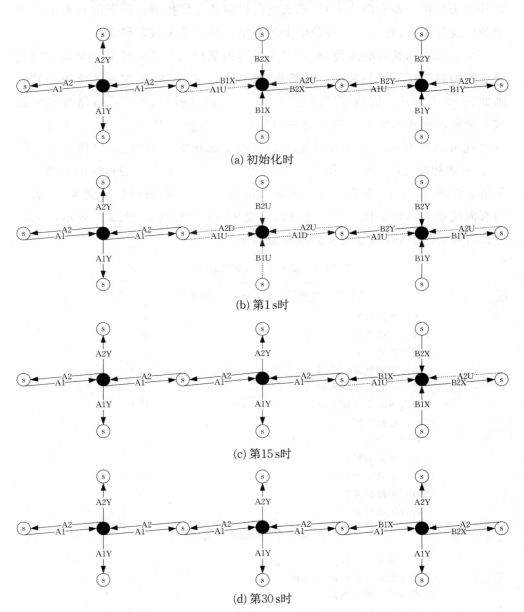

图 10.3　从第 1 s 到第 30 s 时,可通行交通流的拓扑结构

2. 左转相位

在信号交叉口处的左转相位设置一般有两种,一种是"保护型左转"(Protected Left Turn)适用于交通流量较大的路口实现左转,一种是"许可机型左转"(Permitted Left Turn)相位,驾驶员可以视情况实现伺机左转。

在图 10.4 中应用了保护型左转相位的城市干道在信号灯控制作用下,不同的时间可获得的通行权的道路关系进行了推演描述。图 10.4(a)中,在第 33

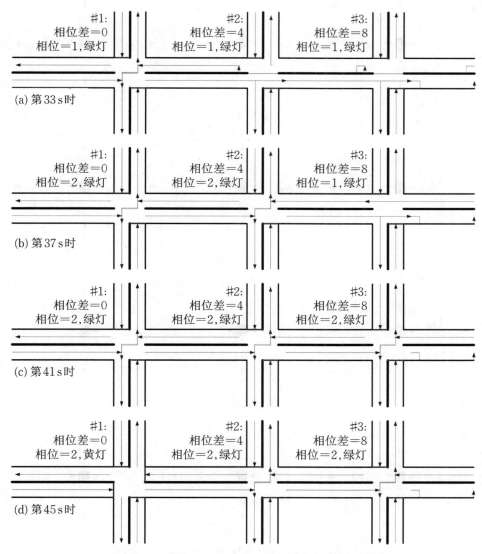

图 10.4　从第 33 s 到第 45 s,不同时间信号灯控制下的可通过信号交叉口的交通流以及间断交通流状态

s时,♯1处于第2相位,在相对相位差设置为15 s的情况下,15 s后♯2进入第2相位,30 s后♯3进入第2相位。

图10.5为对应图10.4的信号灯控制作用下的道路可通行关系所抽象而成的干道交通路网在第33 s以后的拓扑关系图,采用和图10.3相同的描述规则。

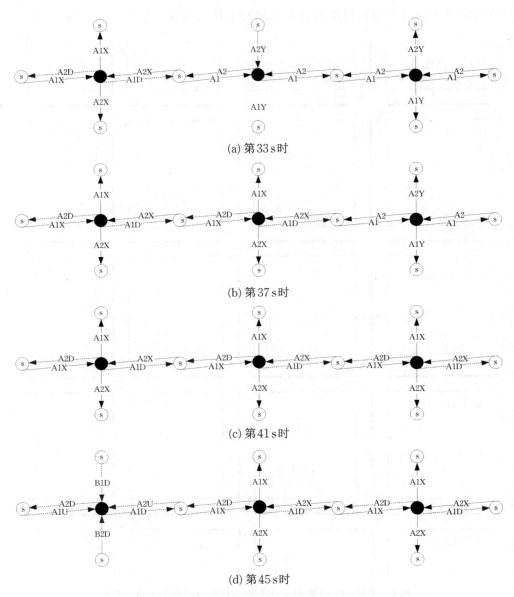

图10.5 从第33 s到第45 s时,可通行交通流的拓扑结构

10.2.2 道路可通行拓扑关系的计算机表示

上一节分析了在一个信号周期内,在信号灯控制作用下,不同的时间段会有不同的车道组获得通过信号交叉口的通行权利,道路的可通行的道路组织关系随时间会发生变化,同时,与之相对应的网络拓扑结构也会随之发生改变。如图 10.3 和图 10.5 所示的拓扑结构即为干道交通在不同的相位下的数学表示,在交通流仿真软件系统中还要将这种数学上的拓扑结构转换为计算机中可以表示的数据结构。

在信号灯控制作用下的干道交通的道路组织关系拓扑图,可以用如图 10.6 所示的邻接表来表示。不同的仿真时步下,当干道交通的路网拓扑结构发生了变化时,图 10.6 所示的邻接表关系同时也要发生变化,并且是一一对应的关系。

为了进行通行能力和服务水平分析,在 2010 版《美国道路通行能力手册》中将街道和信号交叉口又进一步分解为车道组,在图 10.3 和图 10.5 中每一个车道组用一条有向边表示,车道组是具有相同的交通流向的一个独立的分割单位。车辆在通过信号交叉口时其通过的顺序是"上游入口车道组—信号交叉口相位可通行车道组—下游出口车道组"。

同样的道理,在图 10.6 中,首先用一个 List 结构保存了所有车道组的属性(车道数、车道长度、元胞数量、流量/速度/密度等基本参数),车道组用其全局唯一索引进行标志,在对道路可通行关系拓扑图进行遍历生成邻接表时,对每一个交通流向都将第一个搜索到的车道组标志为〈STA〉,然后沿着该车道组一直搜索下去,直到遇到停车线,上游车道组和下游车道组之间用链表关系表示。处于非起始位置的车道组用〈NSTA〉表示。所有的车道组通过链表首尾相接就可以构成表示干道上可通行道路关系的邻接表数据结构。

邻接表中完整保存了第 i 时步可通行交通流,在信号交叉口处停止的间断流,在信号交叉口出口处的间断流(或相对于下一信号交叉口的可通行交通流)及其相关关系,并确定了在第 $i+1$ 时步车流的去向(停车或向前移动)。

在基于元胞自动机的仿真程序中,在第 i 时步,对当前邻接表所表示的道路元胞空间中的所有车辆并行更新,在第 $i+1$ 时步时,如果可通行的车道组连接关系发生了变化,则要对新邻接表所表示的道路元胞空间中的所有车辆并行更新。

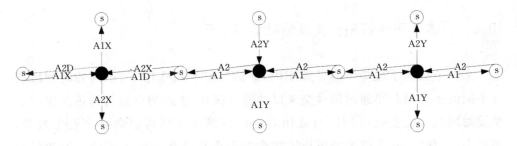

(a) 道路可通行关系拓扑图

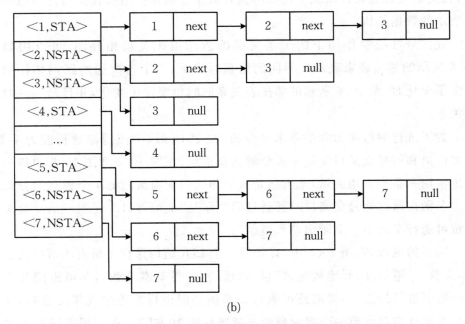

(b)

图 10.6　干道交通道路组织关系拓扑的计算机表示

10.2.3　对动态网络中各节点的遍历仿真

假设对干道进行 N 个时步的仿真,那么对第 $i(i=1,\cdots,N)$ 时步中的所有车道组进行仿真计算的过程,也就是遍历图 10.6 所示的邻接表的过程。

在遍历过程中采用深度优先遍历算法时,递归调用图 10.7 中的函数[式(10.1)]对每一个车道组进行仿真计算,然后再对当前车道组的下游车道组进行仿真计算,一直到遇到停车线为止。

DoLaneGrpFlowSimulation(

LaneGrpFlowCellSpace upLaneGrpFlowCellSpace,

LaneGrpFlowCellSpace currentLaneGrpFlowCellSpace) (10.1)

在图 10.7 的算法中,同时还要对仿真系统边界车道组进行处理,如果该车道组是整个仿真系统的出口边界,则在完成第 N 时的遍历时,允许仿真出口边界车道组的头车以概率 P_{exit} 驶出仿真系统,同时允许仿真入口边界车道组中以概率 $P_{entrance}$ 驶入车辆。

(1) /* 参数 upLaneGrpFlowCellSpace 表示上游车道组 */
(2) /* 参数 currentLaneGrpFlowCellSpace 表示当前车道组 */
(3) DoLaneGrpFlowSimulation(
(4)   LaneGrpFlowCellSpace upLaneGrpFlowCellSpace,
(5)   LaneGrpFlowCellSpace currentLaneGrpFlowCellSpace)
(6) {
(7)   /* 车道组边界内仿真演化 */
(8)   对当前车道组 currentLaneGrpFlowCellSpace 边界内的
(9)   每一条车道进行的仿真演化。
(10)
(11)   /* 车道组出口处的仿真边界处理 */
(12)   if(车道组为系统出口边界,IsExit==1)
(13)   {
(14)   则边界车辆以概率 Pexit 驶出仿真系统边界;
(15)   }
(16)   if(车道组非系统出口边界且无下游车道组时,IsExit==0 and
         DownLaneGrpCellSpace==null)
(17)   {
(18)   则边界处车辆以出口处的停车线为参考执行安全减速;
(19)   }
(20)   if(车道组非系统出口边界且存在下游车道组时,IsExit==0 and
         DownLaneGrpCellSpace!=null)
(21)   {
(22)   if(下游车道数增加)
(23)   {
(24)   执行车道数增加时的仿真边界处理;

(25)   /*递归调用执行下游车道组仿真*/
(26)   DoLaneGrpFlowSimulation(currentLaneGrpFlowCellSpace,
(27)   currentLaneGrpFlowCellSpace.DownLaneGrpCellSpace);
(28)   }
(29)   if(下游车道数相同)
(30)   {
(31)   执行车道数相同时的仿真边界处理;
(32)   /*递归调用执行下游车道组仿真*/
(33)   DoLaneGrpFlowSimulation(currentLaneGrpFlowCellSpace,
(34)   currentLaneGrpFlowCellSpace.DownLaneGrpCellSpace);
(35)   }
(36)   if(下游车道数减少)
(37)   {
(38)   执行车道数减少时的仿真边界处理;
(39)   /*递归调用执行下游车道组仿真*/
(40)   DoLaneGrpFlowSimulation(currentLaneGrpFlowCellSpace,
(41)   currentLaneGrpFlowCellSpace.DownLaneGrpCellSpace);
(42)   }
(43)   }
(44)
(45)   /*车道组入口处的仿真边界处理*/
(46)   if(车道组为系统入口边界,IsEntrance==1)
(47)   {
(48)   则边界车辆以概率Pentrance驶入仿真系统;
(49)   }
(50) }

图10.6保存了干道上所有车道组的属性和它们的可通行关系,整个邻接表同时也表示了进行城市干道机动车流仿真所依赖的元胞空间,进行仿真计算时,一般是针对整个干道元胞空间,基于第i时步完成对第$i+1$时步的车辆状态的计算,然后并行更新第$i+1$时步时所有车辆的状态,并依次迭代直到所有的仿真时步,迭代步骤如图10.7所示。

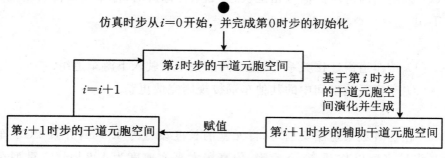

图 10.7 干道元胞空间仿真迭代演化

10.3 基于 DDM 的信号交叉口机动车流仿真

在图 10.6 所示的邻接表关系和图 10.7 所示的遍历算法中,会遍历到每一条车道组,以及车道组的上游入口边界和下游出口边界,并以车道组为单元完成车辆的更新规则。

10.3.1 对 DDM 模型的改造

在基于 DDM 模型的改造模型中,新加入了以下参数,分别为:
(1) Φ_0,表示在演化的过程中,正在进行演化的当前信号相位。
(2) Φ_{stage} 与仿真道路元胞空间所对应的相位车道组。即在该相位下,其对应的仿真道路元胞空间获得了通行权利。
(3) L_{road},信号交叉口的仿真车道组所处的信号为状态,其值有三种选择——$green$,$yellow$ 和 red。
并且对 DDM 模型的对车辆运行的演化规则,添加如下约束,
(1) 判断当前时步的信号相位状态,如果为黄灯或者为红灯时,停车线前安全减速:
if ($\Phi_{stage}==\Phi_0$ and (($L_{road}=yellow$) or ($L_{road}=red$)))
{
　　以车道组中每一条车道的第一个元胞为停车线,进行车辆运动更新.
};

(2) 判断当前时步的信号相位状态,如果为绿灯时,停车线前慢启动规则:

if ($\Phi_{stage} == \Phi_0$ and $L_{\_road} = green$)

{

    (1) 按车道组连接关系,元胞空间的头车可驶入下游车道组.

    (2) 车道元胞空间中的其他车辆按规则完成更新.

}

(3) 在仿真城市道路交通时,将元胞的长度设置为 1.5 m,并且 PCU 车辆每个时步最多可以移动 20 个元胞,仿真最大真实速度为 108 km/h,重型车辆每个时步最多可以移动 15 个元胞,仿真最大真实速度为 81 km/h。

在新加入的第 2 个约束规则中,如果是相位绿灯,由上游车道组驶入下游车道组时会遇到如图 10.8 所示的三种情况,即下游车道数缩减、下游车道数增加以及下游车道数保持不变。

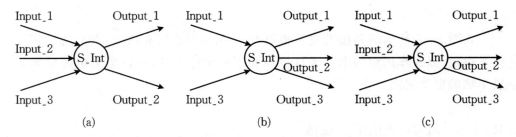

图 10.8 同一交通流向车辆在通过信号交叉口时车道数变化的情形
(a) 下游车道数缩减;(b) 下游车道数增加;(c) 下游车道数相同

针对下游车道数相同的情况,在进行车辆规则演化时可以按车道组中的车道顺序依次完成边界车辆的处理;针对下游车道数增加的情形,则按顺序将上游车道组中每条车道的边界车辆驶入下游车道,位于序号最大的一条车道上的车辆可以随机选择一条临近的下游车道;针对下游车道数缩减的情形,则可以参考驶入主道时的入口匝道规则进行处理。

10.3.2 仿真结果的插值优化

基于元胞自动机的城市交通流仿真系统的输出是一种时-空图数据,时-空图数据的第一个维度是离散的时间维度,第二个维度是离散的元胞空间维度。在将时-空图数据映射到仿真视景系统中时,还要进行元胞与地理坐标位置的关联、车辆模型的建立等操作。

在基于元胞自动机的仿真算法中,一般是以 1 s 为时步单元进行仿真演化的,那么其直接输出的时-空图数据是一种离散的数据模型数据,将该数据直接映射到视景展示系统时,一般会产生视觉上的"跳跃"感。所以,为了优化视景系统,我们通常还要对基于元胞自动机的仿真算法的输出结果进行插值处理,其总体处理流程如图 10.9 所示。

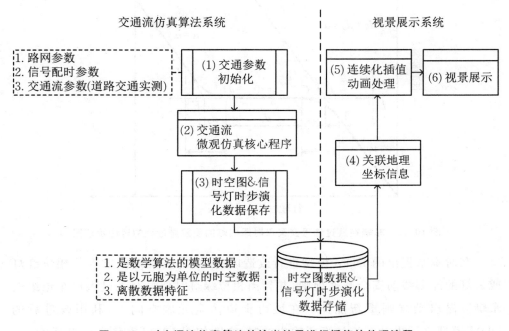

图 10.9 对交通流仿真算法的输出结果进行插值的处理流程

在图 10.9 所示的处理流程图中,在完成了交通流参数(路网参数、信号配时参数和交通流参数)的初始化以后,通过基于元胞自动机的微观仿真核心程序完成算法,并将结果保存为时-空图;在关联地理坐标信息时,对时-空图仿真模型中的数据以 1/8 s 为单位进行插值处理,可以得到近似"连续"的播放效果。

10.3.3 仿真模型的时空图分析

车辆在通过信号交叉口时,一般存在 3 种情形,即直接通过、减速—加速状态通过,或者减速—怠速—加速通过。如果车辆在到达信号交叉口时正好遇到相位红灯,则会首先减速,如图 10.10 的线段 AC 所示;在信号交叉口的相位红灯时间足够长的情况下,车辆会在停车线前停止,并进入怠速状态,如图 10.10

中的线段 CD 所示；如果当前相位进入绿灯时，在停车线前的车辆会再次以慢启动规则加速，如图 10.10 中的线段 DF 所示，并进入正常速度驶过信号交叉口并进入下游路段，如图 10.10 中的线段 FG 所示。

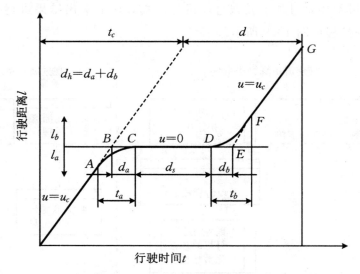

图 10.10　车辆在通过信号交叉口时遇红灯的受阻滞过程的理论示意图

在对本章提出的 DDM 模型进行改造以后，在仿真规则中加入了相位红灯或黄灯的停车线前安全减速规则，并且当相位绿灯时信号交叉口入口车道组的车辆以慢启动规则重新加速。在城市干道仿真元胞空间中，利用改进后的 DDM 模型进行机动车流仿真所输出的时-空图如图 10.11 和图 10.12 所示。

图 10.11 为初始道路密度为 0.3 时的时-空演化图，设模型中的各参数 $P_{change}=0.5$、$P_h=0.3$、$P_l=0.3$、$P_{max}=0.25$、$P_{safe}=0.15$，模型首先运行 1 000 步，在初始化条件下达到稳态，再对 1 000 时步的演化过程中车辆的行驶轨迹与车辆轨迹速度进行统计分析。

图 10.12 为初始道路密度为 0.6 时的时-空演化图，设模型中的各参数 $P_{change}=0.5$、$P_h=0.3$、$P_l=0.3$、$P_{max}=0.25$、$P_{safe}=0.15$，模型首先运行 1 000 步，在初始化条件下达到稳态，再对 1 000 时步的演化过程中车辆的行驶轨迹与车辆轨迹速度进行统计分析。

首先从图 10.11(a) 和图 10.12(a) 的车辆行驶轨迹来看，仿真程序输出的车辆轨迹基本符合如图 10.10 所示的关于车辆通过信号交叉口遇红灯时的受阻滞过程的定义，对较低密度机动车流仿真或对较高密度机动车流进行仿真时，输出的时空图可以看到车辆在相位红灯时在停车线前的排队过程，以及当相位进入绿灯时的消散过程。

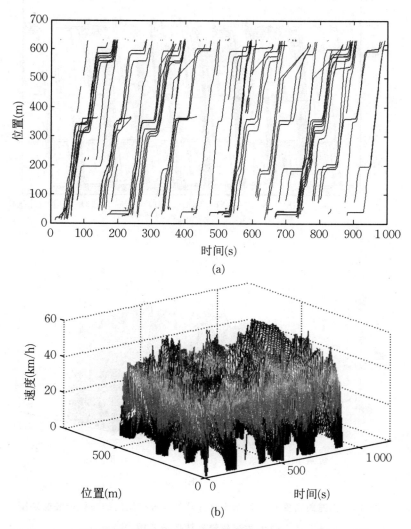

图 10.11 在道路密度条件为 0.3 时,(a)为信号交叉口的车辆行驶轨迹图,(b)为车辆轨迹速度分布图

接下来,从图 10.11(b)和 10.12(b)所示的车辆行驶轨迹速度图中可以观察到比较明显的"波峰"和"波谷",并且"波峰"和"波谷"都沿着时间维度的正方向和空间维度的反方向延伸,这表示了当车辆在信号交叉口的停车线处停车时,所造成的堵塞带向上游传播的过程。当道路密度增加到 0.6 时,道路的平均速度会小于当道路密度为 0.3 时的道路平均速度。

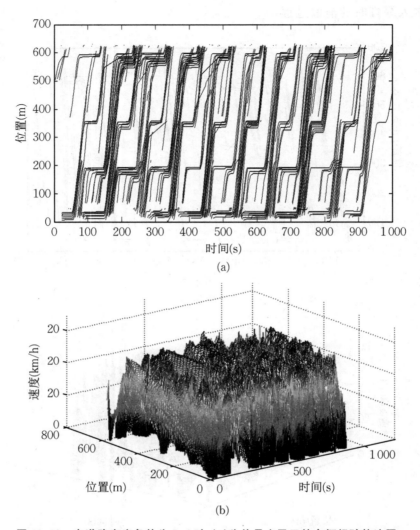

图 10.12 在道路密度条件为 0.6 时,(a)为信号交叉口的车辆行驶轨迹图,
(b)为车辆轨迹速度分布图

10.4 信号配时方案仿真评价实验

在本章的前几节中,笔者对如何建立城市干道交通流仿真模型的相关问题进行阐述,在本小节中,将基于城市干道交通流仿真模型进行若干信号配时方

案的评价试验。

实验的步骤为:

(1) 首先,结合城市干道交通流仿真模型和及传统的信号配时方案评价指标,即控制延误和排队长度进行评价试验。

(2) 考虑整条干道的旅行时间为信号配时方案的评价指标,并结合城市干道交通流仿真模型完成评价试验。

试验的约束条件为

(1) 设置连续的 5 个信号交叉口,信号交叉口之间相隔约 300 m,长度约为 200 个元胞。道路仿真空间的车道占有率的初始值分别为 $o=0.15$、$o=0.45$、$o=0.65$,并考察不同信号配时方案下干道信号交叉口的服务水平指标以及全干道的旅行时间指标。

(2) 相位的设置控制图 10.1 的相序图所示,按 4 相位进行设置时,信号周期分别为 $c=96$ s、$c=120$ s 和 $c=144$ s,当 $c=96$ s 周期时主、次交通道路的相位时长相等,当 $c>96$ s 时,次交通道路的相位绿灯时长不变,多出的时间加到主交通道路的相位绿灯上。

10.4.1 基于传统评价指标的配时方案评价

1. 配时方案的控制延误评价

由于在仿真程序中,可以获取每一辆车的即时状态(即时位置、即时速度等信息),从而直接输出延误结果。

设某交通流向的信号交叉口入口处到该交通流向的出口处的距离为 L_s,车队以平均速度通过 L_s 时的时间为 T_r,在统计间隔内所有仿真车辆实际的通过时长为 T_d,则根据定义控制延误的计算公式为

$$d = T_r - T_d \tag{10.2}$$

在低密度条件($o=0.15$)、中等密度条件($o=0.45$)和高密度条件下($o=0.65$)分别进行试验,连续设置 5 个信号交叉口,分别统计各信号交叉口的在主通行道路上 A1 方向的平均控制延误(图 10.13)和 A2 方向的平均控制延误(图 10.14)。

在图 10.13(a)、(b)和图 10.14(a)、(b)中,分别是对同密度条件下,不同的信号配时方案时的信号交叉口的平均控制延误的分析图。当 $o=0.15$ 时,道路交通处于低密度状态,从图 10.13(a)和图 10.14(a)中可以看出,在 A1 方向或

者 A2 方向,当信号周期增加时,控制延误时长会相应减少。当 $o=0.45$ 时,道路交通处于中等密度状态,在 A1 方向或者 A2 方向,当信号周期增加时,控制延误的下降趋势会更加明显。

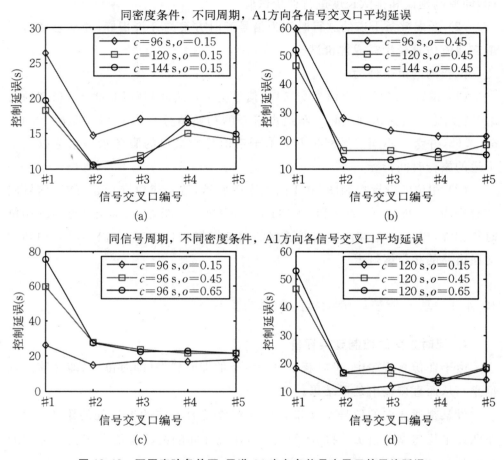

图 10.13　不同实验条件下,干道 A1 方向各信号交叉口的平均延误

图 10.13(c)、(d) 和图 10.14(c)、(d) 中,分别是对相同信号周期条件下,不同的道路交通密度时进行的信号配时方案的评估。从分析结果来看,当道路密度较小时,短信号周期可以使干道获得比较良好的服务水平,当道路密度增加时($o=0.45$ 或 $o=0.65$ 时)再使用短信号周期时,各信号交叉口的控制延误会极大增加[见图 10.13(c) 和图 10.14(c)]。

而在较长信号周期时($c=120$ s),当道路密度分别取 $o=0.15$、$o=0.45$、$o=0.65$ 时,对干道各信号交叉口的控制延误的影响并不很大。所以,如果从更高通行效率来看,在道路密度较低的情况下,可以选用较短的信号周期,在不会太大的影响平均控制延误的情况下,还可以使冲突相位的交通流尽快的获得通行权。

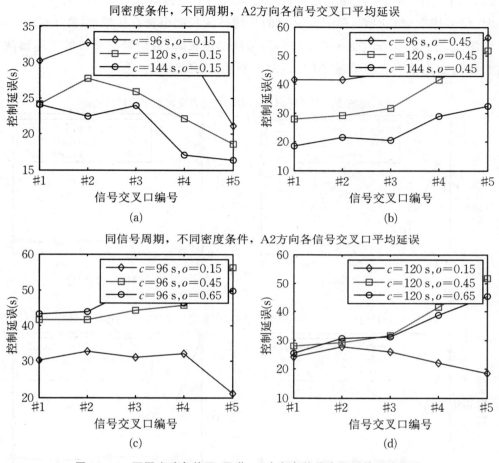

图 10.14　不同实验条件下,干道 A2 方向各信号交叉口的平均延误

2. 配时方案的平均排队长度评价

由于计算机仿真程序可以精确地获取每一辆仿真车辆的时空信息,所以取样时间的间隔 N 内,共出现 M 次相位红灯,当出现相位红灯时,车辆开始在停车线前排队,关于平均排队长度的计算可以采用如式(10.3)的方法。

$$Q_l = \frac{\sum_{i=1}^{M} Q_i}{M} \quad (Q_i \text{ 为相位红、黄灯时的排队长度}) \tag{10.3}$$

根据式(10.2)的方法,对干道上所设置的 5 个连接的信号交叉口在 15 分钟统计间隔内的平均排队长度的统计分析图,如图 10.15 和图 10.16 所示。

图 10.15(a)、(b)和图 10.16(a)、(b)为在道路密度分别取 $o=0.15$、$o=0.45$ 时,不同的信号配时周期下信号交叉口的平均排队长度分析。在 $o=0.15$ 时,信号周期增长时,各信号交叉口的平均排队长度也会有所增加[图 10.15(a) 和图 10.16(a)]。而在 $o=0.45$ 时,信号周期增长时,各信号交叉口的平均排队长度的变化并不是很明显[图 10.15(b)和图 10.16(b)]。

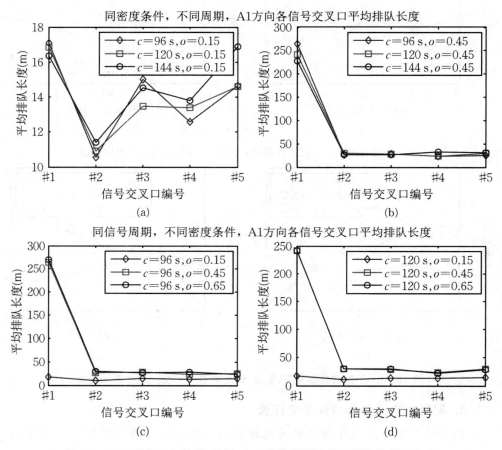

图 10.15　不同实验条件下,干道 A1 方向各信号交叉口的平均排队长度

从评价结果可以看出,当道路密度中等时,信号周期里各相位都会被很好地利用,而在低道路密度条件下,信号周期设置得过长,则会使各相位绿灯时间出现浪费的情况,反而会降低信号交叉口的服务水平。

图 10.15(c)、(d)和图 10.16(c)、(d)为在信号周期分别取 $c=96\text{ s},c=120\text{ s}$ 时,道路在低密度、中等密度和高密度条件下干道各信号交叉口的服务水平分

析。通过分析图可见,当信号周期确定时($c=96$ s 或 $c=120$ s),随着道路密度的增加,信号交叉口的排队长度会有所延长,这一分析结果符合我们日常观察到的交通行为。

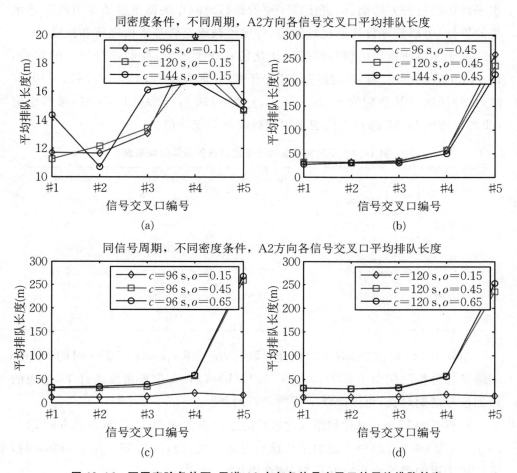

图 10.16　不同实验条件下,干道 A2 方向各信号交叉口的平均排队长度

10.4.2　基于旅行时间的配时方案评价

一般来讲,某一种信号控制系统其算法的形成与交通流采集技术和方式是有一定关系的;反之,信号控制系统的算法要求又会对所需的交通流检测器有明确的要求。例如,SCOOT 系统是通过在上游信号交叉口处埋设地感线圈,来提供交通流检测数据,并可以在统计学意义上形成饱和度 x、排队长度 Q_l 等

衡量信号交叉口服务水平的性能指标。

在精确号牌识别的交通流检测器的基础上，人们已经可以采集到路段旅行时间这一更加直观的交通物理量。对干道上每一个信号交叉口分别进行服务水平评价的这种方法而言，直接将干道的旅行时间作为衡量整条干道的服务水平的指标，可以使评价体系更加适用，并更能被道路管理者所理解和接受。

基于本章所提出的信号灯配时优化仿真评价平台，我们进行如下的实验，以 15 min 为采样间隔，取道路密度（占有率）分别为 $o=0.15$、$o=0.45$、$o=0.65$ 时，信号周期时长分别为 $cycle=96$ s，$cycle=120$ s，$cycle=144$ s 时，考察干道 A1 通行方向和 A2 通行方向的平均旅行时间的统计值。

表 10.2 不同实验条件下干道旅行时间评估结果表

		$o=0.15$	$o=0.45$	$o=0.65$
A1 方向	$cycle=96$ s	269 s	382 s	387 s
	$cycle=120$ s	248 s	320 s	350 s
	$cycle=144$ s	252 s	336 s	354 s
A2 方向	$cycle=96$ s	427 s	484 s	497 s
	$cycle=120$ s	339 s	442 s	473 s
	$cycle=144$ s	322 s	380 s	383 s

当 $o=0.45$ 时，信号周期时长分别取 $cycle=96$ s、$cycle=120$ s 时的 15 min 间隔采样分析图如图 10.17(a) 和图 10.17(b) 所示，在中等密度条件下，适当的增加信号周期时长，可以降低干道的旅行时间。

对所有的 15 min 采样数据取均值后的汇总表如表 10.2 所示。当 $o=0.15$，$cycle=120$ s 时，可以使干道的平均旅行时间最短，当 $o=0.65$，$cycle=120$ s 时，可以使干道的平均旅行时间最短，依此类推。

该表作为仿真评价模型的统计输出，可以帮助道路交通管理人员对信号配时方案进行决策，对不同道路密度条件下，不同的信号配时方案做出一种最合适的选择。

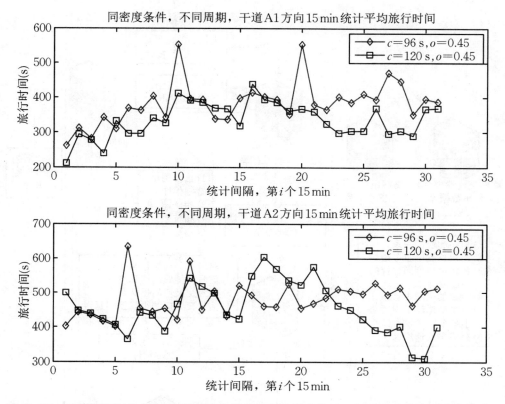

图 10.17 同密度条件下,不同信号周期时,干道主通行道路的 15 min 统计间隔的平均旅行时间

10.5 仿真评价平台的计算机架构

图 10.18 所示的是干道信号灯配时优化微观仿真评价平台的逻辑架构,是一个复杂的服务器集群式架构。架构中的各服务器的角色,可以分为以下几类:

(1) 提供路网数据库服务器。由空间服务器(如 Spatial Data Engine, SDE)和保存道路其他属性数据的相关数据存储组成。该服务器提供了所有仿真区域的基础道路信息,在这些数据库中保存了信号交叉口与城市街道的连接关系、路段的长度和车道数,各相位下得到了通行权的可通过信号交叉口的车道组连接关系等核心地理元素和数据。

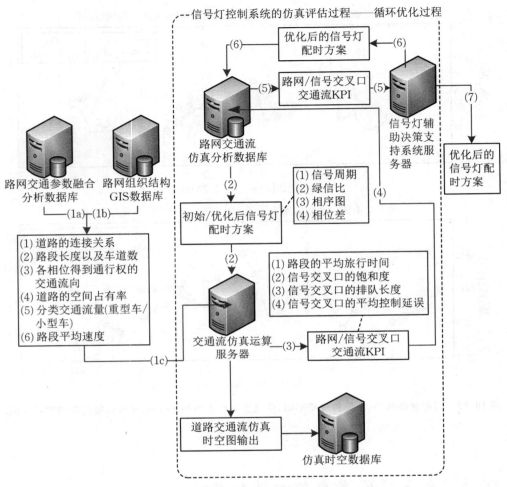

图 10.18 仿真评价平台的总体计算机架构

（2）交通流参数管理数据库服务器。在前端交通流检测器所采集到的原始数据的基础上通过数据集成形成具有统一标准和规范的交通流参数管理数据库，包括各路段的车道占有率、道路的平均速度、道路的分类交通流量（重型车/小型车）以及旅行时间等等。

（3）信号灯配时优化分析数据库服务器。在该数据库中，以配时区域或不同的干道为分类条件，保存配时区域或干道上各信号交叉口的不同条件下的配时方案列表。

（4）仿真时空数据库服务器。在该数据库中保存了各车道组，不同演化时步的车辆位移、即时速度、鸣笛状态等信息，是交通流仿真视景系统的直接数据源。

该平台的运行机制为:

(1) 根据路网数据库服务器和交通流参数管理数据库服务器中所保存的各信号交叉口的实际交通通行能力和服务水平,确定可选的信号配时方案(信号配时方案与通行能力之间的函数关系见第 6 章),并可以形成 N 组预案。

(2) 在交通流仿真运算服务器中,对 N 组预案分别进行评估,并输出在不同的信号周期 c、绿信比 λ 和相序图(Phase Sequence)排列条件下以及不同的相位差($Offset$)时,各个信号交叉口的服务水平指标,这些指标包括旅行时间、饱和度 x、排队长度 Q_l 以及控制延误 d。

(3) 信号配时管理服务器从评价输出结果中选出一组最优的信号配时方案,并沿信号控制系统的下行信息通道,将信号配时方案数据下发到所管辖的各个路口的信号控制机。

本 章 小 结

为了解决在真实的道路交通系统中不可能反复更新信号配时方案,以便验证方案效率的问题,本章提出了一种基于元胞自动机仿真的动态网络干道交通流模型。

(1) 在本章中,笔者首先完成了对道路网络建模,即详细地阐述了如何构建具有时变特征的干道仿真空间,为元胞自动机交通流模型的运行提供了元胞空间。同时指出建立城市道路交通流仿真模型的关键问题即遍历仿真空间的问题,在城市交通流仿真领域也有研究学者将之归结为复杂网络问题。

(2) 一般来讲,仿真空间建成后,可以选择任意的符合城市交通特征的元胞自动机交通流仿真模型运行仿真过程,通过改造 DDM 模型完成交通流仿真的核心程序,并生成了符合信号交叉口特征的仿真时-空图,该模型还同时综合考虑了干道以及支路的交通流情况。

(3) 基于本章所提出的干道信号灯配时优化模型微观仿真评价平台,笔者进行了详细的仿真实验。首先是基于控制延误以及平均排队长度等传统评价指标进行了仿真评价实验;然后基于提出的根据旅行时间的信号灯配时优化评价模型进行了仿真评价实验,实验结果会直接输出在不同的道路密度条件下,不同的配时方案对整条道路的旅行时间影响,并帮助交通管理人员进行决策。

(4) 在后续的工作中,我们还将针对该模型作如下的扩展:首先可以在仿真平台中引入交通流预测系统,根据预测交通通行能力和服务水平,提前完成信号配时方案的评价,确定可选的最优信号配时方案,以缩短信号配时方案发布的滞后时间;干道交通是保证城市交通顺畅的关键,本章重点对干道的组成部分(城市街道和信号交叉口)在信号灯配时方案作用下的交通效率的变化进行了详细的分析。该仿真模型也可以扩展到更大的交通区域,但是带来的网络关系会更加复杂,通过引入复杂网络理论,对更加复杂的城市区域仿真问题进行更深入的分析。

第11章 一种基于二级模糊的城市道路交通状态综合判别算法

针对交通流状态本身演化过程所依据的参数指标变化是一个连续过程,而且各种状态间的划分也是模糊的,模糊判别的方法用来对交通流的状态进行判别是更适合的。针对城市任意道路,本章依据实际城市道路是否临近前方交通信号灯的交通特征参数之间实际存在的特性差异,将城市道路划分为两个子集对象,提出一种基于二级模糊的城市道路交通状态综合判别算法。首先,分别确定其各子集自身特点的交通特征向量隶属函数和对其交通状态进行一级模糊判定,再对该条道路所有路段划分子集的模糊判别结果进行二级模糊判别,最后对二级模糊综合评判结果向量进行分析,使得到的最终判别结果更能准确地体现道路各交通状态间的模糊过渡特性,克服了以往一级模糊判别算法遵循最大隶属度的准则来对整个路段作交通状态判定的不足,提高了城市道路交通状态判别结果的客观性和准确性,尤其当一级模糊判别存在隶属度差异不明显的情况。

11.1 研究现状

国内外现有的交通拥堵和交通事件的自动判别方法研究大部分是以高速公路的突发交通事件为对象的,而在城市交通中,由于受到交叉口信号灯及非机动车的影响,其交通流特性与高速公路相比更为复杂,因此,城市道路交通状态自动实时判定的难度也一定程度上增大了。早期的算法基本上都是基于采用埋设地感线圈方式检测到的道路流量、车速和占有率等交通参数,然后对这些采集的交通参数借助平滑滤波和统计分析等数学手段进行判别处理。随着交通参数检测技术以及信息分析处理相关理论的发展,除了常规道路交通检测传感器能够采集的道路流量、车速和占有率等固定点交通参数外,各种车辆自动识别(Automatic Vehicle Identification,AVI)技术的应用使采集车辆的瞬时车速、车型、基于车辆号牌比对的道路旅行时间与区间速度等数据成为现实,为本领域的进一步深入研究提供了更精确全面的信息基础。此外,基于统计分析和人工智能的数据融合与数据挖掘技术的出现,如模式识别、模糊理论、混沌理论、神经网络、进化学习、粒子群优化等,为研究设计更有效的道路交通状态判定方法提供了重要手段,改善了交通状态判别的效率和效果。

国外方面,美国最早研发出的加利福尼亚算法是基于对道路交通事件分析判别思想来实现道路交通状态判别的,经过对所研发的成果不断在实际应用中得到改进,人们成功研发出了10种改进ACI算法,其中包括了应用效果非常好的加州♯7和♯8两种算法;之后,Ahmed和Cook等人提出了一种基于双指数平滑(DES)的道路交通状态判别算法(1974年);德克萨斯州交通协会(TTI)提出了一种主要基于判别道路交通突发事件的标准偏差(SND)算法来判别道路交通状态(1970—1975年);1990年,Persaud等基于突变理论对各种道路交通状态下的大量历史数据(主要包括对应道路交通流量以及占有率等数据)进行深入比较分析,提出了McMaster算法等。

国内方面,姜桂艳等[241]提出一种采用占有率、单车占有率及车辆速度作为交通状态特征向量的模糊聚类的交通状态判别算法,使道路交通状态实时判定的效果在各方面得到了很大程度上的提升;庄斌等[242]提出了一种城市道路交通拥挤的平均车道占有率自动检测算法;杨兆升、张茂雷[243]提出了一种对道路交通状态模糊综合判定的算法,该算法具有计算量小、信息损失少、实用性高以及判别准确率较高等优点;姜紫峰等[244]提出一种基于多层前向人工神经网络的BP(Back Propagation NN)道路交通状态判别算法,该算法在判别准确率和实时性方面都是比较优越的,但需要大量的历史数据对其进行训练;杨祖元等[245]提出了一种基于混合蛙跳思想的模糊C均值聚类的道路交通流状态判别方法,该方法提升了搜索过程收敛的快速性,但其搜索结果数据的准确性略有降低。张惠哲等[246]给出一种基于常用高斯以及sigmoid型的隶属函数来拟合FCM方法聚类的类别,进而采用模糊粗糙集理论进行交通状态判别。

迄今为止,国际上还没有一个统一的道路交通状态划分的标准,人们通常依据美国的《道路通行能力手册》来将道路交通状态按照A～F六个服务水平等级来划分;另外,我国2016制订的《城市交通管理评价指标体系》也是被经常使用的,其依据城市不同等级道路上车流平均车速分级表来界定该道路交通状态。目前,多数交通研究者对交通状态的判别所依据的主要交通特征量指标有:道路交通流量、道路占有率、道路平均车速、道路平均延误时间以及道路车辆排队长度比等指标。

综上所述,针对交通流状态本身演化过程所依据的参数指标变化是一个连续过程,而且各种状态间的划分也是模糊的,用模糊判别的方法来对交通流状态进行判别是更适合的。但以往的一级模糊判别算法是依据整个路段的交通特征参数遵循最大隶属度的准则来对其作交通状态判定的,存在以下不足:第一,没有考虑城市道路中临近交通信号灯路段与远离信号灯路段交通特征参数(排队长度、平均车速以及车道占有率等)对相应路段的交通状态的影响差异是很明显的,因车辆需要停车等待红灯,在临近交通信号灯附近,道路子段车辆排队长度和车道占有率通常远比远离信号灯道路子段大,而对应的车辆平均速度则要低得多,因此原有一级模糊判别算法所获得的交通状态的准确性有待进一步验证;第二,在模糊交通状态判别中的隶属函数的选取时,为了简化,大都选用的是降半梯形公式来线性表示,忽视了高斯型函数具有无过零点、曲线光滑且物理意义清晰的更适合作为模糊判别的隶属函数的特点,更少有针对在临近信号灯路段的交通特征参数隶属函数形式和参数的确定方法;第三,由于发生城市道路交通拥挤现象的原因复杂,每种交通状态都有一定的相似性,使得交通状态划分存在模糊性,对于所有隶属度差异不明显的情况,只依据遵循最大隶属度原则来给出最后的判定结果,是不能描述交通状态客观的模糊性的。

故针对现有道路交通状态判定的研究不足,本章基于既有文献的经验,采用路段平均车速、平均排队长度比以及占用率3个指标作为城市道路交通状态的特征向量,通过二级模糊综合判别算法来确定其隶属于三个目标道路的交通状态(即畅通、拥挤以及堵塞)。首先,将待判别交通状态的城市某一道路(U)划分为临近前方信号灯路段($U1$)和远离前方信号灯路段($U2$)两个子集;其次,依据各个路段子集交通特征向量的实际特性,分别确定其隶属于三个目标交通状态的隶属函数;再次,进行单因素的一级模糊评判和二级模糊评判,确定整个城市道路所属每个目标交通状态的隶属度的模糊向量集合族;最后,对二级模糊综合评判结果向量进行分析,使得到的最终判别结果更能准确体现交通状态之间的过渡性的特点,从而可获得包含原来三种目标状态间的中间状态的共5种结果状态(即"畅通""畅通/拥挤""拥挤""拥挤/堵塞""堵塞",这样就更贴切于实际道路交通状态间差异存在的模糊性)。

11.2 算法

我们以城市中任一道路为研究对象,来讨论该道路的交通状态判别问题。

1. 城市任一道路子段划分模型

对于任一城市道路 U,实际城市任一道路临近前方交通信号灯程度不同,评判对象因素对其所处路段的交通状态奉献程度不同,我们将城市任一道路 U 分为两个子段 $U1$ 和 $U2$,在路段子集划分时,需综合考虑道路前方信号灯配时策略(主要考虑信号灯绿信比 t)、道路设计饱和率 s、道路速度限制 v(单位为公里/小时)和道路的总长 d(单位为公里)等。

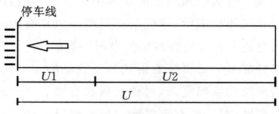

图 11.1 城市任一道路路段划分子集示意

确定该道路所划分子集 $U1$ 的长度 d_{U1},根据整条道路长度 d、绿信比 t、道路设计饱和率 s 以及道路限制速度 v 对其的影响,我们构建如下模型来确定 d_{U1}, d_{U2}。

$$\begin{cases} d_{U1} = f(d,t,s,v) = d/(3-t+10/v+s) \\ d_{U2} = d - d_{U1} \end{cases} \tag{11.1}$$

2. 基于模糊综合判定方法的基本原理

模糊综合评判是基于模糊数学的一种典型应用,其数学模型相对简单,对内嵌多因素多层次特征的繁杂对象有很好的评判区分效果。它主要过程分两步:第一步先对单因素依据各自隶属函数独立评定,第二步再对各个单因素评定获得的评定集执行加权综合评定。具体的描述为,设 (U,P,R) 为模糊综合评判的评判模型,其中 $U=(u_1,u_2,\cdots,u_m)$ 为评判的因素集(其中 m 表示指标项目数),$P=(p_1,p_2,\cdots,p_n)$ 为评语集(其中 n 表示评语等级数)。对 U 中各个因素参照所属评语集的划分标准执行单独评定,得到其评定矩阵 $\boldsymbol{R}=(r_{ij})_{n \times m}$,其

中 r_{ij} 表示从第 i 个因素角度做出第 j 个评语 v_j 的可能程度，即 u_i 对 v_j 的"隶属程度"。在评判过程中，由于因素全集中各个因素对评判的作用各不相同，称 $a_i(i=1,2,3,\cdots,n)$ 为因素权重，被称作因素全集 U 内的一个独立子集，即 $a_i = U(u_i)$。模糊向量 $\boldsymbol{A}=(a_1,a_2\cdots a_n)$，当 n 满足 $\sum_{i=1}^{n} a_i = 1, a_i > 0$ 时则称为因素权重向量。

3. 算法步骤

（1）道路子集划分。依据城市任一道路临近前方交通信号灯程度不同，评判对象因素对其所处路段的交通状态奉献程度不同，我们依据式(11.1)将城市任一道路 U 分为两个子段 $U1$ 和 $U2$，在路段子集划分是需综合考虑道路前方信号灯配时策略、道路设计饱和率、道路限制速度和道路本身的总长。

（2）针对道路各个路段子集建立评定对象单因素集 U_i。$U_i = [L, V, D]$，其中 $i=1,2,\cdots$ 表示第几个路段子集，L 代表排队长度比，V 代表平均车速，D 代表占用率。

（3）针对各个路段子集建立评定集 F_i。$F_i = [f_{i1}, f_{i2}, f_{i3}]$，其中 f_{i1} 代表道路第 i 个子路段属于畅通状态，f_{i2} 代表第 i 个子路段属于拥挤状态，f_{i3} 代表第 i 个子路段属于堵塞状态。

（4）建立单因素评定。即建立一个从单因素集 U_i 到子评定集 F_i 的一个模糊关系映射，这样因素集中的任一元素 u 就与 L,V,D 的笛卡儿乘积 $L \times V \times D = \{(l,v,d) | l \in L, v \in V, d \in D\}$ 中的对应元素 (l,v,d) 唯一对应，由此可以导出单因素评定矩阵 $\boldsymbol{R}_i$，$\boldsymbol{R}_i = [R_{i1}, R_{i2}, R_{i3}]^T$，其中 R_{i1} 指的是子路段 i 排队长度比隶属于畅通、拥挤与堵塞的程度，R_{i2} 指的是子路段 i 速度隶属于畅通、拥挤与堵塞的程度，R_{i3} 指的是子路段 i 占用率隶属于畅通、拥挤与堵塞的程度。

（5）第一级模糊综合评定。选择合适的模糊数学综合函数进行综合，对道路各路段子集用因素集 U_i 内的对应模糊集 $A_i = [a_{i1}, a_{i2}, a_{i3}]$ 表示该因素的权重分配，求出一级单因素综合评定集 $B_i = [b_{i1}, b_{i2}, b_{i3}] = A_i \circ R_i$，并将其作归一化处理。

（6）二级模糊综合评定。将前一级评定输出作为评定矩阵 $\widetilde{\boldsymbol{R}} = [B_1, B_2]^T$，将道路各子路段对整个道路的权重模糊子集为 $\widetilde{A}$，则可求出二级模糊评定输出 $\widetilde{B} = \widetilde{A} \circ \widetilde{\boldsymbol{R}} = [\tilde{b}_1, \tilde{b}_2, \tilde{b}_3]$。

（7）对二级判定结果进行模糊分析判断。设定一个阈值 $\lambda \in [0,1]$，对任意 $\tilde{b}_j \geqslant \lambda (j=1,2,3)$ 均符合要求，当 $\tilde{b}_j$ 中仅有一个值大于 λ 时，将其归一到所对应

的交通状态;当$\bar{b}_1,\bar{b}_2$的值都大于λ时,将其归一到"畅通/拥挤"临界状态;当$\bar{b}_2,\bar{b}_3$的值都大于λ时,将其归一到"拥挤/堵塞"临界状态,比如二级判定结果为(0.4,0.4,0.2),若取λ为0.3,则最终结果判定该道路交通状态为"畅通/拥挤"。

4. 隶属函数

隶属函数的确定直接影响到交通状态判别的准确率,模糊系统常用高斯型函数来构建其隶属函数,因为高斯型函数比较光滑且物理意义清晰。因此,我们借鉴相关规范和参考文献[246],同时依据经验可得到排队长度比、占用率和平均速度等特征量与城市道路交通状态之间的关系,我们定义不同参数的高斯型函数($y=\exp[-(x-c)^2/(2\sigma^2)]$)作为这三个模糊集的隶属函数,隶属函数分段曲线轮廓如图11.2所示(不同子路段所对应的参数根据实际路段交通特

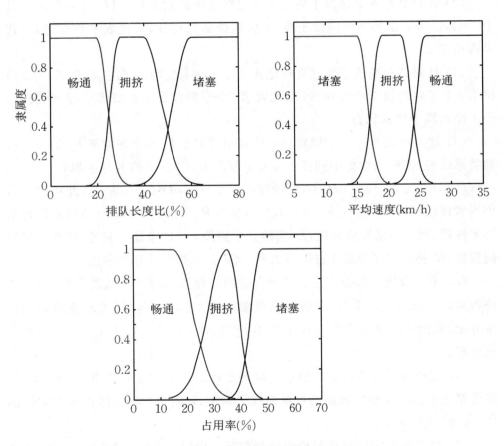

图11.2 各隶属函数曲线轮廓

征量对交通状态的影响不同)。对于3个交通特征向量的取值定义,排队长度比为所有排队车辆总长占车道长的百分比;平均速度为统计时间间隔内所有车辆速度综合与车辆数量之比;占用率指的是任意时刻道路上行驶的全部车辆总长与该道路长的百分比。

本章引入分段高斯函数作为各自特征向量的隶属函数,各个隶属函数曲线轮廓如图11.2所示,只以第一子路段为对象具体描述说明,第二子路段只是参数不同。

(1) 排队长度比隶属函数

$$u_{1A}(L) = \begin{cases} 1 & L < c_{11} \\ \exp(-(L-c_{11})^2/(2*\sigma_{11}^2)) & L \geqslant c_{11} \end{cases}$$

$$u_{1B}(L) = \begin{cases} \exp(-(L-c_{12})^2/(2*\sigma_{12}^2)) & L < c_{12} \\ 1 & c_{12} \leqslant L < c_{13} \\ \exp(-(L-c_{13})^2/(2*\sigma_{13}^2)) & L \geqslant c_{13} \end{cases} \quad (11.2)$$

$$u_{1C}(L) = \begin{cases} \exp(-(L-c_{14})^2/(2*\sigma_{14}^2)) & L \leqslant c_{14} \\ 1 & L > c_{14} \end{cases}$$

这里各段高斯型函数的参数值分别定义如下:$c_{11},c_{12},c_{13},c_{14}$,对于第一子路段分别为22,32,42和62,而对第二子路段分别取18,28,38和58,$\sigma_{11}=\sigma_{12}$,$\sigma_{13}=\sigma_{14}$,分别取4和7。

依据式(11.2)可求出对排队长度比的单因素评定输出为

$$R_{11} = [u_{1A}(L), u_{1B}(L), u_{1C}(L)] \quad (11.3)$$

其中,$u_{1A}(L)$、$u_{1B}(L)$和$u_{1C}(L)$分别表示在排队长度比L下的交通畅通、拥挤和堵塞的隶属程度。

(2) 平均速度隶属函数

$$u_{1A}(V) = \begin{cases} 1 & V < c_{21} \\ \exp(-(V-c_{21})^2/(2*\sigma_{21}^2)) & V \geqslant c_{21} \end{cases}$$

$$u_{1B}(V) = \begin{cases} \exp(-(V-c_{22})^2/(2*\sigma_{22}^2)) & V < c_{22} \\ 1 & c_{22} \leqslant V < c_{23} \\ \exp(-(V-c_{23})^2/(2*\sigma_{23}^2)) & V \geqslant c_{23} \end{cases} \quad (11.4)$$

$$u_{1C}(V) = \begin{cases} \exp(-(V-c_{24})^2/(2*\sigma_{24}^2)) & V \leqslant c_{24} \\ 1 & V > c_{24} \end{cases}$$

这里,各段高斯型函数的参数值分别定义如下:$c_{21},c_{22},c_{23},c_{24}$,对于第一子路段分别为 14,17,20 和 23,而对第二路段分别取 18,21,24 和 27,$\sigma_{21}=\sigma_{22}$,$\sigma_{23}=\sigma_{24}$,都取 1.5。依据式(11.4)可求出对平均速度的单因素评定输出:

$$R_{12} = [u_{1A}(V), u_{1B}(V), u_{1C}(V)] \tag{11.5}$$

其中,$u_{1A}(V)$、$u_{1B}(V)$ 和 $u_{1C}(V)$ 分别表示在平均速度 V 下的交通畅通、拥挤和堵塞的隶属程度。

(3) 占用率隶属函数

$$u_{1A}(D) = \begin{cases} 1 & D < c_{31} \\ \exp(-(D-c_{31})^2/(2*\sigma_{31}{}^2)) & D \geqslant c_{31} \end{cases}$$

$$u_{1B}(D) = \begin{cases} \exp(-(D-c_{32})^2/(2*\sigma_{32}{}^2)) & D < c_{32} \\ \exp(-(D-c_{33})^2/(2*\sigma_{33}{}^2)) & D \geqslant c_{32} \end{cases} \tag{11.6}$$

$$u_{1C}(D) = \begin{cases} \exp(-(D-c_{34})^2/(2*\sigma_{34}{}^2)) & D \leqslant c_{34} \\ 1 & D > c_{34} \end{cases}$$

其中参数取 $c_{31},c_{32},c_{33},c_{34}$,对于第一子路段分别为 17,37,37 和 50,而对第二路段分别取 14,34,34 和 47,$\sigma_{21}=\sigma_{22}$,$\sigma_{23}=\sigma_{24}$,分别都取 7 和 4。

依据式(11.6)可求出对占用率的单因素评定输出:

$$R_{13} = [u_{1A}(D), u_{1B}(D), u_{1C}(D)] \tag{11.7}$$

其中,$u_{1A}(D)$、$u_{1B}(D)$ 和 $u_{1C}(D)$ 依次指的是在占用率 D 下的隶属于 3 种目标状态(交通畅通、拥挤以及堵塞)的程度。

(4) 模糊综合评判。

① 第一级模糊判别。具体以第一子路段来描述说明,根据每个单因素评价结果 R_{11},R_{12},R_{13} 得出评价矩阵 $\boldsymbol{R}_1$:

$$\boldsymbol{R}_1 = \begin{bmatrix} R_{11} \\ R_{12} \\ R_{13} \end{bmatrix} = \begin{bmatrix} r_{11} & r_{12} & r_{13} \\ r_{21} & r_{22} & r_{23} \\ r_{31} & r_{32} & r_{33} \end{bmatrix} = \begin{bmatrix} u_{1A}(L) & u_{1B}(L) & u_{1C}(L) \\ u_{1A}(V) & u_{1B}(V) & u_{1C}(V) \\ u_{1A}(D) & u_{1B}(D) & u_{1C}(D) \end{bmatrix} \tag{11.8}$$

本章选择最常用的加权平均方法来确定模糊综合函数,取权重集 $A_1=(a_{11},a_{12},a_{13})$。$a_{11}$ 指的是道路第一子路段排队长度在模糊评定中所占的比重;a_{12} 指的是道路第一子路段平均车速所占的比重,a_{13} 指的是道路第一子路段占用率所占的比重。a_{11},a_{12},a_{13} 还需满足归一化的要求,即 $a_{11}+a_{12}+a_{13}=1$。一般用灰色理论以及专家法等依据来确定其中各个权重,在这里,我们通过层次分析法和借鉴文献中的专家经验来确定各相应指标的权重 a_{1i},分别为排队长度、平均车速、车道占用率,即 $A_1=(a_{11},a_{12},a_{13})=(0.26,0.42,0.32)$。类似的,对于第二子路段取相同权重,即 $A_2=A_1$。

依据权重集 A_1 与评价矩阵 R_1 通过如下矩阵运算就可以求出道路第一子路段评判指标 B_1。

$$B_1 = A_1 \circ R_1 = [a_{11}, a_{12}, a_{13}] \begin{bmatrix} r_{11} & r_{12} & r_{13} \\ r_{21} & r_{22} & r_{23} \\ r_{31} & r_{32} & r_{33} \end{bmatrix} = [b_{11}, b_{12}, b_{13}] \quad (11.9)$$

类似可以求出道路第二子路段评判指标 $B_2 = [b_{21}, b_{22}, b_{23}]$,对于第一级模糊评判集中隶属于畅通、拥挤以及堵塞 3 种目标状态的程度分别对应模糊综合评判的指标 $B = [B_1, B_2]^T$ 中相应值,b_{i1}、b_{i2}、b_{i3}(这里 i 表示道路子路段序号)依次指的是隶属于畅通、拥挤以及堵塞状态的程度。

② 第二级模糊判别。以一级判定输出 $\widetilde{R} = B = [B_1, B_2]^T$ 作为第二级的判定矩阵,需要考虑各道路子段对整条道路交通状态的奉献权重 $\widetilde{A}$。因在实际城市道路交通中,依据临近前方交通信号灯距离情况,各子路段交通状态对整个道路交通状态区分的贡献是有差异的,而且这个奉献权重 $\widetilde{A}$ 应该是各子路段长度占整个道路长度之比,以及道路的交通环境因素(信号灯配时策略、道路速度限制以及道路设计饱和率等)的函数关系,结合我们仿真区域实际路况,我们来确定 $\widetilde{A} = (\widetilde{a}_1, \widetilde{a}_2)$,具体 $\widetilde{a}_1, \widetilde{a}_2$ 的确定方法如下:

$$\begin{cases} \widetilde{a}_1 = k + d_{U1}/d \\ \widetilde{a}_2 = 1 - \widetilde{a}_1 \end{cases} \quad (11.10)$$

其中,k 作为一个控制参数,体现信号灯配时策略、道路速度限制以及道路设计饱和率等对第一子路段对整个该条道路的交通状态的影响,取为 0.1。

这样我们可以得到二级模糊判定结果 $\widetilde{B}$:

$$\widetilde{B} = \widetilde{A} \circ \widetilde{R} = \widetilde{A} \circ \begin{bmatrix} B_1 \\ B_2 \end{bmatrix} = [b_1, b_2, b_3] \quad (11.11)$$

③ 二级判定后处理。在以往的交通状态判别研究中,通常根据最大隶属度的原则去进行判别,以属于某种交通状态隶属度最大,则将所代表的交通状态作为模糊综合评判的最终结果,这样,当 b_1, b_2, b_3 中某一值显著大于其他两个值时,将其对应的交通状态作为评判结果是合理的,但是当 b_1, b_2, b_3 中的某两个值差别不明显时,若按照最大隶属度准则严格将判定结果归属于最大值所对应的目标状态,就会导致目标状态划分实际存在的许多过渡信息的损失[245]。为此,通过再一次模糊综合处理,可在畅通、拥挤和堵塞三个状态的基础上衍生两个过渡临界状态:畅通/拥挤临界状态和拥挤/堵塞临界状态,从而更切合实际道路交通状态间区分存在的模糊特性。

具体实现为设定一个阈 $\lambda \in [0,1]$,若满足条件任意 $b_i \geqslant \lambda (i=1,2,3)$,当 b_i 中仅有一个值大于 λ 时,将其归一到所对应的交通状态;当 b_1,b_2 的值都大于 λ 时,将其归一到畅通/拥挤临界状态;当 b_2,b_3 的值都大于 λ 时,将其归一到拥挤/堵塞临界状态。对于初始类别为 3 类的情况时,阈 λ 的取值一般应取在 0.4 左右,我们选取 $\lambda=0.4$,也就是说,存在有两个较大的属于该类的隶属度,大小很接近,具体数值根据具体路段的实际数据进行分析试验后来确定。

11.3 模拟实验及讨论

我们采用前面对成都市磨子桥路口的交通流仿真模型,设定道路最大限速 40 km/h,红绿灯周期为 60 s 且绿信比为 1/2,根据该交叉口 18 个车道的模拟数据,为了克服初始化的瞬时效应影响,通过动态调整开放边界输入输出车辆数,控制获取不同车道占用率下连续的交通状态的变化情况,在对城市道路交通状态进行判别时,判别的时间间隔应大于城市区域内交叉口信号最大的信号周期时长,一般取 5~15 min。在本章实验中,交通状态判别时间间隔取为 5 min,车辆密度从小到大变化,控制用 10 种密度来做实验,每一种车辆密度条件下运行 1 500 s,记录相应 3 个交通特征量的数据用于交通状态判别,仿真中,我们列举科华北路右侧一环路第 5 种密度时的 5 min 交通特征平均数据如表 11.1 所示,对该区域该条城市道路交通状态判别结果如图 11.3 所示,并实时动态绘制出该区域的各路段交通状态判别结果(以不同颜色标示)如图 11.4 所示,作为所感知的交通态势输出结果之一。

表 11.1 仿真中科华北路右侧一环路在第 5 种密度情况下五分钟平均交通特征参数

路段子集	排队长度比(%)	平均速度(km/h)	占用率(%)
U1	25.8	18.46	15.7
U2	16.2	29.67	12.6

在图 11.3 中,左边采用本章算法所获得判别结果状态从 1 至 5 分别表示"畅通""畅通/拥挤""拥挤""拥挤/堵塞""堵塞"5 种交通状态;右边采用一般的一级模糊综合判别得到的结果,判别状态只有从 1 至 3,分别表示"畅通""拥挤""堵塞"。可以看出采用基于二级模糊综合判别所获得的城市道路交通状态划

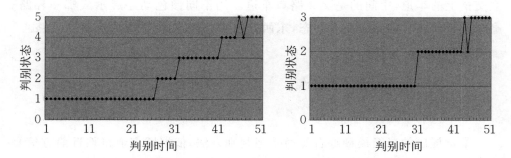

图 11.3 随车流密度增加,科华北路右侧一环路路段交通状态图

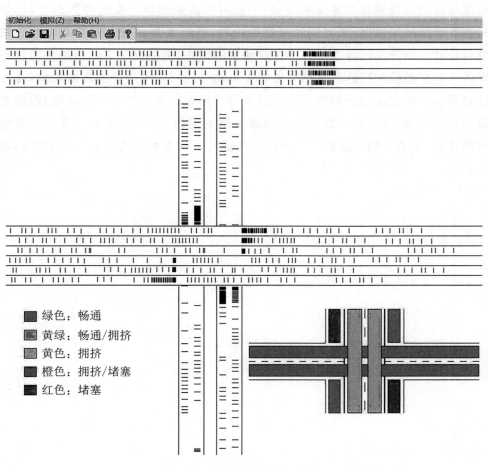

图 11.4 仿真路口区域各路段交通状态实时展示截图

分更为客观和准确。在图 11.4 中,依据各车道交通流仿真,最上边 4 个车道是立交桥上的车道,中间的是交叉路口车道。用不同颜色动态展示成都一环路-磨子桥路口各方向路段交通状态,东西方向为一环路,南北方向为科华北路。

本 章 小 结

本章提出的二级模糊综合交通状态判别方法,依据城市道路临近前方信号灯将每条道路分为两个子段,因为每个子段的交通特征向量对交通状态的隶属函数是有差异的,因此对道路整个交通状态的贡献也会有所不同,从而对城市道路交通状态判别更加客观和准确,不但可降低依据单一交通参数因素(比如只选取道路平均车速)来判别时导致的误判,还可改善最大隶属度准则会导致的目标状态划分实际存在的许多过渡信息的损失,更能反映实际道路交通状态间区分存在的模糊特性。道路交通状态自动准确辨识可为智能运输系统(尤其针对其科学的交通管控和优质的出行者诱导导航信息服务等实际应用)提供有效的信息支撑,从而有效促进我国城市道路交通快速发展,在大力推进自适应控制交通、交通负荷均衡以及市民出行便捷等方面大力推进有着非常重要的现实意义。

第 12 章 城市道路交通态势感知三维展示平台系统

12.1 系统流程

本章的城市区域道路交通态势仿真平台系统首先依据所选择城市区域编辑路网结构,在区域的入口采用开放边界条件输入车辆属性信息,主要有车辆类型、车辆ID、速度等,同时建立城市区域交通管控规则;其次在上述输入条件下,建立微观车辆行为模型拟合,估计运动车辆在该城市区域中的运动属性,获取该区域的交通态势;再次对该区域的道路交通状态进行判别和预测,所判别和预测的道路交通状态可用于交管部门辅助决策,从而影响或者调整交通管控规则,有利于均衡该城市区域的道路交通负荷以及提高整体通行能力;另外结合对该城市区域静态场景建模,将所有车辆运动与静态场景融合,通过三维方式逼真展示该城市区域的交通态势。具体的逻辑流程如图12.1所示。

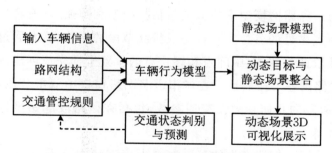

图 12.1 城市道路交通模拟仿真展现系统流程

12.2　路网编辑及静态场景、车辆建模

城市道路路网编辑是交通仿真的静态环境基础,包含了路网各种地理环境参数以及交通管制规则参数,主要包括路网节点、节点连接(连接线)、节段、车道、车道组、转弯禁止线、车道连接线、检测器位置等物理位置关系参数,以及各个路网元素的交通规则属性。而静态场景及车辆的三维建模则是为最后城市交通态势三维展示做准备,否则难以实现交通流态势的可视化展示。

12.2.1　编辑路网

在确定需要感知交通态势的城市区域后,笔者借鉴林勇[247]的交通分析系统(DynaCHINA)用户手册以及麻省理工的交通仿真软件(MITSIMLab)的使用手册,对该城市区域的路网元素进行编辑,最后形成路网文件作为该城市交通态势感知及展示平台的输入文件。其主要的编辑步骤如下:

(1) 路网背景。导入从 Google Earth 上抓取的城市道路网络图片,以此为背景在 DynaCHINA 中编辑出所需城市道路路网。

(2) 添加各节段。采用不同的节段描述一条连接线对应道路上的几何特征(车道数、宽度、坡度、曲率等)或者交通流特征(速度-密度模型参数等)的变化情况。城市道路路网模型中的节段包括折线型和圆弧形,前者通过多次点击鼠标左键获得点击处的各位置坐标完成折线节段的创建,后者通过点击三次鼠标左键获得弧段的起始点、中间点和终止点的位置坐标完成创建。

(3) 设置路网各节段属性。在城市道路网络窗口中双击节段,选中并设置其属性,主要阶段的几何参数及交通参数,包括在该路段起始坐标、设计速度、最大速度属性等。

(4) 校正路网。依据产生的车道连接线,统一校正节段边线间的几何连接关系以及校正节点周边路段的边线连接关系等。分析节点周围各路段边线间的几何连接关系,按统一顺序调整节点连接排序号,依次校正核对各相应节段,来改变各条节段的排序号,从而可以调整节段边线间的几何连接关系,使之与实际道路交叉口处的边线连接特征一致。

（5）添加车道连接线以及道路转弯禁止线。依据实际城市路网中两条车道间连接关系，实现某节段包含某条车道与下游某节段包含的某条车道的连接线定义。转弯禁止线的定义和车道连接线类似，不同之处在于只需标明在上游和下游节段内的两车道间的转弯禁止线，并作上相应的标志。

（6）设置节段包含的各车道组属性。确定车道类型、包含的车道数、其归属的节段标志、定出车道组标志，以及该节段的饱和流量参数等。再针对另外的车道组重复类似操作。

（7）添加检测器。这是整体平台交通信号输入的来源点，在相应的节段中点添加检测器，并设置其属性，包括其检测器类型、在所属节段中的位置、节段中对应的车道序号以及检测器标识编号。

（8）设置动态 OD。模拟定制输入动态 OD 矩阵以确定动态 OD 需求的基本结构信息。将来依据真实采集交通参数分析动态 OD，目前初步以模拟输入车辆在输入时就以一定随机数初始化生成。

（9）录入检测器数据。通过人工指向历史数据库某一真实检测点的数据，或者外部接收实时道路车辆检测器的数据到路网中的检测器。为网络中每台检测器输入流量及速度数据，输入完毕后，注意存盘退出。

通过上面 9 步，最终生成一个系统赖以驱动的配置文件，后续车辆行为驱动模型需实时依据该路网文件更新每一辆车的行为特性。

12.2.2　静态场景及动态对象的三维建模

在静态场景的三维建模中，主要用到 Creator，Adobe Photoshop，Autodesk 3ds Max 等软件工具。Creator 和 3ds Max 结合用于建立三维模型，Photoshop CS4 用于处理纹理。首先，依据所需感知交通态势的城市区域的路网信息确定场景模型的精度，模型的制作一律以"m"为单位。静态场景模型的单位一旦确定好，如果再任意调整场景单位，则会由于场景中静态对象的尺度大小偏差而引起放缩变化，使场景中各静态对象的尺度感不尽如人意。

主要对该城市区域内的道路（包括路面、道路上的栏杆、绿化带等），道路周边的主要建筑物、交通信号灯、各种车辆进行建模。静态场景及运动车辆建模主要过程分为 4 步：第一步，数据获取。先获取道路的地理位置数据信息，周围的建筑模型 T 块数据，通过适当处理将 T 块模型拆散整理，然后将其分布于路面周围，采集各种纹理（比如路面、车道、斑马线、房屋等），纹理图片可根据需要通过 Photoshop 软件进行处理,拼合成适合于所建模型的纹理并加载到纹理库;第二步,依据获取的位置及尺寸数据对各场景目标通过使用 creator 软件建立三维模型;第三步,对场景中各目标贴纹理,依据不同模型再从纹理库中选取相应的纹理贴于模型的各表面;第四步,当所有纹理都贴完之后,统一渲染整个场景。

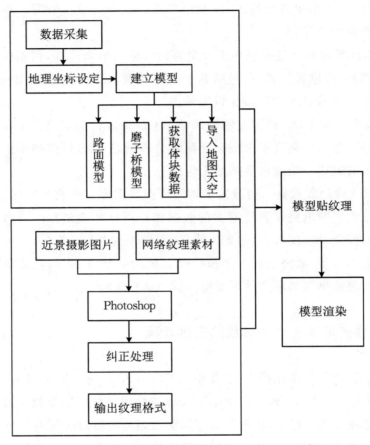

图 12.2　建模流程

完成上述建模流程后,得到如图 12.3 所示的静态场景三维模型效果图和如图 12.4 所示的运动车辆三维模型。

图 12.3　静态场景模型效果图

图 12.4　车辆三维模型

12.3 城市区域交通态势拟合

本节为了获取城市区域每一时刻所有车辆的时空位置,拟合出城市区域的交通态势,需要对该区域的所有车辆运动行为进行建模。利用考虑坡道以及实际交通中车辆的行驶特性(如前车间距、刹车灯以及机械限制减速能力)等因素的微观交通流模型,同时再依据城市中实际换道过程制定换道规则,从而得到车辆的实时运动行为特性。为与实际交通更接近,所有初始化边界条件都采用开放边界,可通过控制车辆进入和驶出的概率改变车道占用率来模拟仿真不同交通负荷下城市区域交通的态势。这样系统将来还可结合实测输入车辆信息来仿真城市区域的交通态势,在区域进入口设立真实的车辆检测设备,实时采集驶入该区域的车辆信息,作为系统的车辆输入信息,实现在线仿真所检测城市区域交通态势。

12.3.1 运动对象驱动模型

为了获取城市区域道路车辆实时连续时空信息,采用基于 CTM(Cell Transmission Model)的微观车辆行为驱动模型,实现对区域所有运动车辆并行更新,为后续对区域交通状态进行定性和定量分析提供基础,同时还为道路交通场景 3D 可视化展示提供运动对象相关时空信息。在每一时刻,模型主要包括 3 个步骤,首先,车辆为了获取更好的通行条件,对所有车辆检查车辆换道;其次,在车辆换道完成后,车辆在各自车道依据前后车辆的相对关系(速度及位置)更新其前进速度;最后,并行更新所有车辆的位置。具体的步骤如下。

1. 车辆换道规则

为了更切合实际交通情况,本章的城市交叉路口交通流模型进一步考虑了换道过程和接近红绿灯路口附近的加减速特点。通过对我国实际交通中换道时车辆时间头距的调研后标定的安全换道均值约为 1.2 s,比国外交通中车辆换道的车辆时间头间距 1.5~2 s 略小,也就一定程度解释了我国道路交通中车辆换道频率较国外的更高,而车辆驾驶者在道路车辆行进中一般的反应时间约为 0.8~1.2 s。故本章的模型考虑车辆换道时与其目标车道前后邻安全时间

间距 τ 取 1.2s。在交叉路口的情况,在距离停车线 L m 内车道间车道线是实线,在该区间内车辆禁止换道,故交叉路口在 L m 外或者非交叉路口的断面都根据实际情况换道,具体的车辆换道规则步骤如下:

(1) 换道动机:
$$v_n(t)+1 > d_n^{eff}, \quad d_n^{eff} < d_{n\_other}^{eff} \tag{12.1}$$

其中,$v_n(t)$ 表示 t 时刻当前车辆 n 的速度,d_n^{eff} 是参照 VE 模型考虑前车间距的有效距离 $d_n^{eff}=d_n+\max(0,\min(d_{n+1},v_{n+1}(t))-1)$,$d_n$ 和 $v_{n+1}(t)$ 的定义与前面章节中的相同,$d_{n\_other}^{eff}$ 表示当前车 n 与目标车道前车间的有效距离。

(2) 安全条件:
$$d_{n\_other} > \tau \times v_n(t), \quad d_{n\_other\_f} > \tau \times v_{n\_other\_f}(t) \tag{12.2}$$

其中,d_{n_other} 表示当前车 n 距目标车道前车的距离,τ 表示换到目标车道最小安全时距,取 1.2s,$d_{n\_other\_f}$ 指的是当前车 n 与目标车道后车的间距,$v_{n\_other\_f}(t)$ 指的是 t 时刻目标车道后车的速度。

总之,该换道规则既考虑了当前的速度,也考虑了相邻车辆的速度以及换道的安全时间头距,不是通常的目标车道前后安全距离固定取最大速度的情况,更贴合我国现实城市交通换道的实际情况。

(3) 以一定概率 P_{change} 换道,设定 P_{change} 为 0.9。

2. 更新规则

在本章的城市区域交通状态感知平台系统中,速度更新主要有 3 种不同的路况:第一种是距离交叉路口和立交桥坡道 200 m 外的普通多车道城市路段;第二种是包括立交桥坡道以及坡道前后 200 m 范围内的路况;第三种是距离交叉路口 200 m 之内区域路况。针对第一种路况,车辆速度更新规则采用考虑混合机动车流的不同机械特性对交通流的影响的速度更新规则;针对第二种路况,车辆速度更新规则采用考虑坡道对交通流的影响的速度更新规则;而针对第三种路况,考虑到接近交叉路口,车辆的加减速受到红绿灯信号的影响。

在第三种路况下,当车辆接近交叉口的停车线附近时,车辆驾驶者会更谨慎些,体现在如下几个方面:① 车辆加减速度会受红绿灯将要切换的时长 Γ 影响;② 车辆最大速度(记为 $v'_{\max}$)会比普通路段的最大速度适当减小;③ 车辆在停车线附近车辆速度比较慢,还会通过较准确地估算当前车辆的前两车的位置情况来预测自身的可能行驶空间,从而调整其加减速度;④ 同时会依据前面停车排队与当前车辆之间的间距预测本车的加减速;⑤ 当红灯变绿灯时,停在停车线后车辆队列头车因停车时间较长而通常启动较慢,主要因为驾驶者必须关注前方交通信号灯状态变成为绿灯状态,并经历一个反应过程,再启动提速通过该路口,而其后的车辆因在其前车启动时就知道了红绿灯信号的转变,本章模型结合实际情况,在停车线处的停车队列不考虑头车以后车辆的慢启动,而在非停车线的停车队列当停车时间超过一定阈值($t_{c\alpha}=10\text{ s}$)则启用慢启动规则。基于对上诉因素的分析,本章构建一种引入道路交通信号灯影响驾驶员行为的 CA 模型,综合考虑上面 5 种因素,使模型更贴近城市红绿灯交叉口交通实际。为了简化,只考虑红灯和绿灯两种交通灯状态,其具体的车辆速度更新步骤如下:

(1) 计算连续停车时间 t_c。

(2) 计算当前车辆距最近的停车队列尾间距 d_{jam}。

(3) 确定红绿灯标志 b_{light},红灯时 b_{light} 为 1,绿灯时 b_{light} 为 0。

(4) 确定通过停车线否标志 b_{pass},通过了 b_{pass} 为 1,否则 b_{pass} 为 0。

(5) 确定车辆加速度,又分为如下 3 个子步骤:

① 如果没有通过停车线且在红灯期间的车辆加速度:

$$a = \begin{cases} 1 & \text{if } t_c > t_{c\alpha} \text{ with } P_1 \\ -1 & \text{elseif } v_n(t)*t_p > d_{\text{jam}} \text{ and } D_n > V'_{\max}*\Gamma \text{ with } P_2 \\ -1 & \text{elseif } v'_{\max}*t_p \geq d_{\text{jam}} \geq v_n(t)*t_p \text{ and } D_n > V'_{\max}*\Gamma \text{ with } P_3 \\ 1 & \text{elseif } v'_{\max}*t_p \geq d_{\text{jam}} \text{ and } D_n > V'_{\max}*\Gamma \text{ with } P_2 \\ 1 & \text{elseif } v_n(t)*\Gamma \leq D_n \leq V'_{\max}*\Gamma \text{ with } P_3 \\ 1 & \text{elseif } v_n(t)*\Gamma > D_n \text{ with } P_2 \\ 0 & \text{others} \end{cases}$$

(12.3)

其中,D_n 表示在没有通过停车线时,当前车辆 n 距离停车线的距离;b_{head} 为停车线停下车对头车标志,当 b_{head} 为 1 表示停在停车线的第一辆车,否则为 0;P_1,P_2,P_3 表示相应条件下时,满足一定概率才改变为相应的加速度值,为了简单描述当前车辆 n 在所处环境状态下驾驶者的心理,分别取直为 0.8,0.9,0.1;$t_{c\alpha}$ 为控制参数,表示长时停车启用慢启动的阈值(取为 10 s);t_p 也是控制参数,表示距离前一个停车队列尾部的时间间距超过该值时,当前车会自适应调整加速度;Γ 表示交通信号灯将要切换的时间长度。

② 如果没有通过停车线且在绿灯期间的车辆加速度:

$$a = \begin{cases} 1 & \text{if } t_c > t_{cc} \text{ and } b_{\text{head}} = 1 \text{ with } P_1 \\ -1 & \text{elseif } v_n(t) * t_p > d_{\text{jam}} \text{ and } D_n > V'_{\text{max}} * \Gamma \text{ with } P_2 \\ -1 & \text{elseif } v'_{\text{max}} * t_p \geqslant d_{\text{jam}} \geqslant v_n(t) * t_p \text{ and } D_n > V'_{\text{max}} * \Gamma \text{ with } P_3 \\ 1 & \text{elseif } v'_{\text{max}} * t_p \geqslant d_{\text{jam}} \text{ and } D_n > V'_{\text{max}} * \Gamma \text{ with } P_2 \\ 1 & \text{elseif } v_n(t) * \Gamma \leqslant D_n \leqslant V'_{\text{max}} * \Gamma \text{ and } \\ & D_n < (v_n(t) + 1) * \Gamma \text{ with } P_1 \\ 1 & \text{elseif } v_n(t) * \Gamma \leqslant D_n \leqslant V'_{\text{max}} * \Gamma \text{ and } \\ & D_n \geqslant (v_n(t) + 1) * \Gamma \text{ with } P_3 \\ 1 & \text{elseif } v_n(t) * \Gamma > D_n \text{ with } P_2 \\ 0 & \text{others} \end{cases} \quad (12.4)$$

③ 其他情况下的车辆加速度：

$$a = \begin{cases} 1 & \text{if } t_c > t_{cc} \text{ and } b_{\text{head}} = 1 \text{ with } P_1 \\ -1 & \text{elseif } v_n(t) * t_p > d_{\text{jam}} \text{ with } P_2 \\ -1 & \text{elseif } v'_{\text{max}} * t_p > d_{\text{jam}} \geqslant v_n(t) * t_p \text{ with } P_3 \\ 1 & \text{elseif } v'_{\text{max}} * t_p \geqslant d_{\text{jam}} \text{ with } P_2 \\ 0 & \text{others} \end{cases} \quad (12.5)$$

（6）确定随机慢化 b：

$$b = \begin{cases} -1 & \text{if } a \geqslant 0 \text{ with } P \\ 0 & \text{others} \end{cases} \quad (12.6)$$

其中，随机慢化概率 $P=15\%$。

（7）速度更新：

$$v_n(t+1) = \begin{cases} \min(\max(0, \min(v_n(t)+a+b, v'_{\text{max}}), d_n^{eff})) \\ \quad \text{if } b_{\text{light}} = 0 \text{ or } b_{\text{pass}} = 1 \\ \min(\max(0, \min(v_n(t)+a+b, v'_{\text{max}}), \min(d_n^{eff}, D_n))) \\ \quad \text{others} \end{cases} \quad (12.7)$$

其中，d_n^{eff} 是参照 VE 模型考虑前车的前间距的虚拟有效距离 $d_n^{eff} = d_n + \max(0, \min(d_{n+1}, v_{n+1}(t)-1))$，$d_n$ 表示车辆 n 与其前车的间距，d_{n+1} 表示车辆 n 的前车($n+1$)的前间距，注意，当信号灯处于红灯期间停车线后第二辆车的前车前间距只能取 D_{n+1}。

（8）车辆位置更新：

$$x_n(t+1) = x_n(t) + v_n(t+1) \quad (12.8)$$

12.3.2 仿真结果与讨论

在数值模拟实验中,采用周期边界,一个方向双车道来模拟分析车辆过红绿灯路口的行为特性,取每个车道长 400 个元胞,每辆车占用一个元胞,交通信号灯位置在其中间位置,在接近停车线 100 个元胞以内禁止车辆换道,取交通信号灯的时间周期为 60 s 且绿信比为 1/2,即红、绿灯时长分别都等于 30 s。考虑到与实际城市交叉路口限速接近,取每个元胞代表 5 米,过交叉口车辆的最大速度 v'_{max} 取为 3 cell/s,约 54 km/h。时间步长为 1 s,为了消除瞬时效应以及初始化的影响,在数值模拟中总共运行 48 000 时步,去除前 30 000 时步的数据,只收集后 18 000 时步的数据用于统计分析。分别从时空斑图与流-密基本图与考虑交通信号灯的 NS 模型进行比较,可看出本章提出的红绿灯路口交通流模型的优越性。

1. 基本图分析

在图 12.5 中,圆形的为考虑交通信号灯的 NS 模型得到的基本图,其慢化概率为 15%;星形的为 HLD Light model 所得的基本图,该模型没有考虑随机慢化;矩形的为本章提出的考虑交通信号灯的交通流模型(NS Light model)得到的基本图,其慢化概率为 15%。从图 12.5 中我们可以看出,3 种模型所得到

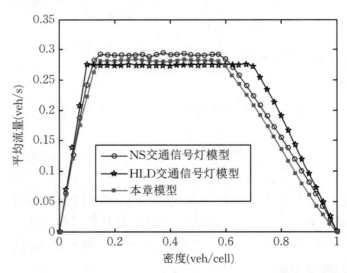

图 12.5 考虑交通信号灯交叉口的流-密基本图比较,信号灯周期 60 s 且对应绿信比为 0.5,车辆最大速度 3 cells/s

的基本图轮廓基本一致,总体上分为三段,第一段都在自由流情况下,随着车辆密度的增加,流量也基本上线性递增,第二段都有一个饱和流段,第三段表示当车流密度逐渐递增时对应车流流量则接近线性递减。但本章所提出的模型与考虑交通信号灯的 NS 模型主要有三方面不同,第一,本章所提出的模型考虑了信号灯从红灯变为绿灯时,头车因要观察信号灯的变化再做出反应的慢启动的实际情况;第二,考虑了依据交通信号灯将要切换的时长以及当前车辆的速度来调节自身交叉路口时的期望速度;第三,还考虑了前面停车排队情况来调节自身在非交叉口时的期望速度。因为有这三方面结合实际的情况,从而避免了不合理的激进加速和急刹车,因而在同样车辆密度下,其车流量略比 NS 模型的车流量小,这也是符合交通实际的。另外,对于只考虑了要通过红绿灯时的期望速度,而没有考虑不减速车辆的随机慢化,而且其将要通过红绿灯时的期望速度计算时,也不太符合实际,特别是当信号灯从红灯变为绿灯时,这时信号灯将要变为绿灯的时长 Γ 为 30 s,满足 $v_n(t)*\Gamma \leqslant Dn$ 条件,所以停在停车线后的车辆只以 10% 的概率加速前进,饱和流量段的流量值比考虑信号灯的 NS 和本章提出的模型的流量都要低,也正是由于没有考虑不减速车辆的随机慢化,在车辆密度 $\rho<0.15$ 和 $\rho<0.65$ 时,文献[248]模型得到的流量比另外两种模型的流量略大。总之,我们从基本图的比较分析中可以看出本章所提出新模型的有效性及合理性。

2. 车辆时空特性分析

从图 12.6 中,我们可以看出本章提出模型的三方面特点,第一,在信号灯为红灯时,车辆排队长度比其他两种模型都短;第二,在两个停车排队队列间,车辆从后一停车队列先慢加速,在接近前一停车队列时再慢减速,以一种比较合乎实际的速度前进,不像 NS Light 模型那样在接近前一停车队列时突然减速(见图 12.6(a)的两个停车队列间的时空斑),也不像文献[248]的模型那样两停车队列间几乎是以一固定速度前移(见图 12.6(b)的两个停车队列间的时空斑)。第三,因考虑了车辆前面停车队列而调节车辆行进的期望速度,所以从车辆快速行驶到其前的停车队列有一个逐渐减速的过程,从比较 3 个时空斑图的左边车辆接近最近一个停车队列的斑点组成的虚线的斜率变化可以看出。基于时空斑图的比较,可以说明本章的考虑信号灯交通流模型中车辆的速度变化更加平滑,这与实际交通更相符合,从车辆过红绿灯路口的交通流微观特性上更接近真实交通,验证了其合理性。

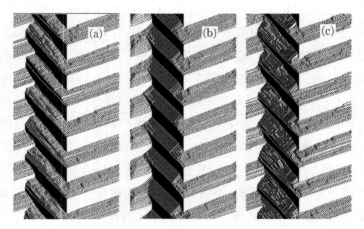

图 12.6 考虑交通信号灯交叉口的时空斑图比较,信号灯周期 60 s 且相应绿信比为 0.5,最大车速 3 cells/s,车流密度为 0.3 车辆数/元胞;数据收集:空间是信号灯前后 100 个元胞,时间是从 20 000 s 到 400 s

(a) NS Light 模型得到的时空斑图,(b) HLD Light 模型的时空斑图,
(c) 本章提出模型的考虑交通信号灯的时空斑图

3. 车辆速度分布分析

从图 12.7 中,我们可以看到图 12.7(c)速度为 0 cell/s 的比率比其他两种模型的要小(特别是道路车辆密度在 $0.2 \leqslant \rho \leqslant 0.6$ 的道路常态密度区间的时候),表明停车时间步比较少,相对更多车可以更少停车间断而通过信号灯路口,自然车辆尾气排放对空气的污染严重程度也就更低[249]。另外高速车辆所占比率几乎和 NS Light 模型的一致,说明道路上高速车辆所占比率没有受到依据前面停车队列进行预测期望速度调整的影响。而在 HLD Light 模型中却出现了车辆速度所占比率几乎为 0 的与实际交通不符的情况。车辆各种速度所占比率分布图进一步说明本章所提出的交通信号灯交通流模型基于交通流宏观统计特征上更与实际交通相符。

4. 车辆速度骤减所占比率分析

通常车辆会因为红灯或者避免与前车相撞而采取刹车减速,但在现实城市交通中,急刹车的情况是比较少的,这是驾驶者出于安全驾驶以及急刹车对车辆的机械磨损伤害较大考虑所致,另外紧急刹车导致车辆油耗增加,还可额外增加车辆所排放的尾气量,从而致使更严重的污染环境。下面通过图 12.8 来比较分析本章所提出模型的出现紧急刹车比率情况,因最大速度 V_{max} 为 3 cell/s,假设更新前后车辆速度减少值超过 1 cell/s 的情况定义为紧急刹车。

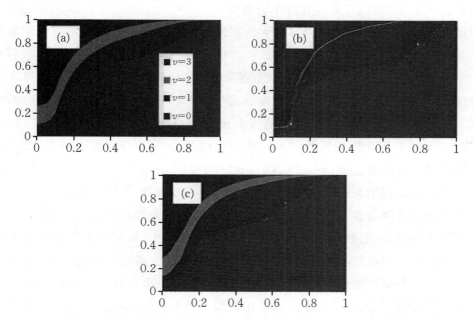

图 12.7 各种速度所占比率图比较,信号灯周期 60 s 且对应绿信比为 0.5,车辆最大速度 3 cells/s

(a) NS Light 模型得到的各种速度所占比率分布图;(b) HLD Light 模型的各种速度所占比率分布图;(c) 本章提出模型的各种速度所占比率分布图

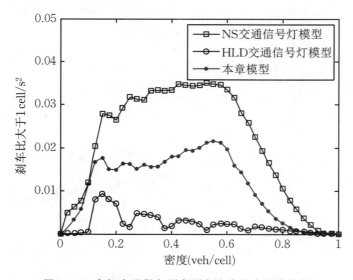

图 12.8 车辆出现紧急刹车所占比率随密度变化图

从图 12.8 中,我们可以看到,本章所提出模型比 NS Light 模型出现紧急刹车比率总体上要小,尤其道路车辆密度在 $0.2 \leqslant \rho \leqslant 0.6$ 区间,本章所提出模型出现紧急刹车比率约是 NS Light 模型出现的 1/2,进一步说明本章提出模型比 NS Light 模型更切合交通实际。但为什么 HLD Light 模型中出现紧急刹车比率会更小呢?主要是因为:① 在其模型中没有考虑随机慢化对车辆速度不确定影响,相当于车辆行驶都是在理想的环境下,其速度可以更准确地预测,所以出现紧急刹车的情况更少,这是降低出现紧急刹车比率的主要因素(见图 12.9 有无随机慢化出现紧急刹车比率变化情况);② 在绿灯将变换为红灯时,车辆位置和速度满足 $v_n(t) \times \Gamma \leqslant D_n \leqslant v'_{max} \times \Gamma$ 且 $D_n < (v_n(t)+1) \times \Gamma$ 时(也就是车辆如果加速就可以通过该红绿灯时),其模型采取了较悲观的态度,只以 10% 的概率选择加速,正因为其加速少了,出现比较高速的车辆也就少了,出现紧急刹车的比率也就相应减少,这是导致 HLD Light 模型中出现紧急刹车比率变小的又一因素,但这是与实际中驾驶者期望尽快通过红绿灯路口、减少停车等待下一个绿灯的愿望是不相符的。所以从出现紧急刹车比率随道路车辆密度变化曲线来看,也说明了本章提出的模型的合理性和得出对信号灯交叉路口交通现象的更佳解释。

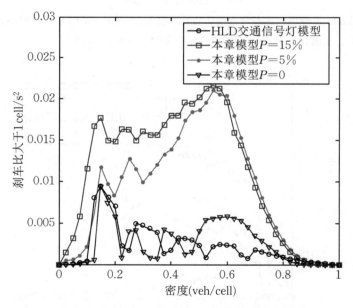

图 12.9　随机慢化概率 P 对车辆出现紧急刹车所占比率的影响

总之,本章所提出的信号灯交叉路口交通流模型充分考虑了红绿灯信号变化预判以及车辆行驶过程中前面的停车队列对自身车辆期望速度的影响,从宏观交通流特性以及微观车辆运动特征上模拟得到了与实际信号灯交叉路口更一致的结果。另外,正是因为通过对交通前景的预判,达到与实际交通较一致的停车等待和速度骤减出现概率都相对较少的情况,如果驾驶员都基于这种比较理性的生态驾驶策略,可以更好减少机动车的尾气排放,有效地缓解机动车尾气污染,而且还可以比较明显地减少在信号灯路口停车等待时间。该模型可以进一步推广到各种城市交通流仿真系统,有利于更准确地刻画和揭示现实城市交通中交叉路口复杂的交通现象。

12.4 城市区域交通动态态势三维展示

城市区域交通动态态势三维展示的总体目标是对区域交通态势提供多视角不同场景范围的可视化展示,其基本思路是事先建好区域车道路网及附近区域的三维地形和障碍物模型数据库,存储在处理器中;根据所有车辆进入该区域以及车辆行为模型拟合的当前位置和姿态,用三维数据实时绘制合成连续变化的场景图像,且合成图像的视点参数可随观察视角而实时变化。主要涉及合成视觉(SVS)、大场景多目标并行绘制等技术。

本章节选用OpenSceneGraph(OSG)开源软件包工具作为区域交通态势场景三维渲染绘制引擎,OSG是一个专为计算机图形开发而设计的高层次的可编程接口,广泛用于虚拟仿真、动画设计以及各种可视化程序中,具有快速开发、高品质、高性能和良好的可扩展性等优点。再采用C++编译器,设置好与OSG链接环境,实现城市区域交通态势三维场景的可视化效果。图12.10给出了三维场景可视化展示的基本流程。

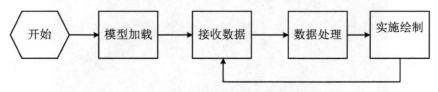

图 12.10 三维可视化展示流程图

在图12.10中,首先加载城市区域静态场景于可视化场景中,而场景中的车辆模型加载是依据数据接收模块接收到车辆行为模型进程的车辆信息从

10.3节中生成的车辆模型库中动态加载的;再通过数据处理做插值以及结合路网文件的动态目标的姿态调整;最后通过动、静态场景的可视化合成绘制。在数据处理模块中,接收的数据包中新入区域场景车的处理和场景中已有的车辆的处理不同,新车的到来还需进行车辆初始化并加载到场景中的操作,而场景中已有车辆只需对其相应的 ID 模型位置依据接收到的信息作更新处理,交通信号灯模型动态更新也是依据车辆行为模型进程实时信号灯状态变化而更新的。图 12.11 给出了其数据处理线程的流程。

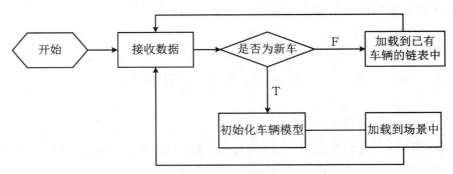

图 12.11　数据处理流程

在城市区域交通态势场景展示的视角调整处理上,结合 OSG 软件平台添加相应鼠标键盘事件响应接口及相应的功能,图 12.12 给出了最终展示效果截图。

图 12.12　区域道路交通态势三维可视化场景截图

本 章 小 结

本章围绕城市区域交通动态态势的感知及其三维可视化展示应用平台展开应用研究。从城市区域路网编辑、动静态场景建模、城市区域交通车辆行为建模、道路交通状态判别以及交通场景三维可视化绘制等方面作了深入的分析以及模拟实现。考虑车辆过道路交通信号灯交叉口时的实际行为特性,对城市区域道路建立更切合交通实际的交通流模型,从而更真实地揭示了城市道路交叉路口的交通流内部特性;然后实现了区域道路交通态势多视角的三维展示,为交通管理者和交通参与者提供更直观的交通环境。

该交通态势感知及展示平台对城市智能交通的改善是非常有意义的探索,将来若利用道路交通参数采集的信息实时输入给城市交通态势感知平台,实现实时在线交通状态判别和预测,能更好地把握交通状态及其发展趋势,对城市交通的发展具有重要的参考价值,其主要潜在用途有四个方面:为规划建设决策人员提供交通状态发展演变趋势仿真预演,提高决策的科学性;为道路交通管理部门提供实时交通控制和交通需求调节策略的依据,辅助管理者采取有效的交通调控手段预防交通拥堵,提高交通系统的运行效率;为客运及物流企业科学化运输组织与调度提供交通状态预测信息;为个体出行导航(如手机及车载导航)提供交通路径规划信息支撑。总之,该平台系统为促进城市智能交通的快速发展具有重要而深远的现实和理论研究意义。

参 考 文 献

[1] Helbing D. Traffic and related self-driven many-particle systems[J]. Reviews of Modern Physics,2001,73:1067-1141.

[2] 王殿海. 交通流理论[M]. 北京:人民交通出版社,2002.

[3] 李力,等. 现代交通流理论与应用(卷1):高速公路交通流[M]. 北京:清华大学出版社,2011.

[4] 许伦辉,傅惠. 交通信息智能预测理论与方法[M]. 北京:科学出版社,2009:1-11.

[5] Nikolas G, Sun J. Properties of a well-defined macroscopic fundamental diagram for urban traffic[J]. Transp. Res. Pt. B-Methodol, 2011, 45(3):605-617.

[6] 尤晓伟,张恩杰,张青喜. 现代道路交通工程学[M]. 北京:清华大学出版社,2008.

[7] 沈志云,邓学钧. 交通运输工程学[M]. 2版. 北京:人民交通出版社,2003.

[8] 刘怡光. 车辆识别若干基础算法与技术研究[D]. 成都:四川大学,2004.

[9] 王运琼. 车辆识别系统中几个关键技术的研究[D]. 成都:四川大学,2004.

[10] 黄山. 车牌识别技术的研究和实现[D]. 成都:四川大学,2005.

[11] 曹刚. 运动车辆识别技术研究[D]. 成都:四川大学,2004.

[12] 刘循. 智能交通中运动汽车检测及识别技术研究[D]. 成都:四川大学,2005.

[13] Coifman Benjamin A, Ramachandran M. Distributed surveillance on freeways emphasizing incident detection and verification[J]. Transportation Research Part A Policy & Practice 41.8(2007):750-767.

[14] Thomas T, Van Berkum E C. Detection of incidents and events in urban networks[J]. Intelligent Transport Systems Iet., 2009, 3(2):198-205.

[15] Ki Y K. Speed-measurement model utilising embedded triple-loop sensors[J]. Intelligent Transport Systems Iet, 2011, 5(1):32-37.

[16] Wang Pao-jen, Li Chi-Min, Wu Cheng-Ying, et al. A Channel Awareness Vehicle Detector[J]. IEEE Transactions on Intelligent Transportation Systems, 2010, 11(2):339-347.

[17] Li Qingquan, Yin Jianzhong, He Fenqin. A Coverage Rate Model of GPS Floating Car for Road Networks[J]. Geomatics & Information ence of Wuhan University, 2009, 34(6):715-718.

[18] Jie Du, Barth M J. Next-generation automated vehicle location systems: positioning at the

lane level[J]. IEEE Transactions on Intelligent Transportation Systems. (USA), 2008, 9(1):48-57.

[19] Sifuentes E, Casas O, Pallas-Areny R. Wireless Magnetic Sensor Node for Vehicle Detection With Optical Wake-Up[J]. IEEE Sens. J., 2011, 11(8):1669-1676.

[20] Atluri Mahesh, Chowdhury Mashrur, Kanhere Neeraj, et al. Development of a Sensor System for Traffic Data Collection[J]. Journal of Advanced Transportation, 2009, 43(1):1-20;

[21] Urazghildiiev I, Ragnarsson R, Ridderstrom P, et al. Vehicle classification based on the Radar measurement of height profiles[J]. IEEE Transactions on Intelligent Transportation Systems, 2007, 8(2):245-253.

[22] Runmei Li, Libin Jia. On the layout of fixed urban traffic detectors: an application study[J]. IEEE Intelligent Transportation Systems Magazine (USA), 2009, 1(2):6-12.

[23] Hu Shou-Ren, Wang Chang-Ming. Vehicle detector deployment strategies for the estimation of network origin-destination demands using partial link traffic counts[J]. IEEE Transactions on Intelligent Transportation Systems, 2008, 9(2):288-300.

[24] Yang Zhao-sheng, Sun Xiao-mei, Wang Zhi-jian. Fusion Algorithm for Section Detector Data and License Plate Recognition Data of Expressway[J]. J. Beijing Univ. Technol., 2009, 35(10):1378-1383.

[25] Cong Yuliang, Chen Wanzhong, Sun Yongqiang, et al. An Algorithm of Traffic Data Fusion Based on Federated Kalman Filter[J]. Journal of Highway and Transportation Research and Development, 2010, 27(7):114-122.

[26] U. S. Dept. Transp. NGSIM-Next Generation Simulation Platform[S/OL]. http://ngsim-community.org/.

[27] Wilson Eddie. Mechanisms for spatio-temporal pattern formation in highway traffic models[J]. Philosophical Transactions of the Royal Society A, 2008, 366(1872): 2017-2032.

[28] Thiemann Christian, Treiber, Martin, et al. Estimating Acceleration and Lane-Changing Dynamics from Next Generation Simulation Trajectory Data[J]. Transportation Research Record: Journal of the Transportation Research Board, 2008, 2088:90-101.

[29] 贾斌,高自友,李克平,等.基于元胞自动机的交通系统建模与模拟[M].北京:科学出版社,2007.

[30] 美国交通研究委员会.道路通行能力手册[M].北京:人民交通出版社,2007.

[31] Hall F L, Hurdle V F, Banks J H. Synthesis of recent work on the nature of speed-flow and flow-occupancy(or Density) Relationships on free ways[A]//Transportation Research Record. Washington, DC, TRB National Research Council, 1992.

[32] Lan S Y, Zhou X. Effects of limited acceleration-deceleration capabilities and state of brake light on traffic flow[C]. 2010 International Conference on Computer Application

and System Modeling (ICCASM 2010). 2010,(13)317-320.

[33] Chowdhury D, Santen L, Sehadsehneider A. Sratistical Physics of vehicular traffic and some related systems[J]. Physics Reports. 329(2000)199-329.

[34] A. Sehadsehneider[M]. in: M. Schreckenberg, D. Wolf (Eds.). Traffic and Granular Flow'97[M]. Springer, SingaPore, 1998.

[35] Nagel K, Schreckenberg M. A cellular automaton model for freeway traffic[J]. Journal De Physique I, 1992, 2(12):2221-2229.

[36] Nagel K, Wolf D E, Wagner P, et al. Two-lane traffic rules for cellular automata: A systematic approach[J]. Phys. Rev. E, 1998, 58:1425.

[37] Wang L, Wang B H, Hu B. Cellular automaton traffic flow model between the Fukui-Ishibashi and Nagel-Schreckenberg models[J]. Physical Review E, 2001, 63:056117.

[38] Li X B, Wu Q S, Jiang R. Cellular automaton model considering the velocity effect of a car on the successive car [J]. Physical Review E, 2001, 64:066128.

[39] Lee H K, et al. Mechanical restriction versus human overreaction triggering congested traffic states [J]. Physical Review Letters, 2004, 92:238702.

[40] Jiang R, Wu Q S. Cellular automata models for synchronized traffic flow. [J]. Journal of Physics A General Physics, 2003, 36(2):381.

[41] Fukui M, Ishibashi Y. Traffic flow in 1D cellular automaton model including cars moving with high speed [J]. Journal of the Physical Society of Japan, 1996, 65(6):1868-1870.

[42] Xue Y, Dong L Y, Lei L, et al. Effects of changing orders in the update rules on traffic flow[J]. Physical Review E, 2005, 71:026123.

[43] Knospe W, Santen L, Sehadsehneider A, et al. Single- vehicle data of highway traffic: Microscopic description of traffic phases [J]. Physical Review E, 2002, 65(5):56133.

[44] Kerner B S, Klenov Sergey L, WOLF Dietrich E. Cellular automata approach to three-phase traffic theory[J]. Journal of physics A: mathematical and general, 2002, 35(47):9971.

[45] Gao K, Jiang R, Hu S X, et al. Cellular-automaton model with velocity adaptation in the framework of Kerner's three-phase traffic theory [J]. Physical Review E, 2007, 76:026105.

[46] Kerner B S, Klenov S L. Spatial - temporal patterns in heterogeneous traffic flow with a variety of driver behavioural characteristics and vehicle parameters[J]. Journal of Physics A: Mathematical and General, 2004, 37(37): 8753.

[47] Chowdhury D, Wolf D E, Schreckenberg M. Particle hopping models for two-lane traffic with two kinds of vehicles: Effects of lane-changing rules[J]. Physica A: Statistical Mechanics and its Applications, 1997, 235(3-4): 417-439.

[48] Helbing D, Huberman B A. Coherent moving states in highway traffic[J]. Nature, 1998,

396(6713): 738-740.

[49] Knospe W, Santen L, Schadschneider A, et al. A realistic two-lane traffic model for highway traffic[J]. Journal of Physics A: Mathematical and General, 2002, 35(15): 3369.

[50] Krug J, Ferrari P A. Phase transitions in driven diffusive systems with random rates[J]. Journal of Physics A: Mathematical and General, 1996, 29(18): L465.

[51] Jiang R, Wu Q S. First order phase transition from free flow to synchronized flow in acellular automata model[J]. The European Physical Journal B, 2005, 46(4): 581-584.

[52] Evans M R. Exact steady states of disordered hopping particle models with parallel and ordered sequential dynamics[J]. Journal of Physics A: Mathematical and General, 1997, 30(16): 5669.

[53] Ktitarev, Dmitri V, Chowdhury Debashish, et al. Stochastic traffic model with random deceleration probabilities: queueing and power-law gap distribution[J]. Journal of Physics A: Mathematical and General, 1997, 30(8): L221.

[54] Nagel K, Wolf D E, Wagner P, et al. Two-lane traffic rules for cellular automata: A systematic approach[J]. Physical Review E, 1998, 58(2): 1425.

[55] Knospe W, Santen L, Schadschneider A, et al. Disorder effects in cellular automata for two-lane traffic[J]. Physica A: Statistical Mechanics and its Applications, 1999, 265(3-4): 614-633.

[56] Treiber Martin, Helbing Dirk. Macroscopic simulation of widely scattered synchronized traffic states[J]. Journal of Physics A: Mathematical and General, 1999, 32(1): L17.

[57] Wang R, Jiang R, Wu Q S, et al. Synchronized flow and phase separations in single-lane mixed traffic flow[J]. Physica A: Statistical Mechanics and its Applications, 2007, 378(2): 475-484.

[58] Highway Capacity Manual. HCM2010[J]. Transportation Research Board, National Research Council, Washington, DC, 2010, 1207.

[59] Treiterer J. Final Report EES278[J]. Transportation Research Center, Department of Civil Engineering, Ohio State University, Ohio, USA, 1975.

[60] Hall F L, Allen B L, Gunter M A. Empirical analysis of freeway flow-density relationships[J]. Transportation Research Part A: General, 1986, 20(3): 197-210.

[61] 唐孝威,张训生,陆坤权. 交通流与颗粒流[M]. 杭州:浙江大学出版社, 2004.

[62] Kerner B S, Rehborn H. Experimental properties of phase transitions in traffic flow[J]. Physical Review Letters, 1997, 79(20): 4030.

[63] Lee H Y, Lee H W, Kim D. Dynamic States of a Continuum Traffic Equation with On-Ramp[J]. Physical Review E Statistical Physics Plasmas Fluids & Related Interdisciplinary Topics, 1999, 59(5): 5101-5111.

[64] Neubert L, Santen L, Schadschneider A, et al. Single-vehicle data of highway traffic: A statistical analysis[J]. Physical Review E, 1999, 60(6): 6480.

[65] Knospe W, Santen L, Schadschneider A, et al. Empirical test for cellular automaton models of traffic flow[J]. Physical Review E, 2004, 70(1): 016115.

[66] Lan Shiyong, Liu Yiguang, et al. Effect of Slopes in Highway on Traffic Flow[J]. International Journal of Modern Physics C, 2011, 22(04): 319-331.

[67] Knospe W, Santen L, Schadschneider A, et al. Towards a realistic microscopic description of highway traffic[J]. Journal of Physics A: Mathematical and general, 2000, 33(48): L477.

[68] Kerner B S. Three-Phase Traffic Theory and Highway Capacity[J]. Physica A: Statistical Mechanics and its Applications, 2004, 333(1):379-440.

[69] Peng S, Shu-Long Z, Jun-Feng W, et al. The effect of stochastic acceleration and delay probability on the velocity and the gap between vehicles in traffic flow[J]. Chinese Physics B, 2009, 18(8): 3347.

[70] Peng S, Shu-Long Z, Jun-Feng W, et al. Study of temporary traffic bottleneck based on cellular automaton model[J]. Acta Physica Sinica, 2010, 59(6): 3831-3840.

[71] 吕集尔,朱留华,孔令江,等.一种自适应普遍路况的元胞自动机交通流模型的研究[J]. 广西物理,2007(1):14-17.

[72] Lighthill M J, Whitham G B. On kinematic waves II. A theory of traffic flow on long crowded roads[J]. Proceedings of the Royal Society of London. Series A. Mathematical and Physical Sciences, 1955, 229(1178): 317-345.

[73] Mochon S. An analysis of the traffic on highways with changing surface conditions[J]. Mathematical Modelling, 1987, 9(1): 1-11.

[74] Zhang P, Liu R X, Wong S C. High-resolution numerical approximation of traffic flow problems with variable lanes and free-flow velocities[J]. Physical Review E, 2005, 71(5): 056704.

[75] Xing-Li L, Tao S, Hua K, et al. Phase transition on speed limit traffic with slope[J]. Chinese Physics B, 2008, 17(8): 3014. [76] Yu-Juan L, Yu X. Study on traffic flow affected by the road turning[J]. Acta Physica Sinica, 2010, 59(8): 5325-5331.

[77] Pei Y L, Xing E H. Grade and its length limitation analysis of highway[J]. Journal of Harbin Institute of Technology, 2005, 37(5): 629-632,716.

[78] Kerner B S. Experimental features of self-organization in traffic flow[J]. Physical review letters, 1998, 81(17): 3797.

[79] Zhou R G, Jiang L S, Sun J F. Determination of slope length and slope length of longitudinal slope of highway[J]. Highway traffic science and technology, 2004,21(7):1-4.

[80] 王英平,王殿海,杨少辉,等.突变理论在交通流分析理论中应用综述[J].交通运输系统

工程与信息,2005,5(6):68-71.

[81] 张亚平,张起森.尖点突变理论在交通流预测中的应用[J].系统工程学报,2000,16(3):272-276.

[82] 唐铁桥,黄海军.用燕尾突变理论来讨论交通流预测[J].数学研究,2005,38(1):112-116.

[83] Sun H L, Jin Y H, Cheng S D, et al. Network traffic prediction by a wavelet-based combined model[J]. Chinese Physics B, 2009, 18(11), 4760-4768.

[84] 张益,陈淑燕,王炜.短时交通量时间序列智能复合预测方法综述[J].公路交通科技,2006,23(8).

[85] Chang J, Chowdhury N K, Lee H. New travel time prediction algorithms for intelligent transportation systems[J]. Journal of Intelligent and Fuzzy Systems, 2010, 21(1), 5-17.

[86] Yang M L, Liu Y G, You Z S. The reliability of travel time forecasting[J]. IEEE Transactions on Intelligent Transportation Systems, 2010, 11(1), 162-171.

[87] 黄磊.流数据挖掘综述[J].软件学报,2004,15(01):1-7.

[88] Babcock B, Babu S, Datar M, et al. Models and issues in data streams[C]. In: Popa L, ed. Proc. of the 21st ACM SIGACT-SIGMOD-SIGART Symp. on Principls of Database Systems. Madison: ACM Press, 2002.

[89] 刘峰涛,贺国光.基于近似熵和统计复杂度的交通流复杂性测度[J].中国公路学报,2007,20(4).

[90] 宋加涛,刘济林.车辆牌照上英文和数字字符的结构特征分析及提取[J].2002,7(9):945-949.

[91] 许海波,罗以宁,米兰.基于线圈与车辆号牌识别技术的治安卡口系统[J].四川大学学报(自然科学版),2006,43(4).

[92] Han J. Data Mining: Concepts and Techniques, second edition[M]. Amsterdam: Elsevier Inc. 2006.

[93] Hulten G, Spencer L, Domingos P. Mining Time-Changing Data Streams[C]//Proc of the 7th ACM SIGKDD Intl Conf on Knowledge Discovery and Data Mining, 2001.

[94] 罗积玉.经济统计分析方法及预测[M].北京:清华大学出版社,1987:175-176.

[95] J. Eduard Jackson. A User's Guide to Principal Components[M]. New York: John Wiley and Sons, 1991.

[96] I. T. Jouiffe. Principal Component Analysis[M]. Berlin: Springer-Verlag, 1986.

[97] 董箐,张毅,张佐,等.基于主成分分析法的城市交通路口相关性分析[J].西南交通大学学报,2003,38(6):619-622.

[98] 季常煦,杨楠,高歌.面向ATMS共用信息平台的数据预处理技术的研究[J].交通运输系统工程与信息,2005,5(3):28-30.

[99] Kooi R P. The Optimization of the Queries in Relational Databases[M]. Cleveland: Case

Western Reserve University, 1980.

[100] Piatesky-Shapiro G, Connell C. Accurate estimation of the number of tuples satisfying a condition[C]. SIGMOD Record, 1984,14(2).

[101] Greenwald M, Khanna S. Space-Efficient online computation of quantile summaries [C]//Proc. Of the 2001 ACM SIGMOD Int'l Conf. on Management of Data. Santa Barbara: ACM Press. 2001.

[102] Kerner B S. Three-phase Traffic Theory and Highway Capacity[J]. Physica A: Statistical and Theoretical Physics, 2004, 333: 379-440.

[103] Wang Tao, Wang Jun-Feng. An Adaptive EBCA Model Probing the Problem of Riding Against the Traffic Flow[J]. International Journal of Modern Physics. C, 2011, 22(2): 191-208.

[104] Reuschel A. Vehicle movements in a platoon[J]. Oesterreichisches Ingenieur-Archit., 1950,4:193-215.

[105] Pipes L A. An operational analysis of traffic dynamics[J]. Journal of Applied Physics, 1953,24:274-287.

[106] Newell G F. Nonlinear effects in the dynamics of car following[J]. Operations Research.,1961,9:209-229.

[107] Bando M, et al. Dynamical model of traffic congestion and numerical simulation[J]. Physical Review E, 1995,51:1035-1042.

[108] Jiang R, Wu Q S, Zhu Z U. Full velocity difference model for car-following theory[J]. Physical Review E, 2001,64,017101.

[109] Lenz H. Multi-anticipative car-following model[J]. The European Physical Journal B - Condensed Matter and Complex Systems, 1999, 7(2):331-335.

[110] Nagayama A, et al. Effect of looking at the car that follows in an optimal velocity model of traffic flow[J]. Physical Review E. 2002,65:016112.

[111] Tomer E, et al. Presence of many stable nonhomogeneous states in an intertial car-following model[J]. Physical Review Letters, 2000,84:382-385.

[112] Treiber M, Hennecke A, Helbing D. Congested traffic states in empirical observations and microscopic simulations[J]. Physical Review E, 2000,62:1805-1824.

[113] Helbing D, et al. Modelling widely scattered states in "synchronized" traffic flow and possible relevance for stock markert dynamics[J]. Physica A: Statistical Mechanics and its Applications, 2002, 303(1-2):251-260.

[114] Turing A M. On computable numbers with an application to the entscheidungs problems [J]. Proc. London Math. Soc., 1936,2:544-548.

[115] Wolfram S. A New Kind of Science[M]. Wolfram Media, 2002.

[116] Gardner M. The fantastic combination of John Conway's new solitaire game life[J]. Sci-

entific American,1970,220(4):120-123.

[117] Gardner M. On cellular automata, self-reproduction, the Garden of Eden and the game "life"[J]. Scientific American,1971,224(2):112-117.

[118] Cremer M, Ludwig J. A fast simulation model for traffic flow on the basis of Bollean operations[J]. Mathematics & Computers in Simulation,1986,28:297-303.

[119] Wolfram S. Statistical mechanics of cellular automata[J]. Rev. Mod. Phys.,1983,55:601-644.

[120] Takayasu M, Takayasu H. 1/f noise in a traffic model[J]. Fractals 1,1993,860-866.

[121] Benjamin S C, et al. Cellular automaton models of traffic flow along a highway containing a junction[J]. J. Phys. A,1996,29:3119-3127.

[122] Barlovic R, et al. Metastable states in cellular automata for traffic flow[J]. Eur. Phys. J. B.,1998,5:793-800.

[123] Nagel K, Paczuski M. Emergent traffic jams [J]. Physical Review E, 1995, 51:2909-2918.

[124] 薛郁,董力耘,戴世强. 一种改进的一维元胞自动机交通流模型及减速概率的影响[J]. 物理学报,2001,50:445-449.

[125] Fukui M, Ishibashi Y. Traffic flow in 1D cellular automaton model including cars moving with high speed[J]. J Phys. Soc. Jpn. 1996,65:1868-1870.

[126] Li X B, Wu Q S, Jiang R. Cellular automaton model considering the velocity effect of a car on the successive car[J]. Phys. Rev. E. 2001,066128.

[127] Kerner B S, et al. Cellular automata approach to three-phase traffic theory[J]. J. Phys. A.,2002,35:9971-10013.

[128] Knospe W, et al. Towards a realistic microscopic description of high way traffic[J]. J. Phys. A,2000,33:L477-L485.

[129] Nagel K, et al. Two-Lane traffic rules for cellular automata: A systematic approach[J]. Phys. Rev. E,1998,58:1425-1437.

[130] Wagner P, Nagel K, Wolf D E. Realistic multi-lane traffic rules for cellular automata[J]. Physica A,1997,234:687-698.

[131] Richert M, et. al. Two lane traffic simulations using cellular automata[J]. Physica A,1996,231:534-550.

[132] Chowdhury D, et al. Particle hopping modles for two-lane traffic with two kinds of vehicles, effects of lane changing rules[J]. Physica A,1997,235:417-439.

[133] Knospe W, et al. Disorder effects in cellular automata for two-lane traffic[J]. Physica A,1999,265:614-633.

[134] Knospe W, et al. A realistic two-lane traffic model for highway traffic[J]. Phys A,2002,35:3369-3388.

[135] Chung K H, Hui P M. Traffic flow problems in one-dimensional Inhomogeneous media [J]. J. Phys. Soc. Jpn., 1997,63:4338-4341.

[136] Emmerich H, Rank E. Investigating traffic flow in the presence of hindrances by cellular automata[J]. Physica A, 1995,216:435-444.

[137] Pottmeier A, et al. Localized defects in a cellular automaton model for traffic flow with phase separation[J]. Physica A, 2002,308:471-482.

[138] Diedrich G, et al. Effects of on and off-ramps in cellular automata models for traffic flow [J]. Int. J. Mod. Phys. C, 2000,11:335-345.

[139] Campari E G, Levi G. A cellular automata model for highway traffic[J]. Eur. Phys. J. B,2000,17:159-166.

[140] Pederson M M, Ruhoff P. T. Entry ramps in the Nagel-Schreckenberg model[J]. Physical Review E,2002,65:056705.

[141] Jinag R, et al. Cellular automata model simulating traffic interactions between on-ramp and mani road[J]. Phys. Rev. E, 2002,66:036104.

[142] Biham O, Middleton A A, Levine D A. Self-organization and a dynamical transition in traffic flow models[J]. Phys. Rev. A, 1992,46:R6124-R6127.

[143] Gu G Q, Chung K H, Hui P M. Two-dimensional traffic flow problems in inhomogeneous lattice[J]. Physica A,1995,217:339-347.

[144] Freund J, Poschel T. A statistical approach to vehicular traffic[J]. Physica A, 1995, 219:95-113.

[145] Kerner B S, Konhauser P. Structures and parameters of clusters in traffic flow[J]. Physical Review E, 1994,50(1):54-83.

[146] Kerner B S, Konhauser P. Cluster effect in initial homogeneous traffic flow[J]. Physical Review E, 1993,48(4):2335-2338.

[147] Bando M, Hasebe K, Nakayama A A, Shibata Y. Sugiyama. Dynamical model of traffic congestion and numerical simulation[J]. Physical Review E, 1995,51(2):1035-1042.

[148] Helbing D, Hennecke A, Treiber M. Phase diagram of traffic states in the presence of inhomogeneities[J]. Phsical Review Letters, 1999,82(21):4360-4363.

[149] Treiber M, Helbing D. Macroscopic simulation of widely sacttered synchronized traffic status[J]. Journal of Physics A General Physics, 1999,32(1):17-23.

[150] Helbing D, Hennecke A, Shvetsov V, et al. Micro- and Macro- simulation of freeway traffic[J]. Mathematical and computer modelling, 2002, 35(5-6):517-547.

[151] Lee H, Lee H, Kim D. Dynamic states of a continuum traffic equation with on-ramp[J]. Physical Review E, 1999,59(5):5101-5111.

[152] Treiber M, Hennecke A, Helbing D. Congested traffic states in empirical observations and microscopic simulations[J]. Physical Reivew E, 2000,62(2):1805-1824.

[153] Kerner B S, Rehborn H. Experimental features and characteristics of traffic jams[J]. Physical Review E,1996,53(2):1297-1300.

[154] Kerner B S, Rehborn H. Experimental properties of complexity in traffic flow[J]. Phys. Rev. E, 1996,53:R4275-4278.

[155] Kerner B S, Rehborn H. Experimetal properties of phase transition in traffic flow[J]. Phys. Rev. Lett., 1997,79(20):4030-4033.

[156] Kerner B S. Experimental features of self-organization in traffic flow[J]. Phys. Rev. Lett., 1998,81(17):3797-3800.

[157] Kerner B S. Experimental features of the emergence of moving jams in free traffic flow [J]J. Phys. A, 2000,33(26):21-228.

[158] Kerner B S. Empirical macroscopic features of spatial-temporal traffic patterns at highway bottlenecks[J]. Physical Review E, 2002,65:046138.

[159] Kerner B S. Congested traffic flow: Observations and theory[J]. Transportation Research Record, 1999,1678,160-167.

[160] Kerner B S. Three-phase traffic theory[C]. proceedings of traffic and Granular flow, 2003,01:13-50.

[161] Kerner B S. The physics of traffic[J]. Physics World,1999,12(8):25-30.

[162] Kerner B S. Synchronized flow as a new traffic phase and related problems for traffic flow modeling[J]Mathematical and computer modeling, 2002,35(5):481-508.

[163] Kerner B S, Klenov S L. A microscopic model for phase transitions in trafic flow[J]. Journal of Physics A, 2002,35(3):31-43.

[164] Kerner B S, Klenov S L, Wolf D E. Cellular automata approach to three-phase traffic theory[J]. J. Phys. A, 2002,35:9971-10013.

[165] Kerner B S, Klenov S L. Microscopic theory of spatial-temporal congested traffic patterns at highway bottlenecks[J]. Physical Review E, 2003, 68:036130.

[166] Kerner B S. The Physics of Traffic[M]. Heidelberg: Springer, 2004.

[167] Kerner B S. Introduction to Modern Traffic Flow Theory and Control:The Long Road to Three Phase Traffic Theory[M]. Berlin: Springer-Verlag, 2009.

[168] Schönhof M, Helbing D. Criticism of three-phase traffic theory[J]. Transportation Research Part B Methodological,2009,43(7):784-797.

[169] Schönhof M, Helbing D. Empirical features of congested traffic states and their implications for traffic modeling[J]. Transportatino Science,2007,41(2):135-166.

[170] Daganzo C F, Cassidy M J, Bertini R L. Possible explanations of phase transitions in highway traffic[J]. Transportation Research Part A: Policy and Practice, 1999, 33(5): 365-379.

[171] http://zh. wikipedia. org/wiki/%E4%B8%89%E7%9B%B8%E4%BA%A4%E9%

80%9A%E7%90%86%E8%AE%BA.

[172] Lighthill, Michael James, Gerald Beresford Whitham. On kinematic waves II. A theory of traffic flow on long crowded roads[J]. Proceedings of the Royal Society of London. Series A. Mathematical and Physical Sciences, 1955, 229(1178): 317-345.

[173] Gazis, Denos C., Robert Herman, Richard W. Nonlinear follow-the-leader models of traffic flow[J]. Operations research, 1961, 9(4): 545-567.

[174] Newell G F. Nonlinear effects in the dynamics of car following[J]. Operations research, 1961, 9(2): 209-229.

[175] Lighthill M J, Whitham G B. On kinematic waves II. A theory of traffic flow on long crowded roads[J]. Proceedings of the Royal Society of London. Series A. Mathematical and Physical Sciences, 1955, 229(1178): 317-345.

[176] Kerner B S. Three-phase traffic theory and highway capacity[J]. Physica A, 2004, 33: 379-440.

[177] Jiang R, Wu Q S. First order phase transition from free flow to synchronized flow in a cellular automata model[J]. The European Physical Journal B-Condensed Matter and Complex Systems, 2005, 46(4): 581-584.

[178] Jiang R, Wu Q S. Cellular automata models for synchronized traffic flow[J]. Journal of Physics A: Mathematical and General, 2002, 36(2): 381.

[179] Lee H K, Barlovic R, Schreckenberg M, et al. Mechanical restriction versus human overreaction triggering congested traffic states[J]. Physical review letters, 2004, 92(23): 238702.

[180] Gao K, Jiang R, Wang B H, et al. Discontinuous transition from free flow to synchronized flow induced by short-range interaction between vehicles in a three-phase traffic flow model[J]. Physica A: Statistical Mechanics and its Applications, 2009, 388(15-16): 3233-3243.

[181] Gao K, Jiang R, Hu S X, et al. Cellular-automaton model with velocity adaptation in the framework of Kerner's three-phase traffic theory[J]. Physical Review E, 2007, 76(2): 026105.

[208] Xie D F, Gao Z Y, Zhao X M. Combined cellular automaton model for mixed traffic flow with non-motorized vehicles[J]. International Journal of Modern Physics C, 2010, 21(12): 1443-1455.

[209] Xie D F, Gao Z Y, Zhao X M, et al. Characteristics of mixed traffic flow with non-motorized vehicles and motorized vehicles at an unsignalized intersection[J]. Physica A: Statistical Mechanics and its Applications, 2009, 388(10): 2041-2050.

[210] Nakayama A, Hasebe K, Sugiyama Y. Instability of pedestrian flow and phase structure in a two-dimensional optimal velocity model[J]. Physical Review E, 2005, 71

(3): 036121.

[211] 贾宁,马寿峰. 考虑摩擦干扰的机非混合交通流元胞自动机仿真[J]. 系统仿真学报, 2011,23(2):390-393.

[212] 贾顺平,彭宏勤,尹相勇. 机非混行路段上自行车对机动车行驶的摩擦干扰影响分析[J]. 北京交通大学学报,2006,30(6):1.

[213] Katsuhiro, Nishinari, Daisuke, et al. Analytical properties of ultradiscrete Burgers equation and rule-184 cellular automaton[J]. Journal of Physics A: Mathematical and General, 1998, 31(24):5439.

[214] Nishinari K, Takahashi D. Multi-value cellular automaton models and metastable states in a congested phase[J]. Journal of Physics A General Physics, 2000, 33(43):7709.

[215] Jiang R, Jia B, et al. Stochastic multi-value cellular automata models for bicycle flow [J]. Journal of Physics A:Mathematical and General, 2004, 37(6):2063.

[216] Matsukidaira J, Nishinari K. Euler - Lagrange correspondence of generalized burgers cellular automaton[J]. International Journal of Modern Physics C, 2004, 15(04): 507-515.

[217] Jia B, Li X G, Jiang R, et al. Multi-value cellular automata model for mixed bicycle flow [J]. The European Physical Journal B, 2007, 56(3): 247-252.

[218] Zhao X M, Jia B, Gao Z Y. A new approach for modelling mixed traffic flow with motorized vehicles and non-motorized vehicles based on cellular automaton model[J]. arXiv preprint arXiv:0707.1169, 2007

[219] Koshy R Z, Arasan V T. Influence of bus stops on flow characteristics of mixed traffic [J]. Journal of transportation engineering, 2005, 131(8): 640-643.

[220] X. G. Li, Z. Y. Gao, X. M. Zhao and B. Jia[J], Acta Phys. Sin. ,2008, 57, 4777.

[221] Kerner B S, Klenov S L, et al. Cellular automata approach to three-phase traffic theory [J]. Journal of Physics A: Mathematical and General, 2002, 35(47): 9971.

[222] Kerner B S. Three-phase traffic theory and highway capacity[J]. Physica A: Statistical Mechanics and its Applications, 2004, 333: 379-440.

[223] Kerner B S. Empirical macroscopic features of spatial-temporal traffic patterns at highway bottlenecks[J]. Physical Review E, 2002, 65(4): 046138.

[224] Miller A J. Setting for fixed-cycle traffic signals[J]. Operational Research Quarterly, 1963,14(3):373.

[225] Akcelik R. Traffic signals: capacity and timing analysis [R]. Melbourne: Australian Road Research Board, 1981.

[226] Akcelik R, Rouphail N M. Estimation of delays at traffic signals for variable demand conditions [J]. Transportation Research,1993,27B(I):109.

[227] Akcelik R, Rouphail N M. Overflow queues and delays with random and platooned arri-

vals at signalized intersections [J]. Journal of Advance Transportation, 1994, 28(2):227.

[228] 蒋金勇,云美萍,杨佩昆. 基于 HCM2000 延误模型的最佳周期时长估算公式[J],同济大学学报(自然科学版),2009,37(8):1024-1028.

[229] 周蔚吾. 道路交通信号灯控制设置技术手册[M],北京:知识产权出版社,2009.

[230] Daganzo C F. The cell transmission model: A dynamic representation of highway traffic consistent with the hydrodynamic theory[J]. Transportation Research Part B: Methodological, 1994, 28(4): 269-287.

[231] Daganzo C F. The cell transmission model, part II: network traffic[J]. Transportation Research Part B: Methodological, 1995, 29(2): 79-93.

[232] Watts Duncan J, Strogatz Steven H. Collective dynamics of 'small-world' networks[J]. Nature, 1998, 393(6684): 440-442.

[233] Faloutsos Michalis, Faloutsos Petros, Faloutsos Christos. On power-law relationships of the internet topology[J]. Poceedings of Acm Sigcomm, 1999, 29(4):251-262.

[234] Liljeros F, Edling C R, Amaral L N A, et al. The web of human sexual contacts[J]. Nature, 2001, 411(6840): 907-908.

[235] Ebel H, Mielsch L I, Bornholdt S. Scale-free topology of e-mail networks[J]. Physical review E, 2002, 66(3): 035103.

[236] Sen P, Dasgupta S, Chatterjee A, et al. Small-world properties of the Indian railway network[J]. Physical Review E, 2003, 67(3): 036106.

[237] 周涛,柏文洁,汪秉宏,等. 复杂网络研究概述[J],物理新闻和动态,2005,34(1):31-36.

[238] 吴建军,高自友,孙会君,等. 城市交通系统复杂性—复杂网络方法及其应用[M],北京:科学出版社,2010.

[239] 梁玉娟,薛郁. 道路弯道对交通流影响的研究[J],物理学报,2010,59(8):5325-5331.

[240] 滕亚帆,高自友,贾斌,等. 信号灯控制下的主道双车道入匝道系统交通流特征研究[J]. 物理学报,2008,57(3):1365-1374.

[241] 姜桂艳,郭海峰,吴超腾. 基于感应线圈数据的城市道路交通状态判别方法[J]. 吉林大学学报(工学版),2008,2(38):37-42.

[242] 庄斌,杨晓光,李克平. 道路交通拥挤事件判别准则与检测算法[J]. 中国公路学报. 2006,19(3):82-86.

[243] 杨兆升,张茂雷. 基于模糊综合评判的道路交通状态分析模型[J]. 公路交通科技. 2010,9(27):121-126.

[244] 姜紫峰,刘小坤. 基于神经网络的交通事件检测算法[J]. 西安公路交通大学学报. 2000,20(3):67-69.

[245] 杨祖元,徐娇,罗兵,等. 基于 SFLA-FCM 聚类的城市交通状态判别研究[J]. 计算机应用研究,2010,5(27):1743-1745.

[246] 张惠哲,王坚,梅宏标. 基于 FCM 与模糊粗糙集理论的交通事件检测模型[J]. 计算机工程与应用,2008(23):4-7.

[247] 林勇,DynaCHINA 用户指南-ver 1.2 2011.

[248] He Hong-Di, Lu Wei-Zhen, Dong Li-Yun. An improved cellular automaton model considering the effect of traffc lights and driving behavior[J]. Chinese Physics B. 2011. 20(04):040514.

[249] Denos C. Gazis. Traffic Theory[J]. Dordrecht:Kluwer Academic Publishers,2002,115-118.

后　　记

　　本人和兰时勇 2006 年共同师从四川大学游志胜教授进行城市交通流研究。游志胜教授德高望重，既是知名学者又是著名企业家，对我们谆谆教导，这段学习和工作经历让我们终生受益匪浅。

　　本人 2012 年到滁州学院工作，负责"智慧安全与应急技术研究院"建设；2020 年作为主要申报人员之一，以该研究院为基础获批教育部规建中心和应急管理部宣教中心"公共安全与应急管理学院"（包括 5 所世界一流大学在内，全国获批 19 家）；2020 年 7 月参与申报"应急技术与管理专业"，并于 2021 年 3 月获批。本人在完成各项科研和教学工作之余，一直将城市应急交通流作为研究的兴趣点，并于 2019 年底开始策划著作本书。兰时勇在四川大学"视觉合成图形图像技术国防重点学科实验室"从事相关研究多年，本书为四川省科技计划重点研发项目（项目编号：2021YFG0300）的成果。为了完成本书，他将个人多年的研究成果毫无保留地贡献出来，通过共同努力，最终得以付梓。

　　信息化技术是应急管理体系和能力现代化的重要支撑，也是提高监测预警能力、辅助指挥决策能力、综合救援能力的关键，"信息化＋应急"的内涵非常丰富，涉及应急管理的预防预备、监测预警、响应处置、恢复重建的各个关键环节，本书作者仅从城市应急交通流这一点进行了探讨，许多问题还有待进一步深入研究，也希望能与志趣相投者共组"学术共同体"，对应急管理中的关键技术问题进行探讨和研究。由于作者水平有限，书中遗误之处定会不少，伏望同仁与读者不吝赐教。

王　涛